中国金融科技行业研究报告

(2017)

ANNUAL REPORT ON DEVELOPMENT OF FINTECH IN CHINA (2017)

主编/乔海曙　邹承慧

社会科学文献出版社
SOCIAL SCIENCES ACADEMIC PRESS (CHINA)

《中国金融科技行业研究报告（2017）》
课 题 组

组　长　乔海曙　邹承慧

撰稿人（以姓氏拼音为序）

陈　勇　贺文骁　洪悦崧　雷淑洁　刘佩芝

王　鹏　吴思宇　谢姗珊　杨彦宁　杨宇珊

张立军　赵　昊　赵雅蕙　邹可意

主要编撰者简介

乔海曙 安徽桐城人，金融学博士，中国社会科学院金融学博士后，湖南大学金融与统计学院教授、博士生导师，岳麓学者特聘岗，教育部新世纪优秀人才计划支持对象，湖南省学科带头人。现任湖南大学两型社会研究院院长，湖南大学金融与统计学院常务副院长，湖南大学爱康区块链金融研究中心主任；兼任湖南省互联网金融研究会常务副会长，湖南省人文社科重点研究基地负责人。研究方向为互联网金融、金融科技等。

邹承慧 江西赣州人，毕业于湖南大学，长江商学院 DBA 在读。现任江苏爱康实业集团董事局主席、总裁，张家港市政协常委，长三角赣商联合会会长，清华大学－北卡罗来纳大学 EMBA 班实践导师。2006 年创办爱康集团，带领企业保持年均增长速度在 80% 以上并于 2011 年成功在中小板上市，在 2015 年爱康集团成立十周年之际实现年销售收入过百亿元、集团总资产超过 300 亿元的跨越式发展。

摘　要

在区块链、大数据、人工智能等前沿技术的支撑下，金融科技强势崛起，区块链支付结算、大数据风控、智能投顾等新金融业态应运而生，金融与技术之间的界线变得日益模糊，金融科技以更快的速度、更短的结算周期、更优质的服务变革现有金融业，金融科技已成为社会各界关注的焦点。

本书全面回顾了2017年我国金融科技的应用和理论研究进程，深入探讨了我国金融科技发展的方向、重点和政策建议。本书包括总报告、区块链篇、大数据篇、人工智能篇、管理与战略篇以及附录六个部分。总报告综合阐述我国金融科技发展的背景、现状和趋势。区块链篇努力探索区块链推动金融业务革新的详细方案，大数据篇专门研究大数据促进金融业务创新的具体举措，人工智能篇仔细谋划人工智能推进金融业务发展的战略步骤，管理与战略篇尝试提出智慧监管新模式和推动金融科技发展的相关建议。

关键词：金融科技　生态系统　价值互联网　智慧监管

目 录

IV 人工智能篇

V 管理与战略篇

VI 附录

总 报 告

General Report

2017年中国金融科技
发展状况及展望

乔海曙　谢姗珊 *

摘　要： 区块链、大数据、人工智能等科技与金融深度融合，为支付结算、证券交易、资产交换等业务创新提供重大发展机遇，为重塑我国金融产业提供了可能。探索我国金融科技的应用现状和理论研究进展有利于厘清金融科技的本质，并在此基础上分析我国金融科技发展的新趋势。

关键词： 金融科技　技术红利　互联网金融　金融智能化

---

* 乔海曙，湖南大学金融与统计学院教授，博士生导师，研究方向为金融科技发展与影响；谢姗珊，湖南大学金融与统计学院，研究方向为金融科技发展与影响。

一 发展背景

（一）宏观经济形势分析

1. 我国金融服务供给不足

（1）总量矛盾：货币宽松与资金收紧

近年来，我国实行宽松的货币政策，货币供给量一直处于高速增长状态，出现了流动性过剩问题。根据中国统计年鉴的相关数据可知，我国广义货币 M2 历年增速均超过 10%，且 M2/GDP 比值长期为较高水平，表示我国货币供给较为充分。但 M1/GDP 比值较为平稳且有微弱下降趋势，表示进入实体经济的资金比重不断下降，货币空转严重。大多数货币未通过有效的信用扩张进入实体经济，银行贷款仍是我国主要的资金供给渠道，但随着企业上市融资和发债的比例显著提高，银行各项贷款余额与社会融资规模的比值逐年下降。由于只有大中型企业可获得直接融资资格，银行贷款占比的下降迫使中小企业转向民间借贷。以民间借贷的萌芽地——温州为例，其近 3 年的民间借贷综合利率均在 18% 以上。民间借贷利率的畸形上升进一步放大了社会资金的供需矛盾，导致社会企业的资金成本不断提高，发展举步维艰。[①]

（2）结构矛盾：低效供给过多与有效供给不足

我国信贷资金投放与企业的社会贡献不符，金融供给结构错位是我国金融发展的重要问题。一方面，信贷资金不断流向低效能企业。自 2009 年起，我国大型企业贷款占比始终维持在 35% 以上。大型国有企业过量占用金融资源，却深受产能过剩影响发展有限，其融资成本还相对较低。另一方面，对社会贡献较大的中小企业融资需求得不到满足。2009 年至今，中小企业信用贷款占金融机构贷款总额的比重始终低于 30%。由于中小企业授信不足，以大型银行为主的金融体系难以满足其融资需求，这类企业也很难通过

---

① 乔海曙、杨蕾：《论金融供给侧改革的思路与对策》，《金融论坛》2016 年第 9 期。

其他融资渠道筹集资金，中小企业的有效资金需求难以得到满足。

2. 我国金融市场需求强劲

（1）长尾市场需求觉醒

互联网驱动信息、知识等生产要素以接近零成本的价格传递，且传递成本呈现递减趋势，从而使平均可变成本不断下降。王建军和吴海明（2007）认识到互联网可通过发掘传统金融边界之外的潜在需求，拓展长尾市场，促使消费者边际效用递增，从而增加金融劳动供给。运用大数据等智能化金融分析工具深挖传统金融机构无法覆盖的小微客户潜在需求，根据消费者的意愿不断研发满足个性化金融需求的产品，提高消费者效用。随着千禧一代逐步成为经济与社会发展的主力军，年轻客户群高度依赖互联网及数字设备，表现出不同于成熟客群的消费偏好，更偏好个性定制的产品和服务，长尾市场需求进一步扩大。

（2）资金配置需求提升

随着我国经济的高速增长，居民人均资本积累迅速，由于居民资源配置意识淡薄和理财品种匮乏等，我国居民资产配置长期以房地产投资和存款为主。近年来，随着利率市场化进程加速和互联网金融产品的大量出现，居民多元化投资需求开始觉醒，房地产投资和存款在资产配置中的比重持续下降，股票、债券和基金等理财产品投资比重有所增加，但仍处于较低水平。在当前以被动投资为主，缺乏持续超额收益的理财产品的时代背景下，居民对证券化资产的配置需求的边际改善空间巨大。①

3. 互联网下半场即将来临

（1）人口红利逐渐消失

我国互联网企业大多以用户为王的思路发展，互联网企业习惯于将已掌握的资源迅速转化为互联网金融平台的用户，从人口中挖掘、体现自身价值。用户基数已成为评价一家互联网企业或一个产品的影响力、潜力和发展

---

① 牟一凌、张华恩：《金融与科技走向融合共赢的机遇来临》，国泰君安研究报告，2016年8月。

前景的重要标准。智能手机的发展推动移动互联网迅速普及，社会大众对互联网及互联网产品的接触度和认知度显著提升，人均流量使用量呈几何式增长，互联网的用户红利尚存，互联网金融机构都在用户规模和用户体验上投入重金。但是进入 2016 年，网民和移动网民增速降到 10% 以下，用户规模呈现饱和状态，各互联网企业竞争格局趋于稳定，用户迁移成本高昂，数量规模的边际效用递减，互联网行业的人口红利殆尽。2006～2016 年中国网民规模和互联网普及率如图 1 所示。

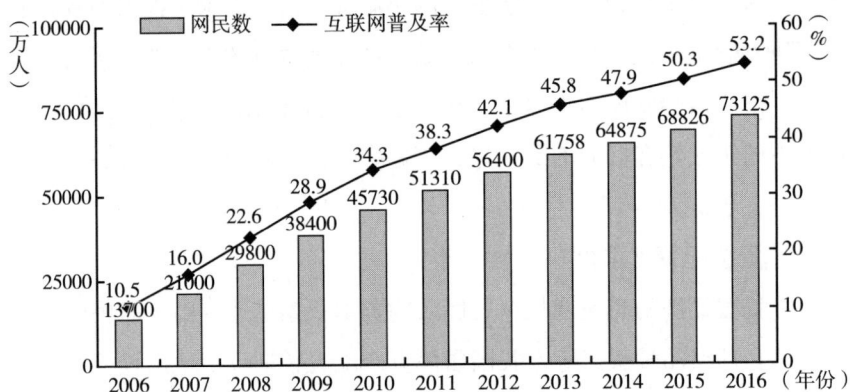

图 1　2006～2016 年中国网民规模和互联网普及率

（2）技术红利逐步兴起

由于人口红利日益消退，用互联网来改变客户获取方式的模式和传统金融模式已成为过去式，当前网络边际渗透能力降低，互联网经济进入下半场。各行业与技术深度融合引发的变革不再是解决信息不对称问题，而是回归产品本身，优化产品性能，提升产品价值。科技的重要性在互联网金融领域得到了凸显和放大，金融与科技的融合开始表现为金融基础设施的创新，体现为与风险定价、投资决策等高精尖金融活动的深度融合，以更智能的方式改变金融服务的大多环节。

4. 利好政策相继出台

2016 年 8 月，科技部出台《"十三五"国家科技创新规划》，聚焦金融与科技共同发展，加快国内金融与科技产业布局；这标志着国家层面开始认识到金融与科技融合发展的重要性并开始鼓励金融科技创新。12月，工信部出台《中国区块链技术和应用发展白皮书（2016）》，总结了国内外区块链发展现状和典型应用场景，制定我国区块链发展战略和发展进程。同月，中央人民政府网发布了《国务院关于印发"十三五"国家信息化规划的通知》，该文件是"十三五"国家规划体系的重要组成部分。区块链技术被写入"十三五"规划，规划强调区块链与物联网、云计算、大数据、人工智能、机器深度学习、生物基因工程等新技术对万物互联的重要作用。此外，区块链也被作为重点前沿技术，要求加强基础研发和前沿布局。

（二）金融基础设施日趋完善

1. 线上行为产生大量数据

自2008年智能手机问世以来，移动互联网迅速普及，互联网普及推动用户行为的线上化，用户线上访问的商品信息、社交媒体中的图片和文本信息以及视频网站的视频信息和位置信息等都被完整记录下来，互联网用户一年产生的数据量已是进入现代化以前所有历史数据的总和。在互联网行业，最为瞩目的是百度、腾讯和阿里巴巴的数据资源。腾讯凭借其开发的社交软件和游戏，主要记录的是基于社交的各种用户行为和娱乐数据。阿里记录用户在淘宝和天猫上浏览、购买相关商品的行为，获得大量电商数据。百度的数据由用户搜索的关键词、访问的网页构成，体现用户关心的热点和需求。用户的浏览信息已成为大数据最重要也是增长速度最快的来源，从数据中总结、分析并发现新的用户需求点，从而产生新的商业价值是当下互联网公司发展的主要模式。

2. 支付结算体系逐步完善

我国致力于为公众提供快捷高效的支付清算体系，为经济社会发展提供基础保障。境内支付系统方面，第二代支付系统的推广工作现已全部完成，银行机构的法人地位可以实现一点清算，大幅提高支付结算效率；组织完成中央银行会计核算数据集中系统在北京、上海等全国23个省区市的推广工作，中国银联、农信银资金清算中心等清算机构的业务规模进一步扩大，中国银联 2015 年共处理跨行交易 206.68 亿笔[①]。跨境支付结算方面，人民币跨境支付系统（CIPS）一期已顺利运行，人民币跨境支付结算效率稳步上升。

3. 征信系统建设加快推进

我国不断规范征信市场运行秩序，力争为社会获取信息提供更加便捷的渠道。一方面，大力培育和规范信用评级市场。加强我国信用评级机构的备案，鼓励信用评级机构建立完善的信用评级动态分析模型，积极开展信用违约率检验，不断丰富事中事后管理，增加对违约率较高的评级机构的检查，最终实现对信用评级机构的分层管理。[②] 另一方面，建立健全中小企业和农村信用体系。进一步规范中小企业和农户的信用体系，宣传信用评价的重要性，并帮助信用度高的中小企业和农户获得贷款，降低融资成本。

（三）金融科技成为焦点

1. 金融科技的崛起

金融科技（Fintech）是金融（Finance）与科技（Technology）的高度融合。根据金融稳定理事会（FSB）的最新定义，金融科技指"技术带动的金融创新"。目前，金融科技对金融市场影响较大的四大业务领域为支付清算、投资融资、基础设施、投资管理。根据《金融科技脉动》，2011 年全球金融科技行业风险投资额仅为 21 亿美元，但 2015 年投资总额达到 191 亿美元，如图 2 所示，短短五年间金融科技类已成为全球投资增长速度最快的领域。

根据《2016 全球金融科技 100》，在全球 100 家最佳金融科技公司中，我国有 8 家公司上榜，其中蚂蚁金服居榜首，趣店、陆金所、众安保险以及京东金融也位列前十，我国金融科技在全球处于领先地位（见表 1）。2014 年我国只有一家公司进入前 50 强，而 2016 年前五强金融科技公司中我国占了四家，前十强中占五家，我国金融科技发展速度十分惊人。尽管我国传统金融行业

---

① 《金融稳定发展报告》，中国人民银行，2017 年 7 月。
② 《金融稳定发展报告》，中国人民银行，2017 年 7 月。

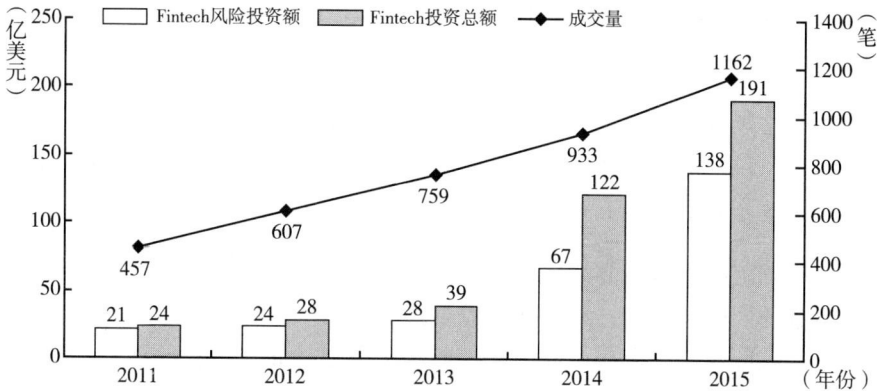

图2 2011~2015年全球金融科技领域投资额及交易量

资料来源：KPMG 和 CB Insight 联合发布的 *Pulse of Fintech*。

落后于欧美发达市场，但在金融科技领域却优势突出。首先，传统金融服务的覆盖面有限，为金融科技发展提供了广阔的市场。我国金融服务未覆盖的人群和领域非常多，传统金融业不愿意也没有能力覆盖，这为金融科技公司提供了最好的服务对象。其次，在"大众创业、万众创新"的时代精神推进下，我国政府对新技术带来的行业变革持积极的开放性态度，为金融科技发展提供了相对宽松的政策环境。最后，我国移动互联网发展程度高，金融科技公司能够及时推出移动 APP 等配套工具，为金融科技发展提供了有力的技术基础。

表1 全球金融科技 100 强中国上榜公司

公司名称	2016 年排名	2015 年排名	所在行业
蚂蚁金服	1	新入选	支付
趣 店	2	4	借贷
陆 金 所	4	11	借贷
众安保险	5	1	保险
京东金融	10	新入选	借贷
我 来 贷	33	新入选	借贷
融 3 6 0	34	47	借贷
品 钛	39	45	借贷

资料来源：KPMG 和 H2 Ventures 联合发布的 *The Fintech 100*。

2. 金融科技在金融领域应用的意义

总体来看，区块链技术、大数据和人工智能等新兴科技引领金融产品、业务和服务全方位变革，通过虚拟方式替代物理方式，金融业的边界日益模糊。金融与科技深度融合，推动金融服务在时间和空间中的快速转移，科技终将成为金融发展的第一生产力。一方面，金融科技不断提高金融普惠性，弥补了传统金融机构的服务空白，将业务延伸至长尾市场人群，增加了普惠金融服务的广度和深度，增加共享成果的受益人群；另一方面，金融科技使差异化金融服务成为可能，利用大数据分析工具精准分析客户需求，并量身定制特色金融产品，提供个性化金融服务。

二 金融科技的应用现状

（一）数字货币

数字货币结合了纸币和电子货币的优势，并表现出自身特有的优点。一方面，数字货币与纸币特点一致，在流转过程中不需要审查从而具有较强的匿名特点；另一方面，数字货币也具备电子货币的高支付效率等长处。与此同时，数字货币基于分布式等区块链技术，因而可以实现更低成本和更高效率的流转，且更加安全。由此，国内外知名企业纷纷试水数字货币的研发（见表2）。

表2 区块链技术在数字货币领域的研究现状

银行	研究现状
花旗银行	探索"花旗币"（虚拟电子货币）的实验项目，目前已开发了3条区块链，并开始内测
纽约梅隆银行	尝试将比特币的点对点模型基础应用到银行系统，并在其员工内部系统中推出BK coin虚拟货币
印度储备银行	2017年1月，计划使用区块链技术打造一个小的数字货币模型
香港金管局	2017年4月，香港金管局透露，将联合R3进行数字货币原型测试

资料来源：根据互联网整理所得。

（二）跨境结算

与传统跨境支付体系相比，区块链跨境支付系统是在摒弃中介机构的情况下，运用数字货币作为交换媒介实现跨境结算，区块链上交易双方可跨越地区的限制，全天 24 小时实时交易，款项划转迅速，提高工作效率。各国在跨境结算领域的探索见表 3。

表3　区块链技术在跨境结算领域的研究现状

银行	研究现状
招商银行	2016 年 6 月,通过跨境直联清算业务 POC 实验,率先实现将区块链技术运用于银行核心系统中;2017 年 2 月,招行成为首家将区块链技术应用于全球现金管理领域的跨境直联清算、全球账户统一视图以及跨境资金归集三大场景的银行
印度工业信贷投资银行	2016 年 10 月,印度最大的私人银行印度工业信贷投资银行(ICICI)宣布成功进行了区块链汇款试验
华侨银行	2016 年 11 月,华侨银行携同马来西亚及新加坡分行进行了数据区块链支付交易解决方案的试运行并取得了圆满成功,成为东南亚首家实现跨境支付交易的银行
Visa	2016 年 11 月,Visa 通过与区块链创业企业 Epiphyte 合作,开发了一个概念验证阶段的移动汇款解决方案,为主流金融市场提供即时交易结算服务
Stellar	2016 年 12 月,Stellar 发布首个基于区块链的转账网络,实现在肯尼亚、加纳和尼日利亚的 M – PESA 跨境支付
英国毅联汇业集团	2017 年 1 月,英国毅联汇业集团(ICAP)宣布将在区块链上处理外汇交易,准备将数以千计的外汇交易置于区块链技术之上
欧洲清算中心	2017 年 2 月,欧洲清算中心(Euroclear)联合 Paxos 在伦敦金银市场完成了一个长达 2 周的区块链试验,测试了 600 多笔交易
SWIFT	2017 年 1 月,SWIFT 已经着手打造区块链 APP 来简化跨境支付流程
摩根大通	2017 年 4 月,摩根大通在华启动虚拟柜台,采用区块链技术提升跨境交易效率

资料来源：根据互联网整理所得。

（三）证券发行与交易

证券发行公司借用区块链的智能合约在特定条件下自己发行资产凭证，证券交易双方可利用区块链平台点对点交易，迅速完成证券交易、结算等其他环节。目前，世界各大交易所纷纷进行区块链在证券发行与交易方面的探索，表 4 为各交易所目前的探索进展。

表 4　区块链技术在证券发行与交易领域的研究现状

公司	区块链探索与实践
纽 交 所	2015 年 5 月，推出了纽交所比特币指数（NYXBT）
纳斯达克	2015 年 12 月 30 日，纳斯达克的 Linq 区块链平台首次将股票发行给投资者；2016 年初，宣布正在研发一种基于区块链技术的股东电子投票系统
韩国交易所	2016 年 3 月，宣布将创建一个基于区块链技术的场外交易平台，并于 2017 年初发起区块链金融服务试点
澳洲交易所	2016 年 8 月，澳洲证券交易所宣布完成区块链原型，在未来的 18 个月中，将同数字资产控股公司（DAH）合作，搭建新的交易系统，长期代替 CHESS 结算系统
埃 森 哲	2016 年 11 月，埃森哲在其金融服务组内建立一个区块链小组，开发办公中段和后段的资本市场解决方案
德国交易所	2016 年 12 月，德国央行联合德国证券交易所共同打造区块链原型用于证券交易领域，双方计划在接下来几个月进行进一步的测试
北 美 信 托	2017 年 2 月，北美信托联合 IBM 开始运行世界首个功能型私募股权区块链平台，目前已经用来为欧洲监管机构提供实时数据
上海交易所	2017 年 3 月，上海证券交易联合杭州趣链科技有限公司共同研发高性能联盟区块链技术，并在去中心化主板证券竞价交易中进行验证

资料来源：根据互联网整理所得。

（四）供应链金融与票据

基于区块链的票据市场凭借时间戳功能自动记录票据从产生到兑付的整个流程，时间戳具有不可逆性，可有效防止票据伪造和篡改等现行票据问题。供应链金融也可通过区块链减少上下游企业的信息不对称，供应链上所有参与方（包括供货商、进货商、银行）均使用同一去中心化账本记账，并在预定时间触发智能合约完成自动支付和清算，实现端到端透明化，极大地提高运作效率。各国对区块链在供应链金融和票据领域的应用研究如表 5 所示。

表5　区块链技术在供应链金融与票据领域的研究现状

公司	区块链探索与实践
马恒达集团	2016年11月,印度最大的多元化跨国集团之一马恒达集团和IBM宣布正在开发一种区块链解决方案,改造供应链的运作流程,提高安全性和透明度
趣链科技	2017年1月,基于趣链科技提供的区块链底层平台,国内首个实现核心银行业务的移动数字汇票平台正式上线,并成功完成　笔交易,未来还可选择持有到期兑付或者转让使用
浙商银行	2017年1月,浙商银行发布移动数字汇票产品,后续将继续深化区块链技术在保函、应收账款等金融领域的实际应用
富金通	2017年3月,国内知名互联网金融公司点融网和富士康旗下金融平台富金通宣布:共同推出一个名为"Chained Finance"的区块链金融平台
赣州银行	2017年3月,我国首单区块链票链业务在赣州银行上线
美的集团	2017年4月,美的集团财务有限公司与杭州复杂美科技有限公司强强联合,共同致力于美的金融区块链票据应用平台研发,企业级票据正在研发中
中国银联	2017年4月,中国银联与光大银行共同创建了业内第一个跨机构、跨地域区块链联盟链,并已完成链上POS电子签购单原型验证和测试
欧洲银行票据交换所	2017年4月,欧洲银行票据交换所已经在伦敦金条市场完成了其首个区块链试点交易
京东金融	2017年5月,京东金融联合中国银联成功部署联盟链网络,并在链上试用可信电子凭证代码

资料来源:根据互联网整理所得。

(五)数字资产管理

基于区块链的数字资产平台实现所有资产上链转为数字资产,资产权属双方可直接进行对接与交易,在得到交易指令后,双方只需将数字资产所有权转移至对方名下,完成权属变更,交易简便快捷,推动价值互联。此外,在涉及多项资产、多方交易时,智能合约和多重签名也可有效解决多方产权归属难题。各国在数字资产领域的探索见表6。

表6 区块链技术在数字资产领域的研究现状

公司	区块链探索与实践
太一云科技	2016年11月，太一云科技联合沈阳金信商品交易中心，建立了全球第一个区块链商品交易中心，为数字资产的流通提供有力的流动性保障
毕马威	2016年11月，伦敦金融科技初创企业Nimbrix宣布和微软以及毕马威共同开发一个资产管理平台，允许对手方实时交易并分享行业相关的数据来降低传统投资管理行业中的高额成本
数字资产控股	2016年12月，数字资产控股（DAH）推出可进行机密交易的区块链平台。实现对手方运用区块链技术在无需提供机密信息的情况下进行交易
英国皇家铸币局	2016年12月，英国皇家铸币局宣布将推出一种区块链黄金产品，用户可运用区块链系统执行结算和交易黄金
趣钱	2017年1月，国内首家区块链数字资产电商平台——趣钱上线运营，引领电商行业跨越性发展
中国邮储银行	2017年1月，中国邮储银行携手IBM推出基于区块链技术的资产托管系统，是中国银行业首次将区块链技术成功应用于核心业务系统
京东金融	2017年3月，京东金融推出基于区块链技术的资产云工厂底层资产管理系统，用于资产登记
Symbiont	2017年3月，智能证券公司Symbiont和非精制商品数字化服务供应商Orebits宣称其成功地进行了首个基于分布式账本的非精炼黄金交易
法国巴黎证券服务公司	2017年5月，法国巴黎证券服务公司联手法国安盛使用智能合约打造一个基于区块链的基金代销平台，加速基金买家和资产经理的业务流程

资料来源：根据互联网整理所得。

（六）大数据金融

大数据金融海量采集各类数据，通过数据分析和数据挖掘等技术，构建多维度指标体系，准确预测客户行为，为金融机构提供客户偏好信息和风险信息。国内金融机构也纷纷对大数据金融的应用进行探索（见表7）。

表7 大数据金融的发展现状

公司	区块链探索与实践
阿里金融	2015年,阿里金融利用大数据对用户进行信用评级,从而服务于金融交易
中国人民保险公司	2017年4月,运用大数据预测风险,改变保险精算,继而改变定价和风险准备
百度公司	2017年6月,与中国农业银行达成战略合作,双方将组建大数据风控研究中心
国美金融	2017年6月,国美金融基于结合场景的大数据运营,建立客户生命周期和价值,合理运用渠道、产品、权益和服务等资源,促进业务增长

资料来源：根据互联网整理所得。

（七）智能投顾

智能投顾即机器人投资顾问，基于客户本身的理财需求和风险偏好，利用人工智能产品为客户提供投资顾问服务。现有智能投顾平台资产配置思路主要基于马科维茨的投资组合理论，按照投资分散、个性化的原则，构建算法和数据模型完成理财顾问服务。我国现有智能投顾平台如表8所示。

表8 智能投顾发展现状

公司	智能投顾探索与实践
弥　财	2015年12月,根据问卷调查测试用户风险承担能力,并以MPT等算法量身定制投资组合方案
蓝海智投	2016年1月,投资者通过微信公众号挑选一个代表投资风格的动物,即可看到相应的产品组合建议
拿铁财经	2016年12月,根据用户可投金额及风险偏好定制专属资产组合以及机器人组合套餐
京东智投	2017年1月,通过简单的调查问卷生成配置建议,每一类资产对应着京东金融在售的金融产品

资料来源：根据互联网整理所得。

（八）监管科技

金融科技的发展极大地促进了金融业的升级改革，但也放大了金融风险，带来了网络安全隐患、操作风险等问题。2017年我国将金融安全上升到国家战略高度，防范金融风险也应与时俱进地采用金融科技。5月，央行成立金融科技委员会，首次提出用科技服务监管，国内外关于监管科技的主要探索如表9所示。

表9 区块链技术在金融监管领域的研究现状

类别	区块链探索与实践
韩国央行	2016年12月，韩国央行表示正在考虑打造"超级节点"用于区块链监管
欧洲债券结算系统	2017年1月，欧洲债券结算系统认为中央证券托管将会在基于区块链的结算系统中扮演重要角色，通过允许监管机构参与作为区块链系统中的一个节点，实现结算系统中发生的所有交易的完全监督
同济大学	2017年2月，同济大学与中国银联携手发布了区块链测评标准方案，并对上海区块链创新沙箱内的相关项目进行测评工作
英国金融行为监管局	2017年4月，英国金融行为监管局宣称未来一年将优先发展FinTech与RegTech，已开展专门的RegTech峰会
深圳政府	2017年5月，深圳政府宣称拟将区块链技术引入小额信贷数据监控，计划将区块链技术引入小额贷款行业数据监管
中国人民银行	2017年5月，中国人民银行成立了金融科技委员会，积极利用现代科技完善金融监管手段

资料来源：根据互联网整理所得。

三 金融科技的理论研究进展

以中国知网中主题为金融科技的论文为基础，并剔除科技金融相关文献，对2016~2017年6315篇与区块链金融相关的文献进行计量分析。

随着研究的不断深入，出现越来越多与"金融科技"相关的研究点，形成了庞大的研究网络，金融科技研究的内容主要与以下关键词有关：金融机构、互联网金融、商业银行、风险管理等。

从图3可以看出，金融科技、金融机构、互联网金融、风险管理等关键词均处于比较中心的位置，说明金融科技研究主要围绕这些方面展开，且较多地论述了金融科技与这些关键词之间的关系。与互联网金融相似，金融科技也是科技与金融的结合体，二者有何异同是研究难点之一。

图3 2016~2017年金融科技研究关键词的共词分析

资料来源：数据来源于 CNKI 数据库，利用 Citespace 软件绘图自行整理。

概括来看，我国金融科技的研究主要集中在：①金融科技的性质界定，通过对金融科技下定义划定金融科技的大致范畴；②金融科技与互联网金融的异同比较，与互联网金融相似，金融科技兼具金融和科技属性，分析二者存在何种区别，对金融体系的影响有何不同；③金融科技与传统金融机构的博弈研究，金融科技拓展金融长尾市场，提供量身定制的金融产品将对传统金融机构产生冲击，传统金融机构如何奋起反击和竞争是研究的重中之重。

（一）金融科技的性质研究

1.金融科技的定义

近年来，随着金融科技的异军突起，相关研究开始涌现。关于金融科技的含义，目前国内外并没有形成权威统一的解释，国外学者较早开展了对金融科技的研究。全球金融稳定理事会（FSB）将金融科技定义为"技术带动的金融创新"，技术引发金融模式变革。Susanne Chishti 等从产业组织的角度出发，认为金融科技是为传统金融机构提供技术顾问和产品研发的新型科技。① 金融科技公司自身不提供金融服务，只向金融机构输出技术，帮助传统金融机构提升风控、产品创新能力。以陈生强为代表的一些学者则认为金融科技是金融与技术的合成，本质则是利用互联网、大数据、人工智能等新兴高科技为金融行业提供服务。② 王丽辉在其文章中表达了对金融科技的不同见解：金融科技是信息技术与金融业务有机结合的新型金融模式，两者的融合兼具深度和广度，覆盖了行业运行的各个方面，科技的融入使得金融更有效率。③ 本书认为金融科技兼具金融属性和科技导向，但并非简单的物理相加，而是真正将区块链、大数据、人工智能等科学技术与金融领域深度融合，产生新的金融模式、业务流程与产品，提高金融效率。

2. 金融科技与互联网金融的异同

互联网金融同样涉及金融与科技的融合，引发相关学者对其进行比较研究。宁小军指出互联网金融是我国特有的金融概念，而金融科技这一概念的范围更广，适用于欧美国家乃至全球范畴。④ 关于二者的内在本质，一部分学者认为两者不存在本质区别，童文涛认为二者具有相同的内涵，都是利用技术驱动金融创新，从而提高金融体系运行效率并降低交易成本⑤；郭玮认为从互联网金融到金融科技的转变不过是新瓶装旧酒，并未给金融业带来显著变革⑥。另一部分学者则认为其存在本质区别，巴曙松

① Susanne Chishti、Janos Barberis：《FinTech 金融科技圣经》，商业周刊，2016。
② 陈生强：《互联网金融、科技金融、金融科技有什么不同?》，博鳌亚洲论坛，2017。
③ 王丽辉：《金融科技与中小企业融资的实证分析——基于博弈论的视角》，《技术经济与管理研究》2017 年第 2 期。
④ 宁小军：《Fintech 时代来临：金融科技 VS 传统银行——互联网交易型银行发展启示录》，《银行家》2017 年第 1 期。
⑤ 童文涛：《大资管时代即将到来》，《银行家》2016 年第 5 期。
⑥ 郭玮：《FinTech 的新场景：消费金融与新科技》，2017 科技金融发展论坛，2017。

等指出金融科技的内涵比互联网金融更广，互联网金融只是优化了用户的产品体验、购买渠道、消费方式，但未对金融业产生实质影响；而金融科技则利用技术由外及内全方位变革传统金融业，更强调"技术赋能"。[①]本书认为金融科技通过大数据、区块链、人工智能、机器深度学习等新兴技术手段提升金融产品与服务的质量和效率，强调技术创新对金融的赋能和推动作用。

（二）金融科技的颠覆效应

廖岷立足金融机构角度，系统研究了金融科技给金融体系带来的巨大冲击，认为金融科技将加剧金融脱媒风险。[②] 李文红等认为金融科技抢占传统金融机构的业务和客户群体，可能造成传统金融机构盈利模式改变。[③] 金融科技将推动银行存款和贷款业务实现线上智能交易，贷款也可智能管理，银行柜员和信贷经理等从事传统存贷款业务的银行从业人员会出现裁员危机。证券公司的核心业务为经纪业务，金融科技推动智能证券成为可能，系统自动匹配需求方，交易即可撮合成功，迫使证券公司寻求新的盈利点。Frey 等利用美国劳工部数据，实证分析金融科技对各行业就业的影响，其中对金融业就业的负向影响最为突出。[④] 根据牛津大学的相关研究（2016），金融行业受到自动化威胁的风险高于所有技能型行业，以金融员工为代表的中产阶级高薪工作岗位，将会成为"人工智能替代人工"的"重灾区"。

（三）金融科技的优劣研究

赵鹞从金融功能观的角度出发，指出金融科技虽未增加金融的基本功

---

① 巴曙松、白海峰：《金融科技的发展历程与核心技术应用场景探索》，《清华金融评论》2016 年第 11 期。

② 廖岷：《全球金融科技监管的现状与未来走向》，《新金融》2016 年第 10 期。

③ 李文红、蒋则沈：《金融科技（FinTech）发展与监管：一个监管者的视角》，《金融监管研究》2017 年第 3 期。

④ Frey C. B., Osborne M. A. The Future of Employment: How Susceptible are Jobs to Computerisation? . *Technological Forecasting & Social Change*, 2016, 16: 25 – 26.

能，但更充分地发挥金融现有功能，深刻变革金融服务的提供和获取方式。① 从现有文献来看，学者们认为金融科技分别从客户、产品与服务、渠道三个维度创造机遇。首先，普华永道认为金融科技具有全天候、跨地域的属性，不受时间和空间的限制，将金融服务拓展至长尾市场，金融服务群体不断扩大②；其次，金融科技精细分析客户需求，推动金融机构转变产品业务发展方式，由简单化、标准化向复杂化、个性化演变；最后，周永林认为金融科技公司本身带有"互联网基因"，由于金融科技不必承担传统金融机构高昂的系统维护成本，更加专注于研究单一目标的解决方案，从而开发出成本更低的数字金融产品。③

朱太辉等梳理了金融科技的潜在风险，认为金融科技的出现使金融风险更加隐蔽和突出。④ 童文涛认为金融科技在我国发展年限较短，由于缺乏历史数据，可能产生风险低估等问题，从而加倍扩大金融风险。⑤ 周昆平认为金融科技是科技与金融的融合，因而具有跨行业、跨市场的特性，传统的栅栏式风险隔离方法不再适用，风险防范迎来巨大挑战。⑥

（四）金融科技的博弈研究

金融科技给传统金融机构带来了"倒逼式的竞争压力"，众多学者的观点集中表现为金融科技与金融机构深度合作是唯一出路。王广宇等认为，我国传统金融机构一直处于大而不倒的垄断地位，金融机构审时度势，凭借金融科技迅速发展才是长久之策⑦；陈生强指出金融科技推崇的数字化金融产品目前仍旧成本高昂，只有与传统金融机构合作，二者才能实现共赢，金融

---

① 赵鹞：《Fintech 的特征、兴起、功能及风险研究》，《金融监管研究》2016 年第 9 期。
② 普华永道：《跨越行业界线：金融科技重塑金融服务新格局》，全球金融科技报告，2016 年 3 月。
③ 周永林：《区块链金融：若隐若现的新金融蓝图》，《金融电子化》2016 年第 1 期。
④ 朱太辉、陈璐：《Fintech 的潜在风险与监管应对研究》，《金融监管研究》2016 年第 7 期。
⑤ 童文涛：《大资管时代即将到来》，《银行家》2016 年第 5 期。
⑥ 周昆平：《如何通过发展金融科技优化金融服务？》，《银行家》2017 年第 1 期。
⑦ 王广宇、何俊妮：《金融科技的未来与责任》，《南方金融》2017 年第 3 期。

科技的各项业务活动都基于现有金融体系，金融科技的发展无法脱离现有金融生态系统①；金融机构注重金融科技发展，不断为传统金融服务注入创新开放的基因。

四 金融科技的发展趋势及展望

（一）推动金融普惠性发展

金融科技全天候服务、突破时空限制、低成本且具有开放性，可不断扩大金融服务辐射半径，增强金融服务的可获得性。一方面，大数据、人工智能等金融科技广泛应用于高速网络化的信息处理，不断降低长尾客户之间信息不对称的程度，从而满足长尾客户的金融需求。另一方面，通过互联网平台将各类社会冗余资源组织起来，进行交换共享，促进共享经济的发展。金融普惠性发展将成为金融科技发展的重要方向。

（二）促进金融专业化发展

金融科技凭借其互联互通的优势，发掘不同客户的特殊需求，研发出满足个性化金融需求的产品，优化客户体验。可运用大数据等智能化金融分析工具深挖传统金融机构无法覆盖的小微客户潜在需求，根据消费者的意愿量身定制金融产品。与此同时，传统金融机构也将凭借对某一领域长期深耕细作的优势，培育较为稳固的客户群体，在市场竞争中赢得一席之地，不断细分市场，显著提升专业化程度。

（三）驱动金融智能化发展

与互联网公司的创新精神一致，金融科技将各种前沿技术和理念带入金融领域，驱动金融业务走向智能化的新阶段。一系列以"廉价、即时、可

---

① 陈生强：《互联网金融、科技金融、金融科技有什么不同？》，博鳌亚洲论坛，2017。

得"为特征的智能化金融形式，如智能证券、智能投顾、区块链互助保障平台等金融新业态层出不穷，为数量庞大的消费者提供数字化、自动化、智能化在线基础金融服务。区块链使得互联网上进行的金融交易可以通过嵌入智能合约，自动执行价值交换、权属转让；大数据、人工智能的发展使得智能投顾成为现实，金融智能化水平不断提升。

区块链篇

Block Chain

区块链在支付结算领域的应用实践

刘佩芝*

摘　要： 目前我国形成了层次丰富且架构庞大的境内支付清算体系，境外支付清算体系尚在完善中。境内外中心化的支付结算体系主要有以下痛点：信用具有局限性，支付结算体系存在安全隐患，跨境支付转账周期漫长、手续费高昂。而"区块链+支付"能够提高结算效率，降低交易成本，避免洗钱等违法事件，并实现交易信息不可篡改，提升支付系统安全性与稳定性，其中数字货币的应用将提升交易活动便利度。当前，实现"区块链+支付"尚存在数字货币交易安全问题与价格波动风险，且缺乏"区块链+支付"的配套监管，支付技术仍存在不确定性。为此，政府应当建立"区块链+支付"监控管理平台，并加快推进"区块链+支付"标准的统一，金融机构应积极参与支付技术创

---

* 刘佩芝，湖南大学金融与统计学院，研究方向为金融科技发展与影响。

新研究。

关键词： 支付结算　区块链　区块链 + 技术

一　支付结算领域的现状与不足

（一）我国支付结算领域的发展现状

1. 我国支付结算体系的发展现状

（1）层次丰富且架构庞大的境内支付清算体系

支付业务的实现，从支付交易创建到信息传输、货币资金的清算划拨乃至后期结算，这一整套流程都是以一个安全、稳定、可信的支付系统为基础的。综合了多种要素的支付清算系统是维持国家经济活动正常运行的中枢设施，多样化的支付工具在经济运行中发挥了至关重要的作用。目前，我国境内形成了层次丰富且架构庞大的支付清算体系，如图 1 所示。我国支付清算体系总体由相互连接的各层级支付系统构成，它们在功能和性质上互为补充。在我国，按照建设者的不同（即中央银行、银行业金融机构与非金融支付服务组织），支付系统主要分成三类，分别是中国人民银行支付清算系统、行内支付清算系统以及专业第三方支付清算系统；金融市场支付清算系统是围绕票据市场、股票市场、债券市场等建立的。这些系统各自有细分机构，负责不同类业务的清算、结算，整体架构十分庞大。

①中央银行支付清算系统。

央行建设的国家支付清算系统提供终极清算、结算服务，其服务对象是银行业金融机构、非银行专业化清算组织和金融市场参与者等。中国人民银行运行的支付清算业务系统安全稳定，根据《中国支付清算行业运行报告（2017）》，2016 年央行支付系统支付业务处理量高达 80.09 亿笔，金额 3821.35 万亿元，同比分别增长 26.89 亿笔和 836.11 万亿元，分别占整个支

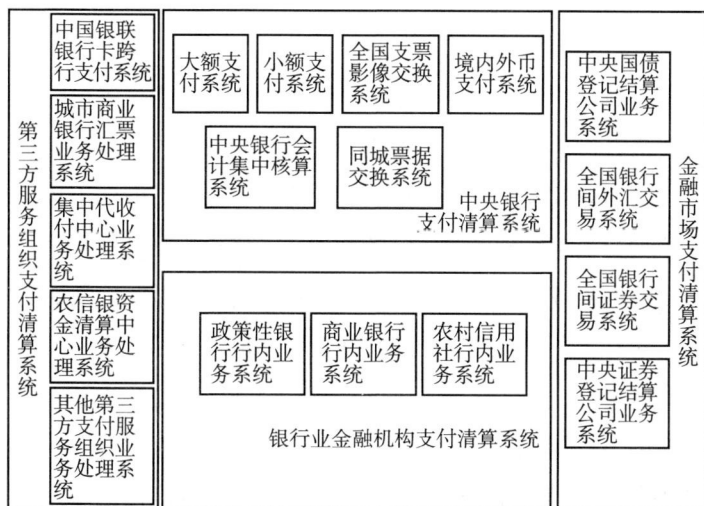

图1 中国支付清算系统总体架构

资料来源：中国人民银行官网。

付系统业务笔数和金额的 13.51% 和 74.72%，日均处理的业务量为 2353.98 万笔，金额为 15.14 万亿元。

②银行业金融机构支付清算系统。

银行业金融机构建设的行内支付清算系统仍然是主要支柱，银行业金融机构通过遍布全国各地的分支行，直接为各企事业单位及个人服务，满足其多样化的需求。行内支付系统所处理的业务量近年来稳步增加。根据中国支付清算行业运行报告数据，2016 年该系统业务处理总量 258.30 亿笔，金额 1215.47 万亿元，同比分别增长 80.25 亿笔和 21.88 万亿元，银行处理的非现金支付业务金额在其业务总金额中的占比高达 97.3%。银行业金融机构是支付产业的支柱力量，主要体现在以下三点。第一，金融机构与营业网点众多且密集，银行法人机构已达 4200 余家，境内网点超过 21 万个。第二，银行处理的支付业务量具有绝对优势，2016 年银行处理的非现金支付业务金额占整体非现金业务总金额的 97.3%。第三，银行账户实名制提供安全保障，在可靠性方面人们对银行提供的支付服务有充分信心。[①]

③第三方服务组织支付清算系统。

随着互联网金融的发展与客户需求不断细化，专门提供支付服务的第三方服务组织支付清算机构发展起来，构成对支付清算系统的有效补充。它们创新性地提供了灵活多变的零售支付服务，有效完善了支付行业的市场结构，对于银行类金融机构的支付系统形成一定的威胁，形成更为激烈的竞争环境，有助于提升支付产业的服务质量与效率。其中，互联网支付服务组织如支付宝在消费者中普及度较高。中国人民银行的数据显示，2013年第三方支付机构年处理业务量为371亿笔，2016年增加至1855亿笔，金额也有显著提升，从18万亿元上升到120万亿元。目前，第三方支付的发展表现出两大趋势。一是主体协同化，产业各主体将利用自身在数据信息渠道、商户和客户范围等方面的资源互通有无、集体发力，打破各自为战的局面。二是账户同一化，随着行业壁垒逐步弱化，第三方支付和其他类型账户将趋同[②]，账户同一化、唯一化趋势可能由某机构内部发展到一个行业，而后扩散到社会其他领域和单一个体[③]。

（2）境外支付清算体系尚在完善中

①SWIFT处理国际金融业务。

SWIFT作为全球银行业国际合作组织，在国际大部分银行间广为流行，它为国际经济业务提供高效、精准、优质的服务。如图2所示，SWIFT网络可以在不同国家的银行之间进行异地价值交换，并完成异地客户的资金支票清算等业务。SWIFT作为中介能够在一定程度上提升银行的结算效率，也使得银行的通信业务更为安全、可靠、标准化。[④]

SWIFT的业务范围遍布世界各地，一笔跨国金融交易主要是通过银行使用标准化的电文交换完成的。我国是SWIFT会员国，我国四大国有银行均

---

① 中国支付清算协会编著《中国支付清算行业运行报告（2017）》，中国金融出版社，2017。

② 李德尚玉：《手机支付市场迎来新格局，近场支付再成突破点》，《金卡工程》2016年第5期。

③ 中国支付清算协会编著《中国支付清算行业运行报告（2016）》，中国金融出版社，2016。

④ 刘中盛：《Ripple挑战全球汇款系统：更易实现的金融革命》，腾讯财经，http://finance.qq.com/a/20140703/068300.htm，2014年7月。

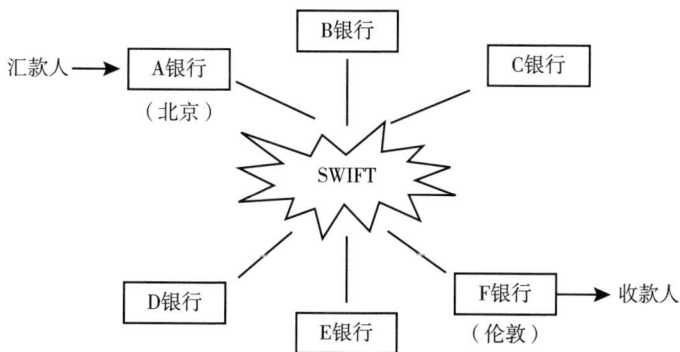

图 2　SWIFT 作为中介处理跨境金融业务

开通了 SWIFT 网络系统，"SWIFT Code" 是区分各家银行的代码，据此可将款项汇入指定银行。SWIFT 最多可传输 1100 万条电文/天，实际传送的电文数量平均为 500 万条/天，资金的划转基于 SWIFT 制定的 240 种电文标准，即国际银行间的标准化语言①。

②CIPS 完善跨境人民币业务。

人民币跨境支付系统（CIPS）一期于 2015 年 10 月 8 日启动，为人民币跨境支付业务开辟新渠道，但清算行与代理行模式仍在使用，当前仅有约 20% 的跨境人民币业务通过 CIPS 办理。根据《中国支付体系发展报告（2015）》的介绍，CIPS 一期可以为境外贸易与跨境个人汇款等多种国际业务提供实时全额的清算、结算服务。② 该系统采纳国际通用标准即 ISO20022 报文标准，在名称、地址、费用等栏目设计上更便于人民币业务的高效处理，从而提升跨境人民币业务的效率。与 SWIFT 身份编号类似，CIPS 每个参与主体都有唯一的 CIPS 行号，直接参与者通过专线一点接入集中清算业务，间接参与者以直接参与者为中介连入系统以获取服务，而发起人和接收人以直接或间接参与者为桥梁接入系统。截至 2016 年 5 月，获得 CIPS 一期

---

① 扬帆：《SWIFT – 银行结算系统与 CIPS – 人民币跨境支付系统》，新浪博客，http：// blog. sina. com. cn/s/blog_ 6a73a56a0102vruw. html，2015 年 10 月。

② 熊雄：《人民币跨境支付系统现状介绍和探讨》，《现代商业》2015 年第 29 期。

直接参与者资格的有 19 家银行，间接参与者 253 家，共跨越 47 个国家和地区。[①]

2. 我国主要支付结算业务的现状

（1）银行卡交易额稳步上升

2011～2016 年，全国银行卡交易额与交易笔数持续增长。数据显示，银行卡日均交易的增长最为显著，全国银行卡日均交易笔数从 2011 年的 8706.75 万笔迅速增至 2016 年的 3.16 亿笔，而对应的日均交易金额由 8871.93 亿元升至 2.03 万亿元。[②]

如图 3 所示，全国银行卡的交易笔数在 2014 年以前增长十分缓慢，但随后显著增长；如图 4 所示，全国银行卡的渗透率缓慢上调[③]；如图 5 所示，笔均消费额自 2013 年起逐年减少，2016 年降至 1474 元，当年卡均消费额首次表现出负增长。这些数据表明银行卡使用环境趋于成熟，但卡均消费额下滑反映出多样化支付工具对银行卡的取代，尤其是非银行第三方支付削弱了银行卡支付的地位。[④]

（2）互联网支付与移动支付服务多样化

在计算机技术进步的时代背景下，人们对支付服务的需求趋于多样化、个性化，催生了丰富灵活的新型电子支付工具。基于互联网的电子支付方式如二维码支付迅速发展，"余额宝""P2P"等互联网金融企业正威胁我国传统金融业，给我国现有的支付体系特别是商业银行支付体系建设带来了不小的冲击[⑤]，这些现象表明互联网新兴支付正在逐步侵蚀我国传统支付系统。新兴支付机构可以在互联网支付、预付卡发行和受理、数字电视及移动电话

[①] 中国人民银行支付结算司：《中国支付体系发展报告（2016）》，中国金融出版社，2017。

[②] 中国人民银行：《2016 年支付体系运行总体情况》，中国人民银行网站，2017 年 3 月 15 日。

[③] 石凤珍：《一文看懂 2011～2016 年支付体系运行情况，银行卡产业迎新变革》，一卡通世界网，http://news.yktworld.com/201703/201703171939318856.html，2017 年 3 月。

[④] 石凤珍：《一文看懂 2011～2016 年支付体系运行情况，银行卡产业迎新变革》，一卡通世界网，http://news.yktworld.com/201703/201703171939318856.html，2017 年 3 月。

[⑤] 王汉君：《互联网金融的风险挑战》，《中国金融》2013 年第 24 期。

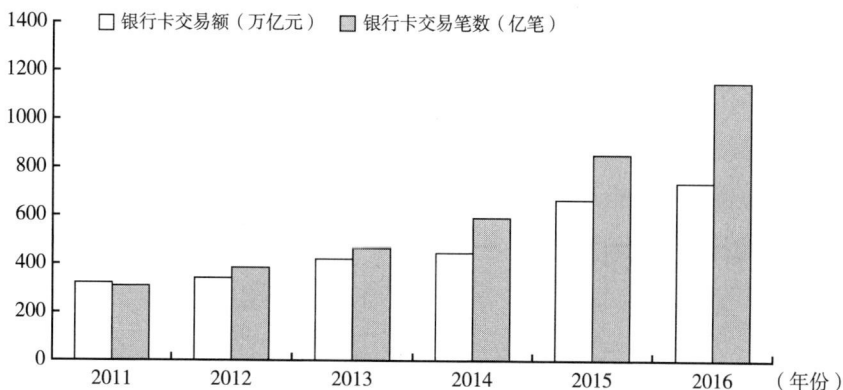

图3 2011~2016年全国银行卡交易额与交易笔数

资料来源：中国人民银行，2011~2016年支付体系运行总体情况。

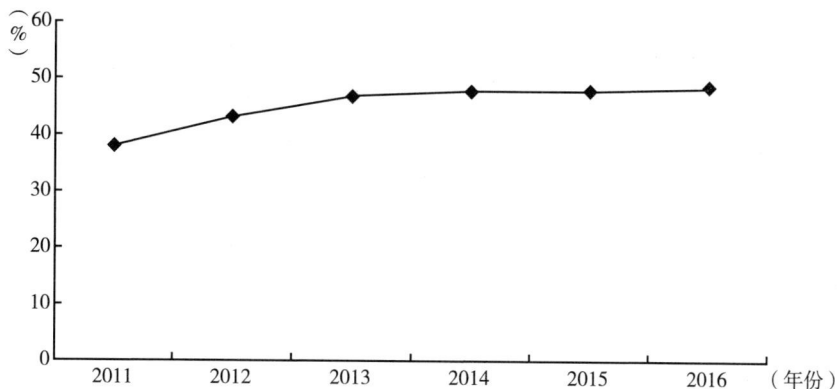

图4 2011~2016年全国银行卡的渗透率

资料来源：中国人民银行，2011~2016年支付体系运行总体情况。

支付等领域开办业务[①]，并凭借高效快速、贴合客户等优势，迅速拉拢客户，占有市场。

我国移动支付行业延续高速发展态势，二维码等创新支付方式进一步推动了移动端支付的发展。商业银行与非银行支付机构在移动业务处理量方面

---

① 肖涵：《银行卡收单一体化服务的研究》，复旦大学硕士学位论文，2013。

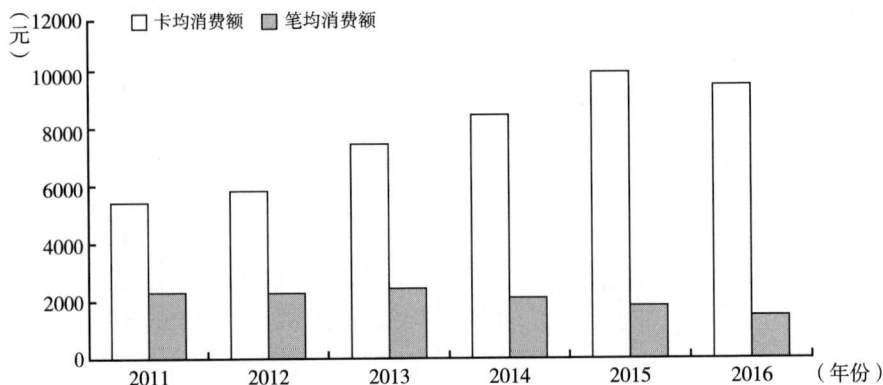

图5　2011～2016年银行卡卡均消费与笔均消费情况

资料来源：中国人民银行，2011～2016年支付体系运行总体情况。

均有较大的增长，如表1所示，2016年，我国商业银行与非银行支付机构移动支付业务处理量分别为257.10亿笔和970.51亿笔，同比分别增长85.82%和143.47%。商业银行互联网支付与移动支付的笔均业务金额差距悬殊，分别为4.52万元与6127.97元，这反映出移动支付与互联网支付相比具有更为小额、便利的特点。①

表1　2016年度互联网与移动支付业务数据

网上（或互联网）支付业务		增幅
商业银行	461.78亿笔	26.96%
	2084.95万亿元	3.31%
非银行支付机构	663.3亿笔	98.60%
	54.25万亿元	124.27%
移动支付业务		增幅
商业银行	257.10亿笔	85.82%
	157.55万亿元	45.59%
非银行支付机构	970.51亿笔	143.47%
	51.01万亿元	132.29%

资料来源：中国支付清算协会编著《中国支付清算行业运行报告（2017）》，中国金融出版社，2017。

---

① 中国支付清算协会编著《中国支付清算行业运行报告（2017）》，中国金融出版社，2017。

（3）第三方支付的跨境业务日趋成熟

目前，国内跨境支付主要通过第三方支付平台、商业银行和专业汇款公司三种方式来实现。① 其中，第三方支付行业历经十余年发展已日趋成熟，主要通过与境外机构合作为跨境电商提供购汇、收汇服务，并逐步拓展应用场景。跨境支付业务的迅猛发展主要是跨境电商的繁荣与良好的市场环境所推动的。一方面，公众收入提高推动了对旅游留学等跨境业务的需求；另一方面，监管机构放宽了对第三方支付机构从事跨境业务的监管。尽管监管方面的要求降低了，但开展跨境支付业务的第三方支付机构准入门槛逐渐走高，主要有两大要求，首先需要由央行为其颁发"支付业务许可证"，其次则需要由外汇管理局为其办理相应的批复文件。②

（二）我国支付结算领域的不足

1. 我国支付结算体系的不足

（1）信用具有局限性

在传统支付体系中，银行间的数据交换、价值转移是依赖中心清算机构来完成的，随着时代的发展，互联网第三方支付呈几何式增长，它的价值转移也采用了中心化的解决方式，即以某个银行或者政府信用为保障，将所有的交易和清算汇合到一个服务器。尽管所有交易是靠计算机程序自动处理完成的，但前提是人们对提供信用的中心化机构是充分信任的，这种方式的最大问题就在于信用的局限性，中心机构的信用只能在一定的机构、地区或者国家范围内发挥作用，不同的国家信用基础不同，那么相互交换时就会产生新的信用问题。③

（2）跨境业务被垄断

这些年来，跨境支付业务因高昂的手续费常常备受诟病。个人用户在以

---

① 王韶辉：《迎接第三方跨境支付》，《新财经》2013 年第 12 期。
② 易观智库：《2016 年中国跨境支付市场专题研究报告》，2016 年 3 月 10 日。
③ 龚鸣：《简单谈谈究竟什么是"区块链"技术》，未央网，http://www.sohu.com/a/37445678_ 115173，2015 年 10 月。

历史悠久的SWIFT为主体的机构和银行面前缺乏话语权，这是因为跨境业务缺乏激烈竞争的外界环境，不论用户对于跨境转账的抱怨有多少，SWIFT作为一家独大的跨国清算系统都可以不予理睬。也就是说，除了多个中心化机构的存在带来清算流程复杂以外，其垄断性的主导地位和竞争环境的缺失使得跨境支付服务质量低下，且多年来缺乏改进的动力。

（3）支付结算体系存在安全隐患

当前，针对互联网新型犯罪在支付环节的监管缺乏相应的管理制度，也存在消费者安全意识薄弱等问题。以移动支付为例，尽管它实现了更为便捷的用户体验，但效率与安全往往难以保障，再加上我国缺乏完善的个人隐私保护制度，用户信息泄露事件时有发生。此外，移动支付操作起来更为方便、更为隐蔽，这也为灰色交易提供了新的途径，例如微信红包使得送礼、行贿这类腐败行为往往难以被发现。

2. 我国支付结算业务的不足

（1）跨境支付两大痛点显著

跨境支付第一大痛点是转账周期漫长。传统跨境结算的参与方众多，包括汇款行、代理行、收款行等，但这些参与方的账务处理机制各不相同，其中的报文通信处理手续复杂，且彼此之间缺乏授信，每笔交易还需在各机构之间分别记录并进行清算和对账等。这导致跨国交易的速度慢、效率低，而延时也会带来资金流动性差等问题。

第二是费用问题。基础设施的运行成本是费用高的主要原因，例如固定费用、审核制度、全球机构和运行一个全球支付网络，这些都需要一定的成本，此外跨境汇款的每一个环节都要收费。资金中转过程中细则不透明也会导致手续费高昂，而这种不透明进一步塑造了缺失同行竞争的环境。[①] 目前，跨境汇款最普遍的方式是电汇汇款，但这种方式收费较高且耗时仍然较长，具体情况如表2所示。[②]

---

① 徐明星、刘勇等：《区块链重塑经济与世界》，中信出版社，2016。
② 乔海曙、谢姗姗：《区块链驱动金融创新的理论与实践分析》，《新金融》2017年第1期。

表 2　五大行跨境电汇收费情况

银行	手续费	电报费	电汇时间
中国工商银行	汇款金额的 0.10%,最低 50 元/笔,最高 260 元/笔	150 元/笔	2~3 工作日
中国建设银行	汇款金额的 0.10%,最低 20 元/笔,最高 300 元/笔	80 元/笔	3~5 工作日
中国银行	汇款金额的 0.10%,最低 50 元/笔,最高 260 元/笔	150 元/笔	2~3 工作日
中国农业银行	汇款金额的 0.10%,最低 20 元/笔,最高 200 元/笔	80 元/笔	3~5 工作日
交通银行	汇款金额的 0.10%,最低 50 元/笔,最高 200 元/笔	150 元/笔	3~5 工作日

资料来源：五大行官方网站。

（2）银行间结算效率低下

商业银行结算，涉及付款人、收款人、付款人开户行以及收款人开户行四个主体，完成一笔结算需要经过下发指令、交割清算、收付到款等多个流程。整体的异地支付结算系统是被割裂的，资金在异地系统间的流转是存在时滞的[①]，因此结算效率低下。除此之外，还有以下两大原因。第一，我国客户和商业银行、商业银行与央行之间协调性差。现在还有许多银行通过快递来传递票据，这不仅容易泄露重要信息，而且极大地降低了工作效率。第二，会计核算系统效率低下。尽管目前银行系统的自动结算处理体系实现了电子化，但会计核算的部分是人工操作的，因此核算效率与准确性都还不够高。[②] 工作效能低下会进一步造成银行主观、有理由地滞压资金，导致结算时滞的恶性循环。

二　"区块链 + 支付" 的解决方案

（一）"区块链 + 支付"的业务流程

1. 区块链支付与传统支付的差异

（1）记账方式发生转变

如图 6 所示，在传统的记账方式下，每个金融机构与企业都有标准互不

---

① 艾磊华：《我国银行支付结算系统的不足及发展对策》，《商》2015 年第 46 期。
② 艾磊华：《我国银行支付结算系统的不足及发展对策》，《商》2015 年第 46 期。

统一的一套账本，因此需要彼此定期进行清算结算，这个过程因庞大而臃肿
的支付清算机构而变得十分低效。如图7所示，在区块链技术下，记录交易
过程的账本是公共的，也就是说任何一个节点所得到的账本是一致的，不再
需要复杂的清算流程。如果少数几个账本被篡改，系统会根据"少数服从
多数"的原则保留与大多数节点相同的账本，自动抹去被篡改的账本，因
此只有控制了超过51%的账本才有可能改变数据库，被篡改的可能性与节
点数量呈反比。

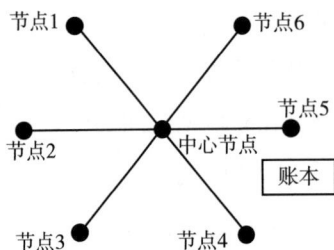

图6　中心化记账网络

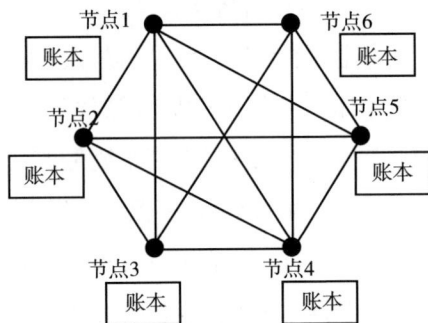

图7　分布式记账网络

（2）跨境支付协议得以解除

金融体系中基本都是独立的网络和独立的支付系统，为了维持中心化的
信息传递，就需要建立多边协议。传统银行之间的跨境交易按照各银行内部
流程制定双边协议，但每家银行流程不统一导致跨境支付耗时长。区块链的
跨账本协议（如 Ripple 协议）让所有的交易者都加入区块链，并获得记录相
同的一份账本，在取消银行间多边协议的基础上实现客户间直接的点对点传
输，且支持各国货币，因此可以废除跨国汇款的电讯费和中间银行手续费。[1]

（3）跨境支付流程得到简化

传统跨境汇款如图8所示，大致可分为五个步骤[2]：①开户人向本国小

---

① 王玉详、曹彤等：《区块链金融》，中信出版社，2016。
② 王玉详、曹彤等：《区块链金融》，中信出版社，2016。

型银行提出汇款申请；②本国小型银行向具有汇兑条款的本国大型银行提出申请；③大型银行通过电汇与境外签署汇兑条款的大型银行合作；④境外大型银行向境外小型银行汇款；⑤境外小型银行将钱款打到收款人账户。

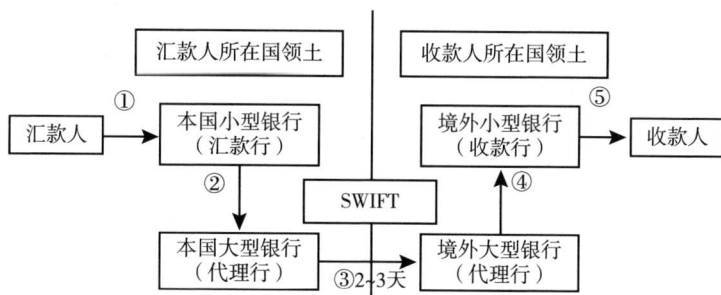

图8　传统跨境支付流程

传统支付的五个步骤无法绕过多个中介银行，因此手续繁杂。而区块链构建的支付结算平台使得中转银行的地位被弱化甚至被弃用，可以完成点到点的直接高效的跨境支付，冗长的流程被极大地简化，因此提高了资金利用率，区块链的安全、透明、低风险也可以保障跨境汇款的安全性。

2. 区块链境内支付结算平台运行机制

由比特币支付可延伸至其他法定数字货币支付运行机制，若客户甲要向客户乙转账10元，交易机制大概可分为五步①，如图9所示。

第一步，汇款者（甲）创建一个新交易，利用他的私钥对前一次交易签署数字签名，并且将这个签名附加在交易单后面（见图10）。具体操作：客户甲询问客户乙的地址，如客户乙的地址为ABC。客户乙收到货币后，用客户甲的公钥对其进行效验即可证明该项交易的发出者是客户甲。图10的交易单上10个数字货币的信息可以有效追溯资金来源。

第二步，甲将该交易传至全网，矿工组织收到该交易单后开始验证客户甲是否有足够的货币进行支付。具体操作：由于存在货币奖励，矿工会主动

---

① 《区块链运行机制简介》，CSDN 博客，http：//blog. csdn. net/gloria_ dandan/article/details/ 52844822，2016 年 10 月。

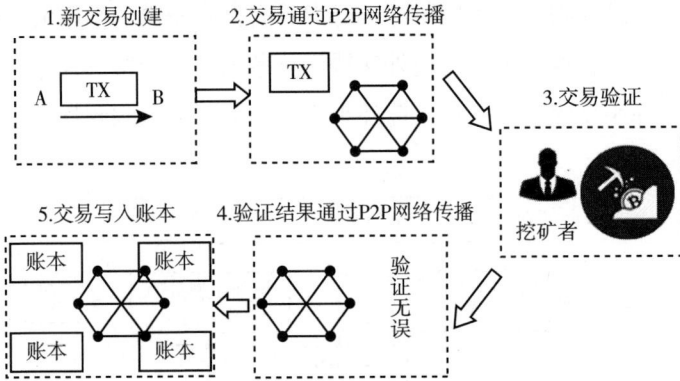

图9　区块链支付交易机制

资料来源：《3分钟教你看懂"区块链"的交易流程!》，同花顺财经，http://field.10jqka.com.cn/20170706/c599125850.shtml，2016年。

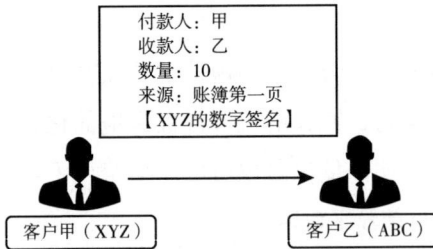

图10　区块链系统交易单

资料来源：《区块链运行机制简介》，CSDN博客，http://blog.csdn.net/gloria_dandan/article/details/52844822，2016年10月。

在最短的时间内竞相确定这笔交易。传统支付模式是通过银行等中介机构来验证客户甲的账户余额是否足够支付该项交易，但区块链支付模式则是由矿工组织完成这个验证过程。

第三步，矿工节点通过算出一道数学难题，生成满足一定要求的哈希值，从而获得法定数字货币的奖励。具体操作：矿工小组需要获得如图11所示的交易清单，随后矿工把交易清单信息、上一交易编号以及随机数输入散列函数，计算得到一个本账单编号，区块链对该编号的值有一定要求和限制，比如目标编号需要前 N 位为 0。由于交易清单和上一交易编号都是固定的，矿工要做的就是不断尝试改变随机数以获得满足要求的本账单编号。

```
交易清单：

上一张账单编号：

随机数：

本账单编号：（手写无效）
```

图 11　矿工小组形成的交易清单

资料来源：《区块链运行机制简介》，CSDN 博客，http://blog.csdn.net/gloria _ dandan/article/details/52844822，2016 年 10 月。

第四步，当某矿工小组找到合适的解时，向全网传播该区块打包的所有盖时间戳交易，全网其他矿工进行核对；时间戳用来验证某区块在特定时间下的真实有效性，且一旦被盖时间戳，该交易时间不可篡改。具体操作：矿工小组得到数学难题的解后，将立即向其他小组广播确认工作成果从而得到奖励。其他矿工组收到确认信息会立刻终止手中的工作并对该区块进行验证。其他矿工核对后，该区块将被纳入主账簿，并作为后面挖矿工作顺利进行的基础。

第五步，其他节点核对区块的正确性，正确则将该区块确认为合法并开始竞争下一个区块，此时客户乙才能够自由使用这 10 元，如此循环往复则形成了一条区块链。具体操作：当挖矿小组将解出的交易清单发出后，如果得到了其他节点的认可，则此后"上一页账簿纸编号"为他们之前发出的交易清单所记录的，也就意味着已经有节点在他们的交易清单基础上继续"挖矿"了，新的区块会依据时间顺序构成一条合法记账区块链。

3. 区块链跨境支付结算平台

近年来，区块链技术对于跨境支付的探索性颠覆开始撼动 SWIFT 的主导地位，在这样的压力下 SWIFT 宣布与业界携手启动 SWIFT gpi 项目。该项目致力于提高跨境支付服务的效率。即使当前区块链技术尚未落地，其对于跨境支付的推动作用也是显著的。

（1）改造现行 SWIFT 协议

目前全球大部分银行都接入了 SWIFT 系统，这是因为它开发了统一的账户代码和统一的标准。每个 SWIFT 的金融机构都会有属于自己的独一无二的身份代码（SWIFT Code），它又被称为银行识别码（Bank Identifier Code，BIC）。SWIFT 成员机构也有统一的客户账户表达标准，即国际银行账户号码（International Bank Account Number，IBAN）。[①] 区块链跨境支付协议取代 SWIFT 协议，起到过渡与桥梁的作用，以分布式记账的方式可以将所有金融机构的清算连接到一起，采用技术手段来取代 SWIFT 协议中的人工记账。

以目前发展较为完备的 Ripple 交易协议为例，即 RTXP 协议，客户将支付交易单提交给 Ripple 网络节点，节点是收集处理交易的最小单元，分为验证型节点和跟踪型节点两类。跟踪型节点负责搜集交易单和反馈总账查询相关的命令。验证型节点在跟踪型节点基础上多了编制账本能力，每个节点根据收到的新增分账实例中的交易单计算相应的哈希值，其他节点完成验证工作，当大多节点发出相同哈希值，就意味着验证成功、共识新增总账产生。[②] RTXP 协议在分布式网络中实现价值转移，用该协议代替 SWIFT 协议可以对当前银行金融系统的不完善之处进行改进。[③]

（2）区块链跨境支付运行机制

汇款人 A 在区块链支付系统上将该笔汇款交易挂单后，区块链支付系统直接为其寻找该订单所对应公钥的交易银行接单[④]，以 Ripple 平台机制为例，在两家位于不同国家的银行接受做市商给出的汇率报价后，原始银行可以启动点到点支付，其中包含三个分款。

①发送付款：原始银行的内部转账。原始银行借记汇款者的账户，并将

---

① 孙爽：《"区块链+跨境支付"的风继续吹，SWIFT 应该颤抖吗？》，零壹财经，http://www.8btc.com/swift-blockchain-2，2016 年 11 月。

② 陶涢东、张宁：《Ripple 商业模式的探索》，《电子商务》2016 年第 9 期。

③ 壹比特：《ripple 网络内生货币 xrp 从 2 分涨到 1 角，号称搞定了银行》，搜狐证券，http://stock.sohu.com/20141217/n407042963.shtml，2014 年 12 月。

④ 王玉详、曹彤等：《区块链金融》，中信出版社，2016。

其记入银行隔离账户。出于安全监管等考虑，现行经济系统无法完全去除商业银行等中心机构，因此手续费也无法完全取消。原始银行收取的任何费用都将从汇款人账户中扣除。

②结算付款：通过跨账本协议执行的转账。在验证机验证成功后，资金从原始银行的交易账户（在其外挂账户）转移到受益银行的交易账户（在其外挂账本），外挂账户映射到分布式账本可以保证记账一致性。原始银行提交付款请求时，将自动触发该转移，不再需要原始银行做额外的操作。

③接收付款：受益银行的内部转账。受益银行借记其自己的独立账户，并记入受益人的账户。同样的，受益人银行收取的任何费用将从受益人的账户中扣除。

实现点到点支付涉及以下步骤①，如图12所示。

①客户A发起汇款。

②原始银行向基于区块链技术的转账平台提交发送付款请求，检测客户A有足够的资金。对基于区块链技术的转账平台的请求不会影响银行的内部系统。

③原始银行基于区块链技术的支付平台向做市商获取即时汇率。

④原始银行向受益银行发送汇款请求。

⑤受益银行的区块链支付平台确认支付信息，并向原始银行发送处理手续费等信息。

⑥原始银行将汇款、手续费等支付信息告知汇款人，一旦汇款人同意，则原始银行的区块链支付平台提交发送付款请求触发结算付款。原始银行进行内部账户转账，从汇款人账户A中扣除汇款资金与手续费。

⑦受益银行的区块链支付平台接收付款响应。该付款最终将通过互联网分类账协议将资金从原始银行的外挂账户转移给受益银行的外挂账户。

⑧在验证机进行验证之前，原始银行发送的资金将被存入Hold账户。验证机来验证受益人银行把资金存入Hold账户且提供证明，内容仅包括加密的资金存入证明，而不包括银行、交易对手或其他支付细节信息。

---

① 肖旻：《Ripple深入浅出系列之交易清算》，https：//zhuanlan.zhihu.com/p/24477689。

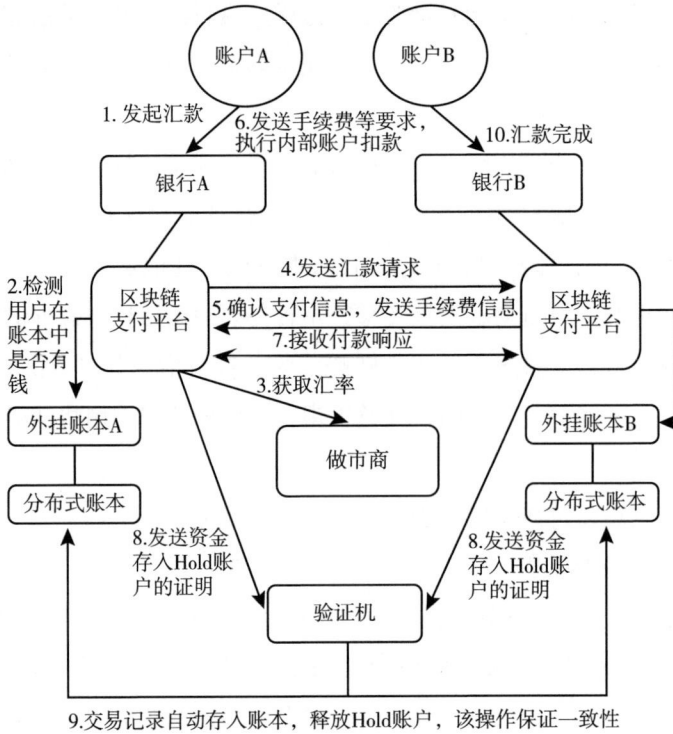

图12　区块链跨境支付运行机制

资料来源：《Ripple 支付原理》，CSDN 博客，http：//blog. csdn. net/
u011870280/article/details/70853117，2017 年 4 月。

⑨一旦验证机收到两方银行的资金存入 Hold 账户的证明，它就开始触发
资金清算并同时记录两边账本，释放 Hold 账户资金的同时划拨资金。区块链
支付平台将交易记录记入账本，数据库得到更新，付款状态更改为已成功。

⑩受益银行认为，转账已由验证机验证成功，并进行内部转账，将资金
转入受益人账户。

（二）"区块链＋支付"的核心优势

1. 提高结算效率

如图 13 所示，与现行银行跨行交易结算不同的是，区块链支付（见图

14）不再需要第三方中介做信用背书，而是在交易对象间直接进行，省去了中介银行烦琐的手续流程，故极大地提升支付效率，尤其是跨区域支付。并且在区块链数字货币交易中，价值转移与资金清算是同步的，也就是说，银行间不再需要专门组织结算活动。此外，在跨境支付中，大额跨境支付 3 至 5 天的延时滞后会增加大额资金机会成本与汇兑风险，区块链技术在提升银行支付结算业务效率的同时也可以有效解决该问题，从而提高市场竞争力。

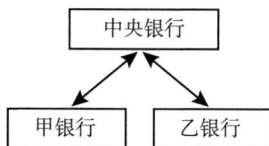

图 13　现行银行跨行交易结算方式

资料来源：乔海曙、谢姗珊：《区块链驱动金融创新的理论与实践分析》，《新金融》2017 年第 1 期。

图 14　区块链技术下银行跨行交易结算方式

资料来源：乔海曙、谢姗珊：《区块链驱动金融创新的理论与实践分析》，《新金融》2017 年第 1 期。

2. 降低交易成本

区块链支付系统可以帮助减少开支。商家在运用传统的信用卡或借记卡时需支付 3% 的手续费，区块链技术可以帮助商家节省 80% ~ 90% 的交易费用。[1] 去中心化模式能够极大地降低成本，因为其价值转移成本及安全维护成本都相对较低，再加上区块链上数字货币的使用意味着边际成本为零，交换摩擦系数与货币流通成本极低。在区块链技术创造的全新的支付结算系统中，实现自由、免费、零延时的汇兑将不再是难题。[2]

---

① 王玉详、曹彤等：《区块链金融》，中信出版社，2016。
② 乔海曙、谢姗珊：《区块链驱动金融创新的理论与实践分析》，《新金融》2017 年第 1 期。

3. 交易信息不可篡改

传统金融交易的方式是各个金融机构各自记账，在交易完成后再进行核对。由于数据是由双方各自独立记录的，当一方发生记账错误而产生冲突或数据库被篡改时，错误发生的源头难以界定，彼此对账也耗费了双方大量的人力物力。在区块链系统加密算法的保护下，用户可以随时随地查找历史交易记录，因为区块链保存了所有的信息，且全网实时同步更新，也就是说一旦发现变更，全网的每一个节点都将进行记录，所以只有打败了51%的节点才可实现篡改。[①]

4. 避免洗钱等违法事件

区块链能够提升监管部门对资金的掌控力，因为客户交易信息及其来龙去脉都保留在区块链上，完整的交易记录可以帮助监管部门进行实时查验，随时记录资金流向与用途。信息可追溯能够有效避免洗钱、偷漏税等事件的发生，除此之外，也能提升监管部门的工作效率与精确度，因为所有工作都可以在后台直接完成，不需要到现场检查。

5. 提升支付系统安全性

与传统支付系统"推式"（Push）支付不同，区块链支付体系运用的是分布式"拉式"（Pull）支付。在"拉式"支付中，用户个人隐私等信息是不用上传的，这些信息会被系统加密成哈希值然后发给商家，而哈希运算几乎是不可逆的；在"推式"支付中，用户必须先将个人银行账号、身份证号等私密内容提供给商家，待验证后才能完成交易。[②] 个人信息容易被不法分子利用以获取不义之财，区块链在底层技术上杜绝隐私被泄露的可能，从而提升支付系统安全性。

6. 增强支付系统稳定性

在中心化模式下，中心节点一旦被攻击，整个网络都将瘫痪。分布式模式有效降低了分布的各中心节点的风险，但如果多个节点瘫痪，整个系统的

---

① 温晓桦：《微众银行上线首个国内区块链业务：不可篡改》，雷锋网，http：//tech. hexun. com/2016－09－25/186182311. html，2016 年 9 月。

② 王玉详、曹彤等：《区块链金融》，中信出版社，2016。

运行也将面临威胁。而区块链去中心化模式使得网络瘫痪风险最小化，点对点网络分散了每一个节点所承担的风险，因为众多相互连接的节点共同拥有、维系整个系统的数据安全，即使部分节点遭到破坏也很难造成系统瘫痪，因此这种模式具有很大的稳定性优势（见图15）。

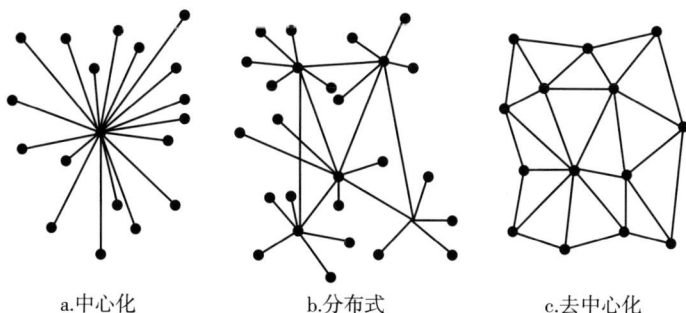

a.中心化   b.分布式   c.去中心化

图15　网络节点的三种形式

资料来源：申屠青春主编《区块链开发指南》，机械工业出版社，2017。

7. 数字货币提升交易活动便利度

区块链技术的使用，伴随着数字货币的诞生。与传统纸币相比，数字货币网络令不同地区的人通过手机就能完成款项的划转，在提升便利性的同时也能够降低成本，这主要体现在以下两个环节。首先，在发行环节，数字货币可以降低货币发行所需要的成本与流通成本[①]；其次，在交易环节，支付清算流程被改变，电子记账与自动清算方式减少了传统货币交易的步骤，势必也降低交易成本[②]。

（三）"区块链＋支付"的落地案例

目前已进行的区块链与支付结合的测试或应用至少有以下几个。

---

① 韩东泽：《"数字货币"的相关问题分析》，《时代金融》2016年第24期。
② 施婉蓉、王文涛、孟慧燕：《数字货币发展概况、影响及前景展望》，《金融纵横》2016年第7期。

1. Visa B2B Connect

2016 年 10 月 25 日，Visa 和 Chain 两家公司联合发布 Visa B2B 支付平台"Visa B2B Connect"的预览版本，即基于区块链技术的 B2B 支付网络，Chain 是将区块链技术投资于虚拟货币之外领域的众多初创公司之一。目前"Visa B2B Connect"已经在 10 个国家的 30 家银行中进行测试，Visa 计划 2017 年发布试行版本并推出相关服务。该平台使用的是 Chain Core，即企业级的区块链基础设施，它能让金融机构发起、接入区块链网络。平台以实现快捷安全的大额跨境支付为立足点，力争大幅改进当前国际 B2B 支付的方式，降低对复杂法律协议的依赖度，最终降低银行及其企业客户成本。[①]

2. Corda

金融机构区块链联盟 R3 推出的平台 Corda，即去中心化的私人区块链基础设施，致力于打造全球金融机构网络、提升复杂交易效率。[②] 目前 Corda 已进入公开测试阶段，日本金融机构已成功测试 Corda 区块链技术原型；R3 区块链联盟与四家国际大银行共同开发的 ECP 运营模式就是建立在 R3 区块链联盟的 Corda 平台上的，该模式展示了在区块链上发布和销售欧洲商业票据的能力。2017 年 7 月 11 日，英特尔在纽约发布 Xeon Scalable 处理器，并与金融创新联盟 R3 开展合作，在处理器的协作下，Corda 平台上数据隐私性和安全性将大大提升。[③]

3. OKLink

我国初创公司 OKCoin 是全球最大的比特币交易市场，于 2016 年基于区块链技术打造了小额跨境支付平台"OKLink"，其覆盖范围已达到 18 个国家，日、韩与部分东南亚国家等都包括在内。OKLink 主要为全球中小型金

---

① 美通社：《Visa 推出基于区块链技术的国际 B2B 支付解决方案》，http://www.prnasia.com/story/archive/1825651_ ZH25651_ 1，2016 年 10 月。
② 孙爽：《"区块链 + 跨境支付"的风继续吹，SWIFT 应该颤抖吗?》，零壹财经，http://www.8btc.com/swift – blockchain – 2，2016 年 11 月。
③ 《R3、英特尔共同强化 Corda 区块链平台的数据隐私性和安全性》，同花顺财经，http://field.10jqka.com.cn/20170713/c599203563.shtml，2017 年 7 月。

融参与者提供服务，致力于解决跨境汇款手续费成本高、效率低等痛点。①该支付平台的主要客户是世界各地的银行、汇款公司、互联网金融平台等，整个网络只在中间汇率基础上收取不超过0.5%的费用，目前该平台每月的交易额高达几百万美元。②

三 "区块链+支付"的实现路径

（一）"区块链+支付"的现实困境

1. 数字货币交易安全问题

比特币等数字货币的周转存在一定的匿名隐患。2017年5月12日，攻击全球网络、以比特币支付的Wanna Cry勒索病毒正是利用了比特币匿名性和难以追踪的特征，这种匿名特征对全球经济稳定无疑是一种威胁。由此可见，区块链技术下支付所运用的数字货币应当由央行来发行，但这就失去了区块链去中心化的意义，如何在去中心化与安全性之间实现平衡，是将区块链技术运用到支付领域需要考虑的问题。

2. 数字货币价格波动风险

Align Commerce、Bitwage和Abra等公司是以比特币充当货币媒介来实现整个汇款流程的，但比特币没有涨跌停的限制，交易价格剧烈波动影响到货币的正常兑换。因此，这类平台会受到比特币交易规模的限制，需要比较复杂的比特币交易设计。③采用其他法定数字货币有利于正常兑换与交易，但法定数字货币是基于中心化机构发行的，与去中心化的机制有所冲突，因此"区块链+支付"所使用的货币直接影响到整个机制的设计与运行。

---

① 孙爽：《"区块链+跨境支付"的风继续吹，SWIFT应该颤抖吗?》，零壹财经，http://www.8btc.com/swift-blockchain-2，2016年11月。
② 唐逸如：《资源加速向"区块链+支付"汇聚》，《国际金融报》2016年10月24日。
③ 李晓静：《在未来，区块链与跨境汇款最具吸金能力》，零壹研究院，http://www.01caijing.com/article/2204.htm，2015年11月。

3. 社会成本会急剧上升

尽管去中心化模式的价值交换及安全维系成本都相对较少，但这并不代表整体社会成本也低。事实上，只有提供服务的机构在具体业务实现时的成本比较低，如果包含对现有基础设施改造的费用[1]、各金融机构的前期投入、科研机构的研究成本与相关配套监管机构的监管成本等，整个社会成本则会急剧上升[2]。

4. 外部设施攻击难以排除

尽管区块链技术确实能够在内部逻辑和运行方式上较好地保障数据安全，但也并非无懈可击。区块链分布式账本的安全性相比传统支付系统有很大的提高，但仍难以防御黑客对外部设施如用户钱包、交易平台等的攻击，且匿名机制使得用户在货币被盗后难以进行维权。[3] 区块链技术外部安全问题，是将来必须跨越的重要障碍。[4]

5. 缺乏"区块链 + 支付"的配套监管

区块链技术去中心化、去信任化的特点非常有吸引力，但具体的技术路线与实践效果仍待检验与观察。区块链的本质是去中心化，但这一点与当前的监管框架相违背，它大大削弱了央行等中心机构的地位。比特币、瑞波币等数字货币是跨域国界的，这也对监管提出新的要求。央行如何建立"区块链 + 支付"监管框架是尚待解决的问题，可能的方案是发行法定的数字货币，并针对性地建立一个实时监控平台。

6. 支付技术仍存在不确定性

首先，当前技术所能处理的支付耗时较长。例如，要完成一次比特币支付所需要的确认时间约为 10 分钟，如果 3 次确认就需要半小时。其次，当前技术交易处理频率较低。比特币网络的交易频率最高仅为每秒七笔，这与支

---

[1] 徐明星、刘勇等：《区块链重塑经济与世界》，中信出版社，2016。
[2] 李晓静：《在未来，区块链与跨境汇款最具吸金能力》，零壹研究院，http://www.01caijing.com/article/2204.htm，2015 年 11 月。
[3] 李晓静：《在未来，区块链与跨境汇款最具吸金能力》，零壹研究院，http://www.01caijing.com/article/2204.htm，2015 年 11 月。
[4] 徐明星、刘勇等：《区块链重塑经济与世界》，中信出版社，2016。

付宝每秒上万笔的交易频率完全不在一个量级。虽然区块链交易已有很大的改善，但仍无法与当前的主流支付模式相比，也无法实现众多客户的需求。[①]

（二）"区块链＋支付"的困境解决

1. 强调"多中心化"而不是"去中心化"

区块链打造的经济体系是去中心化的，但这一点与当前世界经济发展模式是相悖的。我国"一行三会"等中心化机构对于经济发展起到了举足轻重的正面作用，一味地追求"去中心化"来提升效率是徒劳的。重构底层架构的最终目标是客户价值体验发生质的提升，而不是追求去中心化的体系。要想推动区块链应用落地，应当对区块链技术进行一定的改造，从而使其适应当前经济架构体系。当前支付体系无法实现完全去中心化，一个恰当折中的方式是由银行参与建立统一标准架构、由政府等机构进行监控的区块链支付系统。其中，银行的角色被弱化而不是被取代，整体社会运作效率也能因此得到提升。此外，政府等当前经济活动的中心机构在区块链系统中仍是不可缺少的"中心"，但呈现"多中心化"的趋势。多中心可以弱化任何一方中心的权力，机构之间互相制衡，从而提升经济服务质量。

2. 建立"区块链＋支付"监控管理平台

为了应对数字货币安全交易、价格波动以及稳定性维护等方面的问题，在区块链支付系统建设过程中，需要配套相应的监控管理机构。第一，该机构要对链上数字货币进行管理，从而稳定其价值；第二，对接入链上的机构与用户进行身份验证，从而避免洗钱等违规行为；第三，对资金的动向进行实时监控，对突发的外部冲击事件采取紧急措施，维持整个体系的安全与稳定。

3. 金融机构积极参与支付技术创新研究

金融机构要积极参与数字货币背后的技术创新研究，优化现有业务流

---

① 姚林：《区块链技术在金融支付中的应用前景》，《中国信用卡》2016 年第 8 期。

程、提高金融机构竞争力。在应对外部安全隐患方面，国内金融机构可以与学术界加强密码学等方面的合作，加大对区块链核心技术与应用场景开发的投入，设计出更完备的加密原理与更高效的共识机制，从而维护网络安全。在交易速度、频率与容量方面，可以加大对光纤等网络基础设施的研发力度，构建一个可靠的分布式信息网络，不断对技术进行改造以满足分布式记账方式可能带来的网络容量需求的扩大。[①]

4. 加快推进"区块链 + 支付"标准的统一

在制定区块链行业标准、国家标准时，有关政府部门应鼓励金融机构建立一个区块链开源社区，开放区块链源代码并加强合作沟通，提升我国在技术领域的自主权。[②] 第一，国内银行应当积极跟踪国际区块链标准化进展，加强国际标准化合作交流，与国际银行合作形成统一的区块链支付标准协议，在参与国际标准修订工作的过程中争取更大的话语权与影响力，加强我国技术优势使其进一步上升为国际标准。第二，在确定技术标准后，应积极开展标准验证与试点工作，在合适的银行推广"区块链 + 支付"应用。[③]

（三）"区块链 + 支付"的战略步骤

支付领域的创新应始终遵循"鼓励创新、防范风险"的目标，并坚持为社会提供小额、快捷、便民的支付服务。[④] 目前，支付领域面临的许多痛点是需要从底层来改变的，区块链的创新可以更好地实现快捷便民的小微支付服务，降低支付服务成本，弱化中心化机构的垄断地位，提升服务实体经济的质量与效率，但与此同时区块链等新兴互联网技术并不会改变金融风险的隐蔽性、传染性、突发性[⑤]，这增加了支付领域的风险监管难度。因此应当充分利用区块链的优势特性，并努力克服其可能带来的问题，至关重要的

---

① 乔海曙、谢姗姗：《区块链驱动金融创新的理论与实践分析》，《新金融》2017 年第 1 期。
② 张倪：《区块链技术原理、应用及建议》，《软件》2016 年第 11 期。
③ 《中国区块链技术和应用发展白皮书（2016）》，中国区块链技术和产业发展论坛，2016。
④ 丁振辉：《互联网金融监管的要点及意义》，《征信》2015 年第 33 期。
⑤ 姚余栋：《"十三五"期间互联网金融将呈现十大趋势》，《金融时报》2015 年 11 月 16 日。

是要始终将风险防范作为重点目标，强化各监管主体的合作，共同解决监管重点难点问题，提供一个良好的支付产业监管环境。

区块链支付方案的实现步骤，主要包括支付标准的建立、关键技术方案选型和平台建设、技术开源与优化、应用试点四个阶段。① 其中，关键技术方案选型和平台建设，目前已有大量机构在实施，预计两到三年实现；技术开源与优化阶段，需要更多技术人员的探索与合作，大概需要四年的时间；应用试点是区块链支付落地的关键性步骤，可能需要七年甚至更长的时间。具体推进计划如表3所示。

表3 区块链 + 支付实现步骤

实现目标	具体内容	时间
区块链支付标准的建立	①重构支付清算平台底层架构 ②国际支付清算组织、金融机构间合作沟通,建立统一的口径及标准	2017~2019年
关键技术方案选型和平台建设	①对区块链支付技术的实践性与可行性进行评估 ②提出区块链支付技术完善方案 ③构建满足共性需求的区块链支付底层技术平台	2019~2020年
技术开源与优化	①促进底层技术平台的开放 ②推动技术解决方案的代码开源 ③创立开源社区,共同对底层技术平台进行改善	2020~2023年
应用试点	①在区块链开源底层平台对支付结算进行测验 ②针对测验出现的问题,继续完善相关平台和方案 ③选择适合的银行开展跨境支付等业务试点 ④推动区块链在票据市场、证券结算等场景中的试点	2023~2030年

① 《中国区块链技术和应用发展白皮书（2016）》，中国区块链技术和产业发展论坛，2016。

基于区块链技术的供应链金融业务创新

赵　昊*

摘　要：　近年来，供应链金融作为一种新兴的金融业务在我国发展迅速，当前已形成了多元化的供应链金融服务体系，且大部分金融机构在业务流程上也已进入线上化 2.0 阶段。与此同时，我国供应链金融业务仍然存在信息不对称问题较严重、金融机构授信对象具有局限性、企业融资成本较高等缺陷。"区块链 + 供应链金融"基于共识机制、分布式储存等技术创新，能够有效解决上述供应链金融业务中的不足之处。现阶段，实现"区块链 + 供应链金融"尚面临操作风险亟待解决、基础设施尚未完善、生态体系有待形成等现实困境。为此，金融机构应当进一步强化"区块链 + 供应链金融"技术研究与基础设施建设，打造能够实现多边共赢的"区块链 + 供应链金融"生态系统。

关键词：　供应链金融　信息不对称　区块链　生态系统

一　供应链金融领域的现状与不足

（一）我国供应链金融的发展现状

供应链金融是指金融机构基于供应链上下游企业之间的真实贸易背景所开展的综合授信业务，即金融机构将针对单个企业的风险管理转变为针对整

---

* 赵昊，湖南大学金融与统计学院，研究方向为金融科技发展与影响。

个供应链条的风险管理,围绕核心企业并借助其信用实力,为上下游供应商与经销商提供资金融通服务的一种授信模式。① 近年来,供应链金融作为一种新兴的金融业务在我国发展迅速,国内以商业银行、电商小贷、P2P 平台等为代表的金融机构为满足我国广泛中小企业的资金需求,逐步开拓了供应链金融方面的业务,目前已形成了以商业银行、电子商务平台、P2P 网贷平台三类金融机构为主导的供应链金融服务体系,并且在业务流程上大部分金融机构已实现在线化操作,迈入了"供应链金融 2.0 阶段"。

1. 供应链金融服务主体趋于多元化

我国供应链金融最早源于深圳发展银行(现平安银行)于 2003 年提出的"1 + N"模式,其中"1"代表供应链中的核心企业,"N"代表围绕核心企业的上下游中小企业。② 深圳发展银行利用信用实力较强的核心企业与其上下游企业之间的真实交易背景与购销产生商业信用,为供应链上下游供货商、经销商等中小企业提供融资方案。随着我国逐步迈入"互联网 +"经济发展的新时代,供应链金融获得了巨大的发展空间,除商业银行外的电商、P2P 等企业凭借自身所具备的信息资源、客户资源以及交易资源等优势,纷纷转型参与供应链金融服务行业,提供供应链金融产品与服务的主体趋于多元化。目前,我国已初步形成了以三类金融机构为主导的供应链金融服务体系。

(1) 以平安银行为代表的商业银行

在商业银行主导的供应链金融业务中,商业银行在核心企业配合的基础上,根据供应链上下游中小企业所拥有预付账款、应收账款、存货等资产的情况为其设计具有针对性的融资方案。自 2003 年深圳发展银行(现平安银行)提出并成功开展"1 + N"模式的供应链金融业务,我国大部分商业银行也紧随其后开始进行供应链金融业务。时至今日,我国包括四大行在内的大部分商业银行纷纷开发了各具特色的供应链金融产品(见表1),如平安

---

① 石飞:《供应链金融在中小企业中的应用》,《浙江金融》2010 年第 10 期。
② 王一鸣、宁叶、金秀旭等:《基于批发市场构建供应链金融新模式的探讨》,《金融理论与实践》2015 年第 7 期。

银行推出的"橙 e 网"、中国工商银行推出的"易融通"、中国银行的"融信达""融易达"、中国建设银行的"e 贷款"、中国农业银行的"E 商管家"等供应链金融产品。[①]

表1　我国代表性商业银行的供应链金融产品

商业银行	产品名称	具体内容
平安银行	橙 e 网、线上供应链金融	预付款融资、存货融资、反向保理、电子仓单质押线上融资等供应链金融产品，及订单管理、仓储管理、运输管理等供应链管理增值产品
中国工商银行	易融通、网上商品交易市场融资	易融通是网络平台融资产品。网上商品交易市场融资包括电子仓单买方融资和电子仓单卖方融资
中国建设银行	网络银行"e 贷款"系列	网络供应商融资、网络仓单融资、网络订单融资等供应链金融产品及全面的应收账款管理、存货管理等增值服务
中国银行	融信达、融易达、销货达、融货达、融通达	涵盖应收账款类、货押类、应付/预付账款类三大类完整的产品体系
中国农业银行	E 商管家	票据资源共享、多渠道支付、财务管理、销售管理、订单管理等平台服务

（2）以阿里、京东为代表的电子商务平台

随着我国电子商务的迅速发展，电商公司基于长期支付交易建立起的客户关系与电商消费场景累积的海量数据，开始转型为"征信＋信贷"的创新型互联网金融平台，借助在商流、信息流、物流等方面的优势，通过自有资金基于供应链上下游货物与服务商业信用所产生的应收、预付账款对商户开展资金融通服务。自 2010 年起，阿里巴巴、京东、苏宁先后申请并获得了小额贷款公司的经营执照，成立了阿里小贷、京汇小贷、苏宁小贷等集团子公司，开始提供供应链金融产品与服务。[②] 其中，阿里小贷的供应链金融业务通常是基于阿里电商交易平台中的订单为中小商户提供的融资服务，主

[①] 赵燕：《互联网供应链金融模式在我国的实践和发展对策分析》，《经济论坛》2017 年第 2 期。

[②] 史金召、郭菊娥：《互联网视角下的供应链金融模式发展与国内实践研究》，《西安交通大学学报》（社会科学版）2015 年第 4 期。

要包括淘宝订单贷款和天猫订单贷款；作为商城式的 B2C 平台，京东小贷与苏宁小贷的供应链金融业务主要为商城一级供应商的应收账款融资服务（见表 2）。

表2 我国代表性电商平台的供应链金融产品

电商平台	产品名称	具体内容
阿里巴巴	阿里小贷、招财宝	围绕电商平台的订单融资业务
京东金融	京保贝（较大型企业）、京小贷（中小企业）	通过利用商家在平台中的交易记录、商品情况、消费者评价等关键信息，为商家提供应收账款融资
苏宁云商	苏宁小贷	结算清单融资、采购订单融资

（3）以中瑞财富、宝象金融为代表的 P2P 平台

近几年来，我国 P2P 网络借贷行业同质化竞争激烈、综合利率持续下滑，大量 P2P 平台纷纷寻求转型与开拓新的业务，而"P2P + 供应链金融"成为转型发展的主要突破口之一。[1] 网贷之家数据显示，截至 2016 年 12 月，我国已经有 88 家 P2P 公司开始介入供应链金融业务，其中包括中瑞财富、宝象金融、农发贷、银湖网等专注于能源、农业、珠宝等产业的供应链金融 P2P 网贷平台（见表 3），总成交量将近 250 亿元。

表3 我国代表性 P2P 平台的供应链金融产品

P2P 平台	产品名称	具体内容
中瑞财富	煤炭供应链系列产品	央企电厂应收账款，国企矿场订单采购，国有港口存货质押
宝象金融	农肉宝、农菜宝、农果宝、农鲜宝、农粮宝	基于农业市场的供应链信用贷款
农发贷	新手标、农优宝、种植贷、活期宝	农产品购买的应收账款融资和预付款融资

2.供应链金融业务流程进入线上化2.0阶段

从我国供应链金融起始至今，其业务流程已经经历了两个发展阶段，即

---

① 宝象金融研究院、零壹研究院：《互联网 + 供应链金融创新》，电子工业出版社，2016。

由供应链金融 1.0 阶段迈入了供应链金融 2.0 阶段。[1] 供应链金融 1.0 是指我国供应链金融业务在初始阶段以商业银行为主导的线下模式，即商业银行基于供应链中核心企业的信用外溢为其上下游企业提供资金融通服务（见图 1）。由于供应链金融 1.0 阶段的业务流程是基于传统的线下操作，其存在效率较低、风险较大、规模受限等多方面问题。

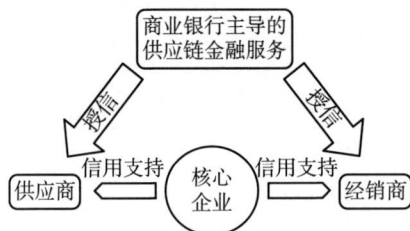

图 1　供应链金融 1.0 阶段

2012 年 12 月，平安银行提出了供应链金融业务的转型，利用 Web2.0 虚拟空间的互动变革，实现了传统的"1＋N"供应链金融模式操作流程的线上化，开辟了一种全新的供应链金融业务模式。近几年随着互联网技术的发展，电商、P2P 平台等互联网企业不断介入供应链金融领域，现阶段我国金融机构基本上都完成了对于供应链金融业务流程的线上化，供应链金融由 1.0 阶段进入了 2.0 阶段（见图 2）。在这一阶段，虽然供应链金融业务流程的主要步骤并没有发生实质性的改变，但供应链中的商业、资金、物流等众多信息都能通过虚拟平台来传递、归集和整合，初步实现了"物流""资金流""信息流"的"三流合一"，为进一步提供适用于供应链的征信、融资、结算、理财等风险管理手段与金融服务打下了基础。同时，供应链金融 2.0 阶段的交易、支付、结算及融资流程均趋于线上化，供应链金融各个业务流程的效率均在一定程度上得到提高，使得资源的整合与分配变得更加合理化。但是，当前金融机构仅仅初步地整合了供应链条中的商业、物流、资金流等信息数据，

---

[1] 宝象金融研究院、零壹研究院：《互联网＋供应链金融创新》，电子工业出版社，2016。

而供应链贸易的核心数据仍掌握在节点企业、仓储物流企业或电商交易平台等各方手中，金融机构在进行授信时仍然难以对中小企业做出全方位的信用风险评估，也无法对已获得贷款的企业进行有效的事中风险控制。

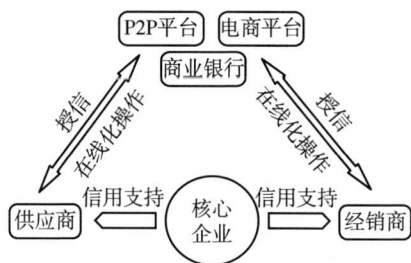

图 2　供应链金融 2.0 阶段

（二）我国供应链金融的不足

1. 信息不对称问题仍较严重

目前我国企业与供应链管理的信息化程度不高，金融机构难以对供应链上的资金流、信息流、物流等多维度的信息数据进行全面的归集与整合，金融机构与供应链上下游企业之间仍存在较为严重的信息不对称问题。与传统的银行信贷融资相比，供应链金融模式不再一味地强调授信企业的总体规模与财务状况，其更为重视供应链企业之间的交易背景与核心企业的信用水平，即金融机构评估的是整个供应链的信用状况。但是，目前我国大部分供应链节点企业通过核心业务系统各自记账，在与上下游企业进行数据交互时，大部分依赖于电子邮件和纸质文件的方式，数据交互过程中容易产生操作误差①，长时间累积下来往往导致节点企业各自记账系统中如应付账款等项目的数量有所不同，从而模糊了企业贸易的真实背景。此外，由于上下游节点企业各自记账，供应链中物流、资金流、信息流这三个维度的核心贸易数据仍由节点企业与物流企业等分别掌控，导致供应链金融机构在进行授信时必须面对企

① 王国刚、曾刚：《中外供应链金融比较研究》，人民出版社，2015。

业虚报交易信息、物流公司的委托代理关系等多方面的信息不对称问题。[①]因此，金融机构难以对供应链条上有融资需求的中小企业进行综合立体的信用评估，这在很大程度上加大了金融机构拓展供应链金融业务的难度，也阻碍了需要进一步扩大生产规模的中小企业获得必要的资金支持。

2. 金融机构授信对象具有局限性

由于存在信用评价体制与风险控制体系不完善等问题，现有供应链金融需要依赖核心企业的衍生信用进行授信，从而使与核心企业不存在业务往来和信用关系的二级及以上供应商或经销商无法获得融资服务，导致了供应链金融机构授信对象的局限性。目前，国内以平安银行等为代表的金融机构所开展的供应链金融服务，本质上仍然属于针对中小企业的抵质押融资业务，将抵质押物的范围与种类扩展到了供应链节点企业对于核心企业的应收账款、预付款等。因此，供应链金融模式需要依赖核心企业的信用实力进行授信，不论是基于上游企业对核心企业应收账款的融资模式，还是基于下游企业对核心企业预付款的融资模式，本质上皆是以核心企业与节点企业之间的信用关系衍生出来的授信。因而即使核心企业愿意配合开展供应链金融业务，其授信对象也只能局限于核心企业的一级供应商或一级经销商（即直接与核心企业产生信用关系的供应商与经销商）。至于二级及以上的供应商与经销商，由于没有直接同核心企业建立预付或赊销等商业信用关系，金融机构无法满足其融资需求，从而使授信对象具有一定的局限性。[②]

3. 企业融资成本较高

在供应链金融的贷前审批环节中，金融机构需要审阅、验证大量交易单据与纸质文件，不仅花费较多人力与时间成本，同时也存在着人工操作失误的可能性；在供应链金融的贷后管理环节中，金融机构需要编列一定人数的巡核人员来保证质押品的安全与价值，这将增加金融机构的操作成本，最终金融机构高昂的操作成本必然会转嫁给中小企业。据统计，目前供应链金融

---

① 王国刚、曾刚：《中外供应链金融比较研究》，人民出版社，2015。
② 周立群、李智华：《区块链在供应链金融的应用》，《信息系统工程》2016年第7期。

行业平均贷款利率仍达到 8%~20%，这说明供应链金融并没有从本质上解决中小企业融资难、融资贵的问题。[①] 以应收账款融资为例，一方面，为了发放一笔以应收账款为质押的贷款，金融机构通常需要进行大量人工调研，核实应收账款的真实贸易背景，并在此基础上进行风险控制，需要耗费一定的人力、物力成本；另一方面，供应链金融业务不仅涉及应付账款方，还需要增信机构、保理机构等多方配合完成相应的认证和账务处理，使得资金需要至少数周时间才能到账，花费时间长、成本高，且中小企业需要支付较为昂贵的手续费用。

4. 存在信息泄漏的风险

由于我国供应链金融业务流程已经进入了基于电子化操作的 2.0 阶段，核心企业、节点企业以及物流企业的账户信息、交易内容、客户资料等都将在互联网上传输，数据若没有经过严密的保护易出现被非法篡改、黑客攻击窃取等安全问题，另外也存在金融机构员工在社会不法分子的利益诱惑下非法出售或提供客户信息的可能性，造成个人、企业信息的泄漏与恶劣的社会影响。并且供应链金融业务所涉及企业数量众多，企业关系较为复杂，一旦发生信息安全问题，供应链金融系统中所积累的大量企业隐私信息必然将放大企业间、企业与物流公司以及企业与金融机构之间的信息风险。

二　"区块链 + 供应链金融" 的解决方案

（一）"区块链 + 供应链金融" 的业务流程

在供应链金融中上下游关联企业具有协同合作关系，通过区块链技术能够在多方协作下达成账本一致以建立信任，因此 "区块链 + 供应链金融" 一般采用多中心化的联盟链形式，即参与者需要在技术上得到许可才能加入

[①] 周立群、李智华：《区块链在供应链金融的应用》，《信息系统工程》2016 年第 7 期。

并成为区块链节点，确认交易的权利掌握在部分核心节点手中，参与者多采用 PBFT 或 Paxos 共识机制，不需要耗费算力争夺记账权，所以区块链系统中不再需要激励机制且不产生代币。因此，在基于联盟链的区块链供应链金融系统中，其业务流程大致包括三个环节：①融资企业通过审核成为区块链节点后，进行合同凭证登记并申请贷款；②获得融资后，融资企业利用区块链系统与供应链上的各个协同企业进行即时对账，达成多方的账本一致；③债务到期后，区块链系统通过智能合约功能自动偿还款项。

1. 申请贷款

在"区块链 + 供应链金融"系统中，平台能够从供应链源头开始介入，为后续环节创建数字化的标准单据，使得节点企业能够将应收账款、预付款、仓单等企业资产数字化后录入区块链供应链金融系统中，进行流通转让并获得融资。另外，"区块链 + 供应链金融"平台也可使用与我国智能票据系统相类似的结合智能合约和安全芯片的蓝牙 SE 设备，为各节点企业提供存储和管理终端客户的私钥以进行身份证明，当企业进行申请贷款、录入合同信息、记录交易数据等供应链金融业务操作时，都需要使用私钥（蓝牙 SE 设备）与移动终端设备进行链接并完成数字签名，这决定了区块链系统中数据的不可抵赖性。因此，有融资需求的中小企业只需注册成为区块链系统节点，将合约信息以标准化单据的形式录入"区块链 + 供应链金融"系统中，便可实现与金融机构之间资产的动态流转，并以应收账款、预付款等商业信用资产为质押进行融资申请。由于"区块链 + 供应链金融"系统中所有的数据块和所有的交易数据都通过严格的密码学算法实现前后链接，且每笔交易获得全网共识后才能被写入区块链，"区块链 + 供应链金融"系统中的交易信息具有不易伪造、无法篡改等优点。金融机构审核融资企业信用状况与真实贸易背景后，双方签订合约确定融资额度、还款日期、还款方式等细节，并进行联合数字签名将其录入"区块链 + 供应链金融"系统中。

例如，药品供应商 A 与药品经销商 B 签署了一份应收账款的销售合同：B 以赊销 120 天的方式向 A 采购 300 件药品，销售金额共 673500 元。作为下游企业的供应商 A 在一定时期内面临流动性不足的压力，需要借助"区块链＋供应链金融"系统进行融资。第一步，A、B 需要在"区块链＋供应链金融"平台注册账户，通过审核后成为区块链节点并获得私钥（蓝牙 SE 设备）作为身份证明；第二步，A、B 将销售金额、赊销期限等合同具体信息以标准化单据的形式（见图 3）登记到区块链供应链金融系统中，并利用各自的私钥进行联合数字签名，通过 P2P 网络广播与核心节点验证后生成应收账款数字资产；第三步，为促进资金周转，A 向金融机构 C 申请贷款，金融机构 C 审核 A、B 信用资质后，与供应商 A 和经销商 B 签署质押融资合同并达成三方协议，其中包括供应商 A 将对经销商 B 的 673500 元应收账款转让于金融机构 C、C 授予 A 企业 600000 元贷款、日息 0.5‰等内容。A、B、C 使用各自私钥进行联合数字签名后合同生效，区块链系统通过智能合约功能将 600000 元贷款款项转至 A 企业账户（见图 4）。

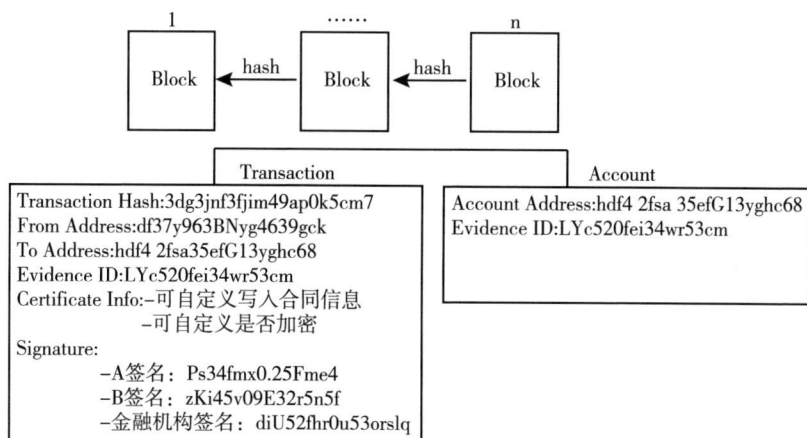

图 3　区块链中的标准化单据

2. 多方达成账本一致

为对供应链上下游企业进行信用、运营调查，核实融资企业的真实贸易背景，金融机构在签订合约时可要求供应链相关企业通过区块链系统进行对账。"区块链＋供应链金融"系统通过共识机制、分布式数据库等技术创新，能够使涉及供应链金融的多方企业在协作下达成账本一致以建立信任，

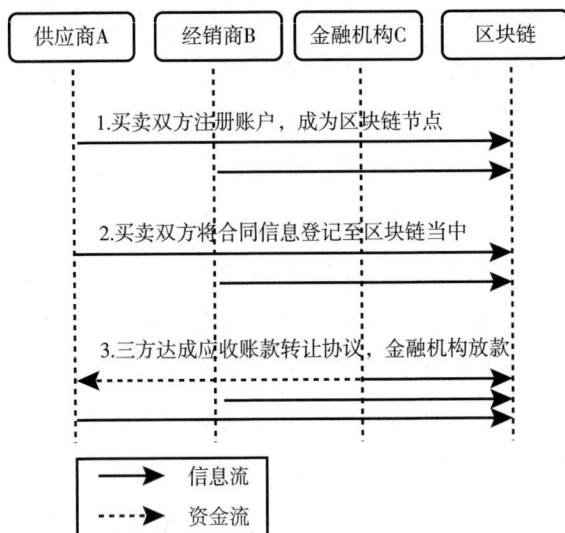

图4 "区块链＋供应链金融"的申请贷款环节

即企业在区块链系统中发起交易后，交易信息通过 P2P 网络进行广播，对应企业通过共识机制确认这笔交易的信息无误后，区块链系统才会将这笔交易的所有信息记录在案，并同时储存在各个节点分布式数据库中，确保交易信息被准确地记录与实时地共享。其中的敏感信息以加密形式存储，但同时又能被业务授权主体安全的访问。同时，也可以在"区块链＋供应链金融"系统中为每一件商品建立唯一的电子身份，通过区块链技术将商品的制造厂商、流转历史、当前归属忠实地记录在链。由于"区块链＋供应链金融"系统中储存的记录具有透明性、不可篡改性、可追踪性等特质，任何记录、任何交易信息都是可以被追踪和查询的，从而使整个供应链上的交易信息形成一个完整且流畅的数据链条。因此，金融机构能够实时监管贷款企业的运营情况，有效防范非法交易活动与欺诈造假行为，进而降低供应链上的信息不对称程度与企业的违约风险。

在上一个例子中，供应商 A 收到贷款后需按照合同约定，与经销商 B、金融机构 C 以及物流企业 D 共同将资金流、物流、信息流三方信息记录于公共的"区块链＋供应链金融"系统之中，每笔操作由一方发起后，对应一方通过数字签名进行确认，由核心节点通过共识机制确认交易达成并录入区块链系统，通过 P2P 网络传播使各个分布式账本记录交易，相关方得到授权后能够查看交易信息，实现多方的账本一致与信息的"三流合一"。第一步，A 与 C 在签署应收账款转让合同后，区块链系统通过智能合约执行放款操作，自动将金融机构 C 平台账户中的 600000 元贷款转移至供应商 A 的账户中，A 验收贷款无误后使用数字签名设备进行确认操作，核心节点验证操作后记录于区块链系统中；第二步，供应商 A 委托物流企业 D 将 300 件药品发往 B 所在地址，并在区块链平台上记录这一操作，D 确认收到并核对药品后，在平台中使用数字签名予以确认，核心节点验证操作后记录于区块链系统中；第三步，D 将货物送往目的地并在系统中即时更新物流运输情况，送达后在区块链系统中发布信息"药品已送达"，B 验收药品无误后利用数字签名确认操作，核心节点验证后将信息打包至区块之中，完成货物运输环节，如图 5 所示。由于所有交易流程所产生的物流、资金流、信息流都将被实时更新于区块链系统中，金融机构 C 能够通过"区块链 + 供应链金融"系统对融资企业 A 进行精准及时的事中风险控制。

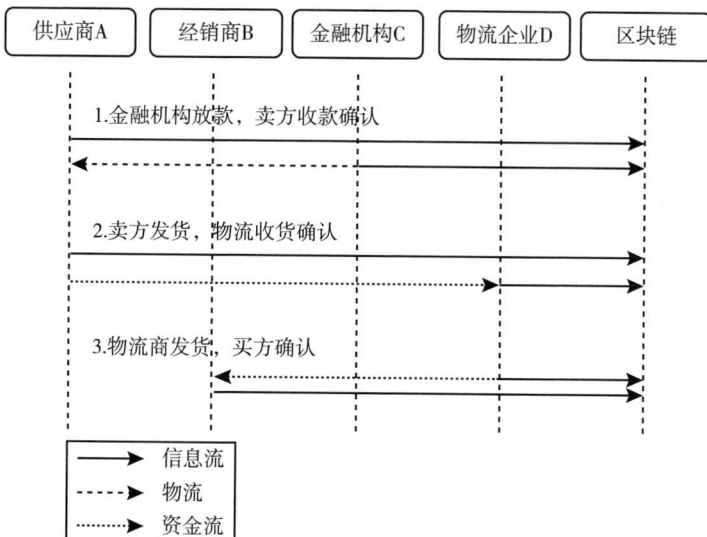

图 5 "区块链 + 供应链金融"的多方账本一致

3. 到期还款

"区块链＋供应链金融"的到期还款环节主要通过智能合约来执行。在供应链双方（多方）签订合约时，将事先规定还款的期限或条件，如签收货物后立即还款，以代码的形式写入区块链的智能合约系统中。当满足执行合同的触发条件时，区块链系统将按照智能合约内容自动转移账户中的数字资产，并同步记录于各个节点的分布式数据库中。

如图6所示，在供应商A应收账款融资案例的申请贷款环节中，供应商A与经销商B签订的应收账款合同已约定了销售款回笼的时间与方式：企业B在签收货物120天后，将款项转至企业A的账户中。但在此之后，企业A与金融机构C签订应收账款融资合同，将应收账款数字资产转移至金融机构C，因此B在签收货物120天之后，应将销售款项划至金融机构账户偿还贷款，金融机构C在扣除本息后将剩余款项归还企业A。在"区块链＋供应链金融"系统中，以上还款流程均以智能合约的形式记录于区块链中。当企业B以数字签名的形式确认收到货物达到120天后，系统将自动执行还款流程，扣除经销商B账户中销售货款673500元，并转至金融机构规定的账户，同时冲销金融机构对于企业B的应收账款，金融机构扣除本金600000元与利息36000元后，则将剩余货款37500元转至企业A的账户之中。

（二）"区块链＋供应链金融"的核心优势

1. 降低供应链金融中的信息不对称程度

供应链上的信息不对称问题会令供应链上的企业之间难以及时准确地了解相关事项及存在的问题，增加了协调难度，降低了供应链运作效率。而区块链与传统供应链系统的信息交互方式有所不同。首先，区块链凭借共识机制、去中心化分布式存储等创新优势能够实现多点同时对账，使供应链多方协同维护统一的账本，即时地解决供应链上节点账本不一致的问题，降低信息不对称程度，提高供应链运作效率。其次，区块链具有链式结构、时间戳可溯性等特质，任何资金、货物的来源出处、流转历史记录、归属等信息都

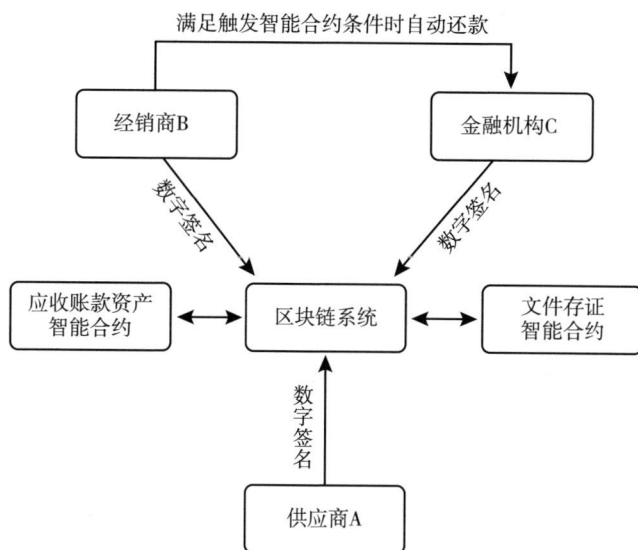

图6　基于智能合约的自动还款环节

将随着交易确认被记录在链，金融机构可以实时监测被授信方的运营情况、现金流情况等，如果有非法的交易活动或欺诈造假行为，金融机构可以轻松将其检测出来，同时也可通过和贷款企业签订约束贷款用途的智能合约防范企业的道德风险行为。再次，通过"区块链＋供应链金融"系统能够有效归集供应链上下游中小企业贸易往来中的财务数据、物流数据等多维度的信息，形成适用于供应链金融的企业信用评价指标体系，对整个供应链的信用状况形成全面而准确的评价。最后，基于区块链的分布式数据库，即使有人能够篡改系统中某个节点的交易数据，其余节点的数据库仍然能够保持真实准确的交易记录等信息，从而很好地消除了金融机构对信息被篡改的疑虑，减少了供应链上的信息不对称问题。

2.扩大金融机构的授信范围

在传统的供应链金融实际业务操作中，考虑到风险的可控性，金融机构通常只愿意为与核心企业有直接业务往来且具有商业信用关系的上游一级供应商以及下游一级经销商提供融资服务，而对上下游二级及以上的供应商和经销商，金融机构往往不愿意直接进行授信。在基于区块链的供应链金融系统中，区块链技术为将供应链金融业务推广至核心企业二级及以上的供应商与经销商提供了良好的基础。一方面，"区块链＋供应链金融"平台能够创建如合同、仓单、票据等标准化的数字单据，通过区块链数据的可追溯性、不可篡改性等技术特征，有效地避免了纸质票据"一票多卖"、电票打款背书不同步等问题，提供了信用保证，可以有效防范企业信用风险；另一方面，一级供应商在与核心企业产生信用关系后，可以将商业票据通过"区块链＋供应链金融"系统以数字资产的形式转让给二级供应商以获得商业信用，而二级及以上的供应商或经销商则可利用与核心企业产生的信用关系向金融机构申请贷款。由于票据的来源、归属等关键信息在区块链中具有详细记录，金融机构可以利用区块链供应链金融系统追溯企业之间的每一笔交易，因此更加愿意向上下游二级及以上的供应商和经销商发放贷款，扩大供应链金融的授信范围。

3. 降低企业融资成本

传统的供应链金融服务通常由参与的节点企业各自维护其企业内部的记账系统，并与交易对手方或监管方进行定期的账本核对、交易确认等达成共识的行为，业务流程较为烦琐，需要耗费大量的人力、物力与时间成本。而通过区块链的各类技术创新能够有效地降低供应链金融业务中的融资成本。一方面，"区块链＋供应链金融"系统中只有一个共享的总账本，各参与方只需要通过区块链供应链金融服务器访问 P2P 网络并操作业务流程即可，直接实现点对点的价值转移，节点企业、物流企业、金融机构等参与方共同维护统一的分布式账本，金融机构也能够实时监控授信企业的运营情况，简化了企业之间的交易流程，减小了金融机构进行信用风险管理的难度，从而在很大程度上降低了中小企业的融资成本。另一方面，区块链智能合约功能的应用能够提升供应链金融业务流程的自动化水平。根据区块链可编程的特点，金融机构可以将合同以代码的形式放到区块链上形成智能合约，当触发条件被满足时，智能合约自动发出预设的数据资源，使得数字化承诺能够按照参与者的意志正确执行，自动交易就可能在区块链上实现，从而提升供应链金融业务流程的自动化水平。基于智能合约技术，供应链金融业务流程中资金的转移、物流的签收等大量交易行为的执行都不再需要依赖任何组织和个人，保证合同的自动执行和违约赔偿，减少了金融机构事前事后审查的高昂成本，同时也降低了中小企业的融资成本。此外，在供应链金融中推进区块链技术，能够对中小企业进行全面的征信和准确的信用评价，并形成综合立体的中小企业信用评价系统，充分解决由银企双方信息不对称带来的风险溢价问题，降低中小企业的融资成本。

4. 兼顾隐私保护与信息共享

由于目前我国供应链金融业务基本上实现了网络化的操作流程，各节点企业的相关交易信息、现金流情况、客户资料等重要信息都在互联网上传输，存在极大的信息安全隐患。而在区块链的分布式账本中，完全可以同时实现信息共享与隐私保护。一方面，区块链通过哈希函数、非对称加密算法等密码学技术来保障账本中信息与数据的安全性，没有得到授权的人无法查看系统中的任何信息；另一方面，由于区块链供应链金融系统一般采用联盟链的形式，记账节点以及获得授权的参与者随时能够对数据进行解密并读取信息，这为金融机构对贷款企业的经营情况进行实时监管提供了极大的便利。基于以上可知，区块链凭借哈希算法、公私匙等基于现代密码学的加密算法能够兼顾供应链金融中信息的公开透明与安全保障。

（三）"区块链＋供应链金融"的落地案例

1. 布比区块链与钱香金融

2016年5月16日，布比区块链与钱香金融在上海举行签约仪式，双方就共同开创基于布比区块链的黄金珠宝行业供应链金融平台达成战略合作，携手打造国内首个"区块链＋供应链金融"应用落地项目。此次双方将基于布比区块链携手打造全新的供应链金融服务平台，为黄金珠宝产业链上的中小企业提供融资服务。依托布比区块链的共识机制、加密算法、智能合约等技术创新，钱香金融能够实现供应链条中物流、资金流、信息流的精准融合，对贷款企业的进货渠道、资金用途、还款能力等经营状况进行全方面、立体化的管控，降低资金提供方与融资方之间的信息不对称程度，进而满足黄金珠宝门店"短、小、急、频"的资金需求，开拓供应链金融与普惠金融全新的业务模式。[1]

2. 点融网与富金通

点融网是中国领先的互联网借贷平台，致力于通过金融科技实现投资者与资金需求者之间的对接。2017 年 3 月 7 日，点融网宣布与富士康集团旗下金融平台富金通达成合作，打造一个名为"Chained Finance"的"区块链 + 供应链金融"服务系统，结合双方在金融科技领域与供应链金融领域的比较优势，以期通过区块链技术破解中小企业融资难题。[2] 在"Chained Finance"区块链系统内，供应链中涉及的所有企业都能够得到获得融资的机会，使供应商、零售商获得适时的贷款，促进产业链通畅运行，并且不收取任何手续费，因为平台主要依靠贷款利息获得收益。目前，"Chained Finance"区块链供应链金融系统已成功为电子制造行业供应链节点企业发放多笔贷款，未来"Chained Finance"平台将主要面向电子制造行业、汽车行业和服装行业提供供应链金融服务。

3. IBM 与 Mahindra

2016 年 12 月，印度 Mahindra 集团宣布将与 IBM 针对区块链技术在供应链金融领域的应用进行合作，借助区块链的分布式账本、共识机制、公私钥加密等创新技术提高供应链金融业务的透明性、可追溯性与自动化程度，这是区块链技术在印度非传统银行机构中的首次应用。[3] 区块链技术使 Mahindra 交易体系中的各相关方共享同一个账本，在对敏感信息进行加密后，各方可以实时共享其工作进程，从而兼顾工作效率、信息透明性与隐私保护。Mahindra 集团总裁表示："Mahindra 集团一直在积极寻求基于区块链技术的传统供应链金融业务的解决方案并有效推动未来业务量增长。本次与

---

[1] 《钱香金融携手布比打造首个区块链 + 供应链金融项目》，钱香金融，http://www.sohu.com/a/76020714_380322，2016 年 5 月 18 日。

[2] 《点融网、富金通共推首个大型区块链金融平台》，网贷之家，http://www.sohu.com/a/128099464_485557，2017 年 3 月 7 日。

[3] 《IBM 和 Mahindra 开发供应链金融的区块链解决方案》，http://www.blockvalue.com/app/12251.html，2016 年 12 月 1 日。

IBM 的合作是我们在区块链应用上重要的里程碑，'区块链＋供应链金融'必然将极大地推动 Mahindra 集团为中小企业提供供应链金融服务。在未来的日子里，我们将积极与 IBM 合作并逐步搭建和完善属于 Mahindra 与 IBM 的'区块链＋供应链金融'系统。"

三　"区块链＋供应链金融" 的实现路径

（一）"区块链＋供应链金融"的现实困境

尽管区块链技术在供应链金融领域具有很大的应用潜力，但目前技术应用还处于起步阶段，在未来的实践应用中仍面临着诸多困难与挑战。

1. "区块链＋供应链金融"操作风险亟待解决

首先，区块链系统的灵活修正性较差。随着供应链实践的发展，供应链金融业务所涉及的不再是简单的双方买卖，而是多方参与其中的协同业务，操作的复杂程度较高。而在"区块链＋供应链金融"系统中，出现操作失误或者错误交易等事件时无法即时撤销，需要设计额外追索修正机制，灵活性较差。其次，由于存在受到 51% 算力攻击的问题，区块链系统需要大量节点的算力资源来保证系统的安全性。但在供应链金融的应用场景中，参与区块链的节点仅由链上企业组成，数量较少，面临着超过 51% 的节点被攻克就导致系统安全事故的风险。最后，区块链系统记录交易的速度较为缓慢。由于区块链的共识机制设计，每笔交易产生后需要先通过 P2P 网络进行广播，核心节点利用工作量证明机制或者其他共识机制来确认交易的真实性后记录于区块之中，最后将区块信息扩散至所有节点才能达成多方账本一致。但供应链上下游企业商业往来频繁、业务关系复杂，一旦在供应链上爆发大量交易，区块链记录交易速度缓慢易导致业务处理的效率低下。[①]

---

① 方燕儿、何德旭：《区块链技术在商业银行产业链金融中的发展探索》，《新金融》2017 年第 4 期。

2."区块链+供应链金融"基础设施尚未完善

区块链技术应用于供应链金融场景目前仍处在非常早期的阶段，与区块链供应链金融相配套的基础设施尚未完善。"区块链+供应链金融"不仅需要供应链上下游企业协同工作与信息共享，也需要来自供应链金融生态体系中包括金融机构、物流服务商及电子商务平台等参与主体的支持。但目前我国物联网、票据资产数字化以及外围相关实体信息化等方面的基础设施建设均处于起步阶段，无法为供应链金融业务提供全部的配套设施，也未完成健全的供应链信息流、物流、资金流等信息的数据体系，因此不能完整有效地记录供应链运行情况并形成供应链金融企业资质评价基础。

3."区块链+供应链金融"生态体系有待形成

"区块链+供应链金融"能够降低供应链中各个节点的信息不对称程度，帮助供应链中处于弱势的中小企业解决融资难的问题，提升供应商的供应能力和分销商的销售能力。但区块链要在供应链金融服务应用场景中落地实施，还需要吸引供应链条上各相关方参与其中。相较于加入区块链供应链金融服务的直接受益者——上下游中小企业，核心企业、物流服务商、第三方监管公司等出于信息披露、利益博弈等原因，参与的动力相对较弱，因此目前尚未形成"区块链+供应链金融"的生态体系。

（二）"区块链+供应链金融"的困境解决

针对区块链技术在供应链金融领域应用的巨大潜力及面临的主要挑战，建议金融机构从以下三个方面进行"区块链+供应链金融"的战略布局，引领和参与新商业格局的形成。

1.强化"区块链+供应链金融"技术研究

当前，区块链技术对供应链金融业务的影响开始显现，但技术应用仍处于起始阶段，区块链技术应用于供应链金融场景仍需要不断进行研究与探索。建议商业银行、电商小贷等金融机构集合业务、运营、风险、IT技术等部门，组成跨部门区块链研究工作组，密切跟踪区块链技术标准、监管政策、行业趋势。另外，供应链金融行业协会也可组织各类金融机构共同成立

"区块链＋供应链金融"研究联盟，利用各类金融机构各自的技术优势以及资源优势，积极解决区块链应用于供应链场景的技术难题，推进区块链技术与信贷合约、票据交易、抵押品管理等供应链金融业务的结合研究，创新研发供应链金融业务场景的解决方案。[①]

2. 完善"区块链＋供应链金融"基础设施

在供应链金融的应用场景中，基础设施的建设具有先行性与基础性，若无法提供配套的基础设施，相关的服务、应用与商业模式将面临难以开展的窘境，因此完善"区块链＋供应链金融"基础设施建设成为亟须解决的问题之一。一方面，金融机构需要与物流企业联合建立与"区块链＋供应链金融"相适应的物联网物流体系，利用各种智能硬件设备对供应链上下游企业的信息流、物流、资金流等详细数据进行采集，从而更完整地观测供应链的运营情况。另一方面，金融机构需要尽快实现票据等资产的数字化，充分发挥"区块链＋供应链金融"资产交易的功能，更加完备地记录供应链上下游企业之间的价值交换和应收账款等资产的交易情况。

3. 打造"区块链＋供应链金融"生态系统

"区块链＋供应链金融"充分发挥了区块链技术在供应链金融领域所具有的得天独厚的优势，是具有长远战略价值的新型商业模式。而金融机构所搭建的"区块链＋供应链金融"平台是供应链金融生态圈的主导者，其最终目标是打造出能够实现多边共赢的供应链金融生态体系。作为供应链金融生态系统的核心枢纽，供应链金融平台必须找到行之有效的方法创造价值，不断创新供应链金融产品和服务，使供应链金融的各参与方均能够在一定程度上获得收益，从而稳定供应链中已经达成合作关系的成员企业，并不断吸引供应链相关的节点企业、物流企业等加入生态体系中来。

（三）"区块链＋供应链金融"的战略步骤

为提高中小企业金融服务的可得性与服务质量，满足社会公众对于金融

---

① 程华、杨云志：《区块链发展趋势与商业银行应对策略研究》，《金融监管研究》2016年第6期。

机构在融资模式、服务理念、产品和技术等方面的创新需求，金融机构开展"区块链＋供应链金融"业务具有重大意义。结合国际经验和业务发展逻辑，区块链技术在供应链金融场景中的运用大致可规划为四个阶段，从易到难逐步实现（见表4）。

表4　"区块链＋供应链金融"的实现步骤

实现目标	具体内容	时间
资金流信息上链	对接银行、第三方支付等金融机构，将供应链企业之间的资金往来信息录入区块链系统	2017～2020 年
资产交易信息上链	实现票据、仓单等资产的数字化，并记录于区块链系统中	2020～2025 年
物流信息上链	打造供应链物流的物联网体系	2025～2035 年
搭建"三流合一"的"区块链＋供应链金融"平台	运用侧链技术等科技创新，实现资金流、物流、信息流的统筹与整合	2035～2040 年

第一阶段是供应链企业之间的资金流信息上链，目前不论是银行支付体系还是新兴的第三方支付平台，资金流转的信息化程度都已经达到较高水平，因此资金流信息上链是较为容易实现的步骤之一，预计只需 3～4 年时间便可实现。第二阶段是供应链企业之间的资产交易信息上链，首先需要实现仓单、合同、票据等的数字化，这是利用区块链更全面地记录企业之间的业务往来以及资产交易的先决条件，随着供应链金融的推广与普及，目前仓单、票据等的数字化也具备了一定基础，因此预计 5～6 年时间能够完成。第三个阶段是供应链企业之间的物流信息上链，如打造供应链物流的物联网体系等，从而能够实时关注商品、资产的流动情况，这个阶段涉及的行业较广、关联的部门较多，预计需要 10 年左右的时间才能完成。在基础设施建设完毕后，金融机构将开始搭建"三流合一"的区块链供应链金融平台，运用侧链技术等科技创新，实现资金流、物流、信息流的统筹与整合，结合工、商、农业以及政府等其他相关部门，促使跨产业、跨区域、跨部门的各方广结联盟，形成"区块链＋供应链金融"生态体系，降低供应链节点企业之间的信息不对称程度，从而更好地为中小企业开展供应链金融授信业务，预计花费 5～6 年时间。

区块链在征信领域的革新与发展

吴思宇*

摘　要：　当前我国形成了以公共征信为主、民营征信为辅的征信体系，信用数据采集规模庞大，内容多样化，征信标准体系呈现多层次、以行业标准为主的特征。我国征信领域现存以下痛点：信息覆盖率低，信息分割严重，征信标准有待完善，数据隐私保护不足等。"区块链＋征信"将区块链和大数据、智能合约等技术结合起来，从数据采集、数据共享、信贷交易三方面变革原有的征信业务架构，能够提高征信数据覆盖率，促进征信平台交流，保护数据所有者权益，降低信用交易的成本。目前实现"区块链＋征信"缺少有公信力的机构发起合作，且缺乏公正透明的数据交易所进行数据交易。因此，政府应当出面组织行业合作，确定统一的征信标准，并增强区块链的可适用性。

关键词：　征信　数据采集　数据共享　征信标准

一　我国征信领域的现状与不足

（一）我国征信领域的现状

征信是专业机构依法调查、采集、整理、分析企业或个人的信用信息数

---

* 吴思宇，湖南大学金融与统计学院，研究方向为金融科技发展与影响。

据，并提供信用信息报告，满足相关机构从事信贷交易等业务时对信用信息的需求，降低信贷交易的风险。① 征信体系包括组织机构、法律规章、市场管理、文化建设等部分②，主要为信贷市场服务，也服务于劳动力市场和商品交易市场。目前我国的征信体系以公共征信为主、民营征信为辅，公共征信由中央政府主导的中国人民银行征信系统、行业征信系统和地方政府负责的地方征信系统共同组成。其中，中国人民银行的企业和个人征信系统是我国征信体系的基础；民营征信主要由以邓白氏为代表的企业征信机构和以芝麻信用为代表的个人征信机构组成。我国的征信系统规模庞大，但发展程度远不如一些发达国家。以下从数据采集、数据共享、征信行业标准三个方面来说明我国征信领域的现状。

1. 数据采集粗具规模，采集内容多样化

（1）接入机构数量多，覆盖范围较广

目前，中国人民银行主管的企业和个人征信系统接入的银行类金融机构包括国有商业银行、股份制商业银行、城市商业银行、村镇银行等，非银行类金融机构有农村信用社、小额贷款公司、信托公司、财务公司等。根据中国人民银行征信中心的数据统计，到 2016 年底，企业征信系统记录的企业和其他组织有 2152 万户，个人征信系统记录的自然人将近 9 亿人（见图 1）。其中，1092 万户企业和其他组织有中征码，4.1 亿自然人有信贷记录。企业和个人信用信息数据库的数据量在世界范围内名列前茅。

（2）采集内容多样，互联网接入方式增加

我国征信领域的数据采集分为基础信息采集、信贷信息采集和公共信息采集，传统的采集方式以人工报文为主，近年来，更多地采用互联网接入方式采集信息。

①基础信息采集。

反映个人和企业身份的信息是基础信息。企业征信系统主要记录四类企

---

① 李建华：《公共征信机构及其运行模式研究》，《征信》2009 年第 4 期。
② 汪路：《论征信的十个特征》，《征信》2010 年第 2 期。

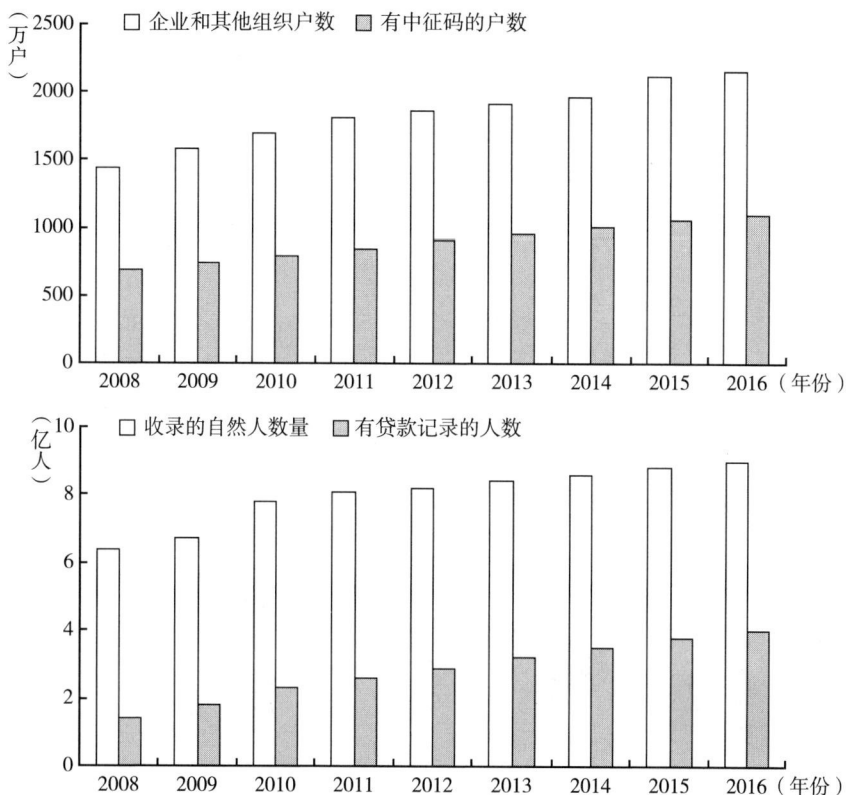

（万户）
□ 企业和其他组织户数　■ 有中征码的户数

2500
2000
1500
1000
500
0
2008　2009　2010　2011　2012　2013　2014　2015　2016（年份）

（亿人）
□ 收录的自然人数量　■ 有贷款记录的人数

10
8
6
4
2
0
2008　2009　2010　2011　2012　2013　2014　2015　2016（年份）

图1　信用信息基础数据库收录的企业和自然人数量（2008~2016年）

资料来源：中国人民银行征信中心。

业基础信息①：一是企业身份标识信息，包括机构名称、证件号码等；二是登记注册信息，指企业进行工商登记时填写的法定代表人、地址、联系方式等信息；三是高管及主要关联人信息；四是企业公开和未公开的资产负债表、现金流量表、利润表等。主要采集渠道是企业申领贷款卡和发生信贷业务时报送的信息。个人基础信息主要有四大类：标识信息、身份信息、职业信息和居住信息，个人基础信息的采集来源主要是社会保险经办机构和商业银行。

---

① 中国人民银行征信中心：《征信系统建设运行报告（2004~2014）》，2015。

②信贷信息采集。

信贷信息指个人和企业进行信用贷款的金额、违约记录等，是最重要的信用信息。企业征信系统主要记录四类信贷信息：一是信贷交易合同信息；二是企业负债信息；三是企业还款记录；四是信贷资产质量分类。传统上，企业信贷信息的上传以报文方式为主，近年来，互联网接入方式的采用率增加，为接入机构提供了更快捷的接入渠道（见图2）。个人信贷信息主要包括贷款信息、特殊交易信息、担保信息等。个人征信系统的信息上报有接口方式和非接口方式两种①，接口方式报送能够自动生成符合格式的数据，需要企业自行开发程序，大型金融机构较多采取接口方式。非接口方式是人工录入信用信息，小型或者偏远地区的金融机构较多采取非接口方式。

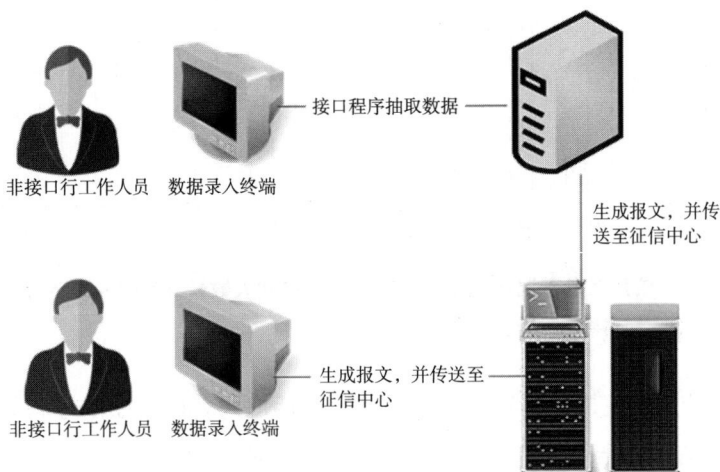

接口程序抽取数据

非接口行工作人员　数据录入终端

生成报文，并传送至征信中心

生成报文，并传送至征信中心

非接口行工作人员　数据录入终端

图2　信贷信息采集流程

资料来源：中国人民银行征信中心。

③公共信息采集。

公共信息是除基础信息和信贷信息之外能够反映企业和个人信用状况的

① 中国人民银行征信中心：《征信系统建设运行报告（2004～2014）》，2015。

重要信息，公共信息包括公积金缴存信息、社保信息、纳税信息等（见图3），信息来自不同的政府部门和事业单位。目前，公共信息的采集方式主要是征信中心通过市场化或者非市场化的方式和其他部门进行合作，最终将有价值的信息上传至征信中心总部。

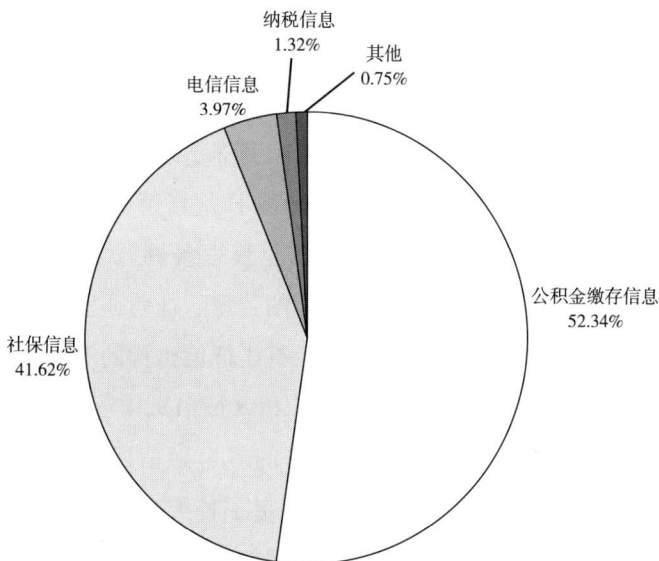

图3　2016年底个人征信系统公共信息采集比例

资料来源：中国人民银行征信中心。

2.数据共享迹象存在，局部共享为主

由于依靠政府公权力建成的个人信用信息数据库和企业信用信息数据库的存在，和其他国家相比，我国的数据库容量更大，但数据库间数据共享较为不足。虽然数据库之间已经存在共享的迹象，但是共享信息的数量和维度仍然偏低：如缴税信息和行政记录，目前只有少数地区开始共享，实现全面共享的难度高；至于日常记录，包括燃气、电信欠费记录等，目前尚未开始共享。

政府在征信数据的收集上处于绝对优势地位，除中国人民银行征信中心之外，其他部门也拥有自身的信用数据库，包括司法、交通、电信等公共部门，这些公共部门手中的信用信息只限自己使用，数据库之间的标准不一，难以进行共享，使数据的使用率受到影响。同时，民营机构之间的数据孤岛现象更为严重，为防止自身利益受到损害，民营机构缺乏数据交流的主动性，交易公平性难以保证，民营征信机构之间的数据共享存在困境。[1]

3. 征信标准体系多层次，行业标准为主

中国人民银行早期发布的征信业法律法规主要是1999年的《银行信贷登记咨询管理办法（试行）》以及2005年发布的《关于企业信用信息基础数据库运行有关问题的通知》和《个人信用信息基础数据库管理暂行办法》。[2] 随着征信业务需求的扩大，征信市场日益繁荣，同时也出现不少乱象和问题，国务院于2013年颁布《征信业管理条例》，对征信业务开展、征信机构设立、金融信用信息基础数据库的管理、征信业监管等事项进行了规定。为了加强对征信机构的监督管理，打击征信机构的不合规行为，中国人民银行发布《征信机构信息安全规范》和《征信机构管理办法》，规范了征信机构的日常工作。中国人民银行发布的《金融信用信息基础数据库用户管理规范》作为行业标准中的一项，规定了各类征信相关机构的用户操作规则，包括征信中心用户、从事信贷业务的机构用户等，有利于征信系统的安全运行，一定程度上避免了操作风险。总体来说，我国征信业处在标准化初级阶段，现有的征信标准以行业标准为主（见表1）。到目前为止，我国共发布了7项征信行业标准，涉及监管类的仅有《征信机构信息安全规范》等3项。[3]

（二）我国征信领域的不足

1. 信用信息覆盖率低

作为我国征信体系的基础，个人信用信息基础数据库存在覆盖率低、信

---

① 尹振涛：《互联网征信元年纪》，《银行家》2016年第1期。
② 中国人民银行征信中心：《征信系统建设运行报告（2004～2014）》，2015。
③ 胡平波：《我国征信监管标准建设的国际借鉴及启示》，《征信》2015年第2期。

表 1　征信业重要法律法规

文件	内容
《征信业管理条例》	对征信业务开展、征信机构设立、金融信用信息基础数据库的管理、征信业监管等事项进行了规定
《征信机构管理办法》	规范征信机构的日常工作,规定征信机构的设立和终止程序
《个人信用信息基础数据库管理暂行办法》	规范了个人征信系统的日常运营程序和个人信用数据的报送整理
《银行信贷登记咨询管理办法》	规定了企业信用信息基础数据库运行的相关制度
《中国人民银行信用评级管理指导意见》	明确了信用评级机构的工作制度和内部管理制度、评级原则、评级内容和评级程序等内容
《征信数据元设计与管理》	明确了征信数据元的设计、注册和管理办法,有利于征信数据的收集和共享

资料来源: 中国人民银行征信中心。

息维度不够的问题。[①] 目前央行个人征信系统中有信贷数据的有 4.1 亿人,而总共记录有信息的自然人有 9 亿,相比我国接近 14 亿的总人口,我国征信系统依然有待提高,且其中能够生成信用报告的仅有 2.75 亿人,与美国 78% 的信用信息覆盖率相比,我国只有 31%。个人征信中除了信贷信息,税务、电信、燃气、水电等信息同样具有重要的价值,这些信息没有完全接入征信系统,而是存储在电信运营商、法院、税务局、教育部门等机构中,没有发挥相应的作用。

　　2. 信用信息分割严重

　　我国征信行业信用数据共享程度低,公共征信机构和民营征信机构之间、征信机构和其他公共部门之间缺乏数据流通。[②] 许多公共机构,如电力、电信、法院的信息利用不够,没有发挥完善征信数据体系的功能。究其原因,主要是没有完善的数据交易平台和征信标准,相关制度和法律法规有待完善。除体制机制原因外,传统征信业的技术架构同样无法保证机构、行业共享数据时的安全性,影响了数据共享问题的解决。

---

① 李关政、高艺玮:《网络个人征信的发展及银行对策》,《新金融》2015 年第 6 期。
② 陈志:《我国大数据征信发展现状及对征信监管体系的影响》,《征信》2016 年第 8 期。

3. 征信标准有待完善

我国征信标准化工作仍然处于初级阶段，而社会对信用信息平台的需求日益迫切，征信标准化建设有待加强。一是缺乏全国统一的信用信息标准、信用机构标准及信用评级标准。我国目前共发布了 7 项征信行业标准，涉及监管类的仅有《征信机构信息安全规范》等 3 项[1]，征信标准的缺乏影响数据的可使用性，在数据进行共享时造成诸多不便。二是征信标准化工作最终必须落实在执行上，只有在应用和实践中，征信标准才能发挥促进征信行业协调发展、征信数据共享等作用。但是，目前征信标准实施力度不够，执行中存在偏差，基层组织普遍存在不严格按照征信标准采集和存储信用信息的现象，征信标准的有效实施需要加强。

4. 数据隐私保护不足

传统征信系统架构缺少对用户的关注，无法有效保护用户的隐私。[2] 一方面，因为成本较高，征信机构很难对信用信息、个人信息与隐私信息区分开来进行采集和存储。另一方面，针对数据隐私保护的法律法规不够完善，多是间接的规定，不能对用户的隐私起到直接的保护作用，实际执行中，部门权限不够明确，还存在个人维权成本高昂、效率低下，个人信息的收集处理规则不科学、不合理，企业守法成本高等诸多问题。

5. 监管体系尚待健全

我国征信监管形势复杂，面临诸多挑战，发改委、中国人民银行、证监会都颁布过对征信业进行监管的法律条文，实际上却没有统一的监管中心。在行政监管方面，监管规则不够详尽，可执行性有待提高，到具体的基层执行环境中，存在监管规则变形、执行力度不够的问题。同时，征信业监管体系的健全不单单依靠行政监管，征信业自我监管同样发挥重要的作用，应当强化征信业协会在征信监管中的作用。此外，有必要重视征信信息技术的监管，避免操作风险的发生，防止银行信息遭盗窃。

---

① 胡平波：《我国征信监管标准建设的国际借鉴及启示》，《征信》2015 年第 2 期。

② 于皓钧：《基于本体的隐私保护关键问题研究》，山东大学硕士学位论文，2013。

二 "区块链+征信" 的解决方案

（一）"区块链+征信"的业务架构

1. 信息采集的业务架构

针对上述我国征信领域的现状和不足，将区块链和大数据结合起来应用到征信领域，基于区块链去中心化、去信任、可追溯等特征与大数据征信数据体量巨大、数据类型繁多、处理速度快等特点①，征信数据采集的业务架构将发生相应的变化。

（1）大数据征信

大数据分析方法变革了传统的随机抽样法，对数据总体进行采集、分析、处理、挖掘。传统的征信主要采集企业和个人的基本信息、信贷信息，而大数据征信在较大范围内拓宽数据维度，将公共信息、社交信息等纳入进来（见图4），使征信数据的可靠性显著增强。传统的征信是先建立数据库，将数据收集整理，大数据征信则能够即时开启征信调查，迅速完成信息的采集、分类和模型分析。②

（2）区块链与大数据相结合

大数据能够海量采集信息，但是并不能保证信息的真实性，数据面临被篡改的风险。而区块链具有安全性、可信任性和不可篡改性，足以弥补大数据的不足，推进数据在空间与维度上的海量增长。③ 区块链与大数据结合的征信系统可以广泛收集各方面的信用信息，并且采用互联网接入的方式，成本较低。

区块链与大数据结合之后的征信系统，信息录入的流程得到简化，录入

---

① 曹月佳、承安：《区块链具有改变金融的潜力》，《国际融资》2016 年第 11 期。
② 李真：《大数据信用征信：现实应用、困境与法律完善逻辑》，《海南金融》2015 年第 1 期。
③ 陈芊汝：《区块链与大数据技术的结合对互联网征信发展的启示》，《甘肃金融》2016 年第 11 期。

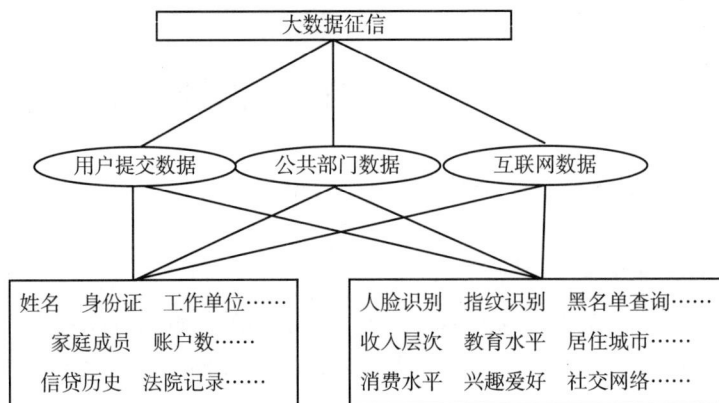

图4　大数据征信丰富信息采集维度

信息的维度增加，信息安全性得到提高。具体步骤：第一步是将身份证明、资产、通信、出行、交易行为、信用使用记录、履约违约等关于信用的数据接入区块链征信系统。接入方式选择接口方式，从本行业务系统中抽取数据，利用自行开发的数据报送接口程序生成报文，并通过互联网接入平台的方式连接征信系统，让区块链节点对信用信息进行自动存储。第二步是对信用相关数据在安全可信的计算环境下进行预处理和加密，利用区块链非对称加密的基础，设置一对密钥，公开密钥和私有密钥，用公钥对数据进行加密后只有私钥才能解密，私钥加密的数据只有对应的公钥才能解密，双方无需交换密钥，就可以建立保密通信。第三步是在处理和加密后，信用相关数据以元信息、行为数据、符号数据、身份数据形式存在于区块链征信数据平台（见图5）。

2. 数据共享的业务架构

构建区块链征信数据共享平台主要有两种方式：一是征信机构之间共享用户数据（见图6），二是征信机构和其他机构共享用户数据（见图7）。征信机构和其他机构都作为平台的节点参与其中，可以有效促进机构之间的数据共享。第一种模式下，征信机构各方参与者是主要参与节点，既提供数据，也查询数据。征信机构之间相互请求数据读取，支付费用之后，在不查

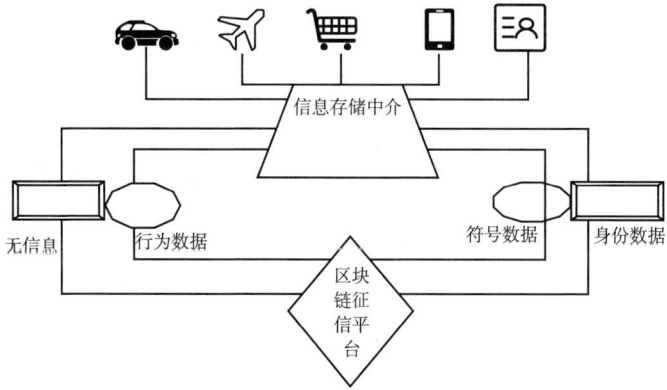

图5 区块链用于征信数据的采集和处理

资料来源：银通征信。

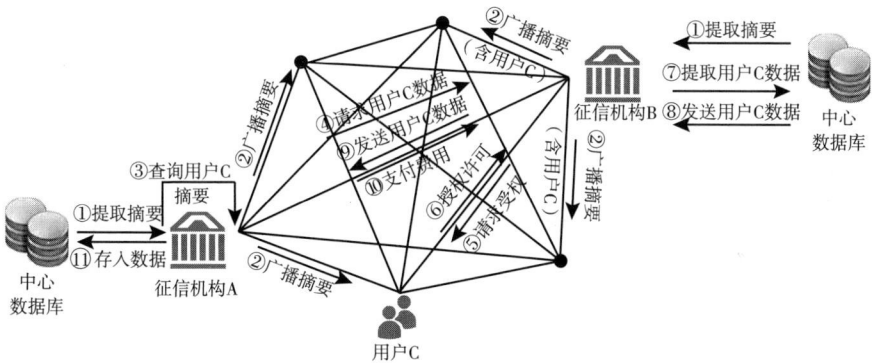

图6 征信机构间共享用户信用数据

资料来源：王强、卿苏德、巴洁如：《区块链在征信业应用的探讨》，《电信网技术》2017
年第6期。

看原始数据的前提下，查询对方的数据库。第二种模式下，征信机构向其他
机构请求信用数据的读取，采用多源交叉验证的方式，保证获取数据的真实
性且不被篡改。

3.信贷交易的业务架构

一笔信贷交易的环节包括客户宣传、业务受理、尽职调查、项目审批、
贷款发放、贷后管理等，将智能合约写入区块链中并应用于信贷交易，能够

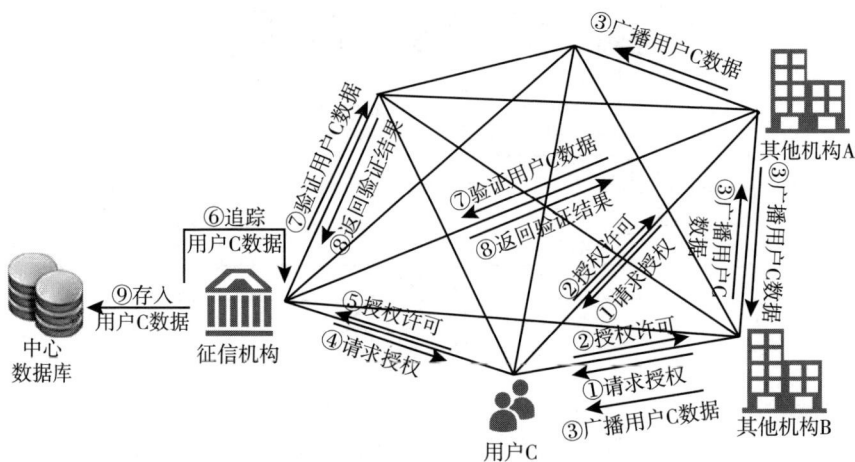

图7　征信机构与其他部门共享数据

资料来源：王强、卿苏德、巴洁如：《区块链在征信业应用的探讨》，《电信网技术》2017年第6期。

简化交易流程，降低交易成本，区块链储存客户信用记录，根据智能合约中的标准，自动触发信贷交易，节省中间环节。

在区块链与智能合约相结合的信用交易环节，参与联盟链的成员达成数据调用合约后，将智能合约打包到区块链，机构A发起信贷申请，通过P2P网络扩散，联盟其他节点先后收到A发来的请求后，非共识节点查询各自数据库，获得机构A的信用信息查询结果，查询结果签名后定向反馈给查询方，结果摘要通过P2P网络传播，如果查询结果符合信贷要求，随后，共识节点将交易打包到区块链，区块链上的智能合约触发，机构A获得信用贷款，区块链征信平台自动记录此次交易信息，并追踪后续贷款偿还（见图8）。

（二）"区块链＋征信"的核心优势

1. 海量记录信息，实现征信数据高覆盖

区块链征信系统自动记录信息，凡在区块链征信系统上交易的企业和个人信用信息，都会加以记录，与传统的人工采集方式相比，数据的覆盖率显

```
┌─────────────────────────────┐         ┌─────────────────────────┐
│ 联盟用户共同参与制定一份智能合约 │         │   机构A发起信贷申请      │
└─────────────────────────────┘         └─────────────────────────┘
              │                                       │
              ▼                                       ▼
┌─────────────────────────────┐         ┌─────────────────────────┐
│ 将合约通过P2P网络扩散           │         │ 区块链上读取机构A信用数据  │
│ 并存入区块链                   │         │                         │
└─────────────────────────────┘         └─────────────────────────┘
              │                                       │
              ▼                                       ▼
┌─────────────────────────────┐  ◄──    ┌─────────────────────────┐
│ 若满足要求，触发智能合约，       │         │ 结果摘要信息签名后，通过P2P │
│ 机构A获得贷款                  │         │ 网络传播                 │
└─────────────────────────────┘         └─────────────────────────┘
              │
              ▼
┌─────────────────────────────────────────────────────────────────┐
│ 区块链征信平台自动记录此次交易信息，并追踪后续贷款偿还                  │
└─────────────────────────────────────────────────────────────────┘
```

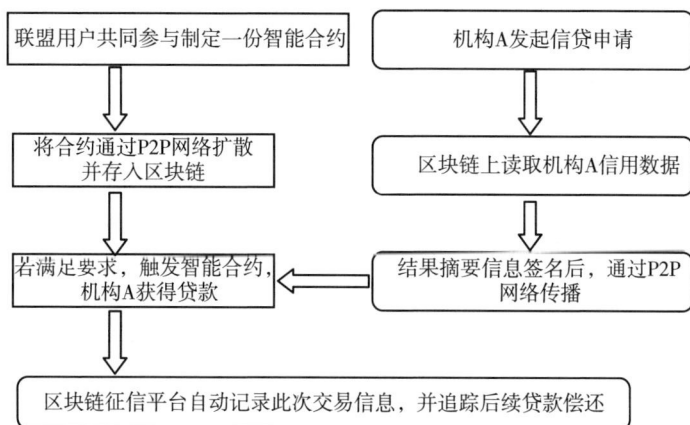

图8　区块链智能合约用于信贷交易

著提高，成本大幅降低。并且，区块链具有可追溯性，记录的信息相对公开透明、篡改难度高，数据分析结果的正确性和数据挖掘的效果得到保证，数据的质量获得前所未有地提高。同时，根据前期通过 P2P 网络扩散的数据标准，区块链上的数据具有统一的标准，能够满足监管部门的要求，同时方便数据共享。

2.打破共享障碍，促进信息平台交流

区块链上存储的数据可以在不使用原始数据的情况下读取，根据数据读取者的身份展示出所需要的数据，数据隐私由此得到了严密的保护，数据生产者的合法权益也得到了保障。区块链和大数据技术结合起来运用于征信，增加了数据采集的维度，使信用数据模型更加可靠。在互联网数据快速膨胀的背景下，政府信用信息的采集不局限于原有的基本信息、银行信贷信息，为了实现和互联网企业的对接，应将财务信息、社交信息、网络借贷信息包括入内，使信息的可靠性得到增强。

3.保护原始数据，维护数据所有者权益

区块链上记录的信用信息能够明确数据的所有权，其他节点进行数据查看时，必须经过数据所有者的同意，查看数据的用户无法修改和提取原始数据，数据的产权受到保护。区块链上的数据通过公私钥进行加密，查看时可以不访问原始数据，数据所有者的权益得到保护。

4.结合智能合约，有效降低交易成本

作为信息存储平台的区块链征信系统，同样可以将智能合约放置在区块链上，智能合约与区块链结合，使传统的信用交易流程得到简化，智能信贷由此产生。而且区块链上存储大量可靠的信用数据，不需要从第三方获得信用信息，一旦区块链上的信用数据满足智能合约的信贷标准，信用交易自动执行，整个交易过程区块链也会记录下来，作为信用数据的一部分，交易成本大大降低，信用交易更加方便快捷。

（三）"区块链＋征信"的落地案例

1.云棱镜区块链征信平台

云棱镜区块链征信平台是国内领先的征信平台，主要发力于消费金融领域，较早利用区块链技术对征信数据进行采集、存储，利用相关加密技术对信用数据进行加密。云棱镜和微软进行合作，打造基于云技术的区块链征信平台，目前已经在区块链的底层架构研究方面已经取得一些进展。2016年12月，云棱镜在微软技术大会上发表基于微软技术的区块链应用主题演讲，下一步，云棱镜将致力于征信数据共享，打造联盟链数据共享平台，实现不可篡改、去中心化的信用信息查询。

2.甜橙信用和布比区块链联合征信平台

甜橙信用属于中国电信旗下，是第三方征信公司。布比是国内领先的区块链技术服务商，2015年，布比公司成立，正式进军区块链应用市场，开始开展区块链技术在多领域的应用业务。布比区块链联合征信平台是基于甜橙信用等数据提供商建立的区块链数据联盟，区块链数据联盟采集各个企业的数据，进行加密处理。利用区块链的特性，数据联盟的成员可以缴纳一定的费用，通过自身被赋予的节点向其他成员申请数据查询，实现公平的信用数据交易，简化了数据交易的流程，促进了征信行业信用信息的共享。

3. 万达区块链征信应用

万达虽然传统上是一家房地产公司，但也较早开始了区块链的研究，特别是在征信领域。万达集团涉及区块链征信业务有其自身的优势，通过几十年的经营，万达积累了大量购房者数据、供应链运营数据、工厂贷款和连锁品牌数据。至今万达在区块链研究上已产出多项成果，包括于 2016 年 8 月内测上线了基于 Hyper Ledger 的区块链征信应用，9 月中完成基于腾讯 BaaS 两个 DAPP（去中心应用）的 POC 概念验证等。

三 "区块链 + 征信"的实现路径

（一）"区块链 + 征信"的现实困境

1. 缺少有公信力的机构发起合作

区块链有利于降低征信机构数据共享的成本，促进共享机制的达成，但现实中各个征信机构明显缺乏信任，不具有合作基础，如果不能开放各自的数据库，将区块链用于信用信息共享也无法实现，需要一个有公信力的机构来协调各方。目前国内很多征信机构采用的方式是一方上传数据，另一方提供免费数据查询服务或者减少收费，但在上传和分享数据的过程中，公平性很难保证。

2. 缺少透明公正的交易所进行数据交易

公正透明的数据交易所能够使交易各方的风险和成本显著降低，在去中心化思想和区块链技术的基础上，实现公平透明的交换。数据交易所建立起不同数据体量的企业之间的交易机制，保护数据产权不受侵犯，参与交易的双方资格必须经过交易所的审核，并且保证交易的数据不会被第三方得到，参与交易企业的身份能够得到保护。① 目前，我国不存在符合上述要求的数

---

① 南迦：《基于区块链的数据交易所，征信行业乱象的终结者》，http://www.jpm.cn/article-21160-1.html，2016 年 11 月。

据交易所。

3. 区块链技术存在诸多问题

区块链自身存在一些技术上的缺陷，比如共识机制有待优化，这些技术上的缺陷阻碍其在征信领域的大规模应用。与此同时，技术上的问题影响了区块链征信平台的安全运行①，近年来，区块链应用因为底层架构存在问题而遭到黑客攻击的事件屡有发生，损失严重。智能合约与区块链结合之后，区块链系统的隐患更大，区块链上的数据是完全公开透明的，存在通过密码破解看到某个用户信息的隐患，一旦密码被破解，用户信息极有可能泄露，并且区块链各节点之间并非完全匿名，而是通过类似电子邮件等标识进行数据传输。

（二）"区块链＋征信"的困境解决

1. 政府组织行业合作

征信企业之间普遍缺乏合作基础，根据我国目前的情况，应由政府主导组织企业接入区块链征信系统，成为征信系统的成员，成员之间建立公平的数据交易机制，打破企业数据共享的信任障碍。同时政府作为监管节点存在，给予一定的权限，防范相关风险。根据联盟链的技术原理，建立统一的征信数据交易所，符合要求的政府部门、企业都可成为交易所的会员，按照各方都能接受的定价进行交换。② 个人信用数据在用户授权后得以查看，实现用户的信用数据由用户自己来管理。

2. 确立统一的征信标准

确定统一的征信标准能够加快信用数据共享，只有数据标准统一之后，区块链征信平台的数据交易才能实现公平公正，统一征信标准的确立应由相关政府部门主导实施。征信标准化工作主要有两点：一是信用数据标准化，

① 陈芊汝：《区块链与大数据技术的结合对互联网征信发展的启示》，《甘肃金融》2016年第11期。
② 南迦：《基于区块链的数据交易所，征信行业乱象的终结者》，http：//www.jpm.cn/article-21160-1.html，2016年11月。

包括信用数据采集要求、数据存储格式、数据加密格式等，标准化的数据是信息共享的必要条件；二是征信行业标准化，包括征信中心运营标准、信用报告标准、信用咨询标准等，通过规范标准提高征信行业的整体服务水平，规避区块链征信平台的操作风险。①

3.增强区块链可适用性

目前"区块链＋征信"已经取得了一些初步成果，但是尚未进行工业级别的验证，包括高频次、多平台交易功能测试以及可靠性、保密性和安全性功能评估。为实现区块链在征信领域的大规模应用，要加快区块链的标准化工作，增强可操作性与可拓展性、可靠性与安全性等。加速制定区块链相关的产品和服务标准，保证区块链应用的安全、可靠和高质量，规定分布式账本技术的参考架构，开展链上数据管理等方面的标准研制工作。

（三）"区块链＋征信"的战略步骤

区块链征信平台的建设旨在降低征信业成本，更好地发挥征信为金融经济服务的功能，其发展应该遵循从局部到整体的原则，先逐步实现区块链在数据采集、数据查询、数据共享等环节的应用，再完善相关配套设施，形成一个完整的区块链征信系统，取代原有的征信模式。

具体来说，"区块链＋征信"的实现分为四个阶段，第一阶段是截至2018年，出现若干个区块链征信数据查询系统，完成去中心化、便捷、数据体量较大的征信查询。第二阶段是截至2020年，区块链应用于征信领域并实现多个关键技术的突破，区块链不仅可以应用于信用信息的查询、共享，还可以将统一的征信标准通过P2P网络扩散，方便信用交易。第三阶段是截至2025年，"区块链＋征信"的相关法律、监管得到完善，有专门的政府机构负责区块链征信的管理。第四阶段是截至2030年，形成以区块链为基础的完整征信系统，信用交易智能化，征信成本大大降低，个人和企业都能实现完全不同的征信体验（见表2）。

① 宋亮：《市场经济下我国社会信用体系的构建》，南开大学硕士学位论文，2008。

表2　"区块链 + 征信"实现进度

实现目标	具体内容	时间区间
区块链应用于信用信息记录	出现若干个区块链征信数据查询系统,实现便捷、去中心化的征信查询	2017～2018 年
区块链应用于信用信息共享、信用交易等环节	区块链应用于征信领域并实现多个关键技术的突破,区块链不仅可以应用于信用信息的查询、共享,还可以将统一的征信标准写入区块链,方便信用交易	2019～2020 年
区块链征信体系的配套设施完善	"区块链 + 征信"的相关法律、监管得到完善,由专职的政府机构负责区块链征信体系的监管	2021～2025 年
形成完整的区块链征信体系	形成以区块链为基础的完整征信系统,信用交易智能化,征信成本大大降低,个人和企业都能实现完全不同的信用体验	2026～2030 年

价值互联网的基石

——"区块链+数字资产管理"

乔海曙　贺文骁*

摘　要：　区块链从技术层面实现了去中心化信任，其可追溯、不可篡改等特性配合智能合约的应用将使数字价值交换成为可能。"区块链+数字资产管理"将给资产管理领域带来重大影响，可以极大地降低目前资产管理领域多个环节的成本、提升流程效率，未来将引领互联网从"信息互联网"进入"价值互联网"时代，变革人类社会的价值交换模式。我国"区块链+数字资产管理"领域目前面临技术瓶颈有待突破、存在洗钱等犯罪风险、行业生态需要整治等困境，政府部门、行业协会等应当采取推进底层技术研发、加快建设监管体系、培育良好行业生态等应对措施。

关键词：　区块链　数字资产管理　资产数字化　价值互联网

一　我国资产管理的现状与不足

（一）我国资产管理领域发展现状

资产管理是指对各种实物资产、金融资产、无形资产以及其他资产权益

---

* 乔海曙，湖南大学金融与统计学院教授，博士生导师，研究方向为金融科技发展与影响；贺文骁，湖南大学金融与统计学院，研究方向为金融科技发展与影响。

或组合进行委托管理、保存和处置，更进一步还包括为资产的保值、增值而进行的资产配置等活动。我国的资产管理业务历史并不长，但发展非常快，自2012年5月以来，随着一系列资管新政密集推出，我国资管机构在牌照登记、金融产品销售、资管资金投向等方面得到监管"松绑"，业务范围开始打破传统桎梏，资产管理市场规模逐年攀升。此轮监管改革在扩范围、降门槛、减限制等方面做出较大突破，打破了金融业内银行、证券、保险、基金、信托等子行业间的竞争障碍，深刻改变了中国资产管理的行业格局，推动资管行业转向开放和竞争并举、混业经营的"大资管"时代。

1. 资产管理业务范围大幅拓展

2012年下半年以来，随着我国各项资管新政陆续推出，各类金融机构相继加入资产管理阵营，主要包括银行理财、证券机构资产管理、保险资产管理、基金和信托计划等，资产管理市场规模巨幅增加，混业经营与大资管趋势日渐凸显。目前，银行资产管理业务即银行理财的运作模式形成了一对一模式、资金池对资产池模式、投资组合模式和通道类模式四大类型；证券机构包括券商、旗下资管公司和期货公司，早期资管业务主要有集合资产管理、定向资产管理和专项资产管理，"新政"推出后还包含公募基金业务、基金托管业务和受托管理保险资产业务；保险公司的保险资产管理运作模式主要包括内设投资部门或开展保险理财产品业务、成立专业保险资管公司和委托专业资管机构，新政推出后保险公司已不再独揽保险资金的管理；基金公司则主要分为公募基金和专户理财，其中客户理财业务既包括为单一客户（"一对一"）和特定多个客户（"一对多"）设立资产管理计划，还包括通过设立子公司的形式开展专项资产管理计划，"新政"推出后还可受托管理保险资金（见表1）。

2. 资产管理市场规模显著提升

截至2016年三季度，根据中国证券投资基金业协会数据，证券公司、公募和私募基金、基金子公司资产管理市场规模已达48.9万亿元，其中券商资管规模达15.85万亿元。另外，截至2016年底，银行理财产品余额突破29万亿元，同比增长18.6%；全国68家信托机构管理的信托资产规模达

表1 2012年"新政"前后部分金融机构资产管理业务范围变化

类别	"新政"推出前	"新政"推出后
银行	1. 发行银行理财产品 2. 基金、保险、证券、期货、私募等资金托管 3. 不允许城商行设立基金公司	1. 发行银行理财产品 2. 基金、保险、证券、期货、私募等资金托管 3. 允许城商行设立基金公司
基金公司	公募基金管理业务	1. 公募基金管理业务 2. 受托管理保险资金
券商及其资管公司	资产管理业务	1. 资产管理业务 2. 受托管理保险资金 3. 开展公募基金业务 4. 开展基金托管业务
保险资管公司	保险资金管理	1. 保险资金管理业务 2. 开展资产管理业务 3. 开展公募基金业务 4. 可受托管理养老金、企业年金、住房公积金等机构资金
期货公司	不允许开展资产管理业务	允许开展资产管理业务
私募基金	私募基金管理业务	1. 私募基金管理业务 2. 公募基金管理业务

资料来源：陈飞飞：《我国金融机构资产管理业务模式的比较研究》，西南财经大学硕士学位论文，2013。

20.22万亿元，同比增长24.01%[1]；保险资产管理规模超过15万亿元。2016年末，包括银行理财、信托、保险资管、券商资管、基金及子公司等在内的泛资产管理市场管理的资产总规模粗略估计为112万亿元（见图1）。预计2020年，中国资管市场管理资产总规模将达到174万亿元；其中，剔除通道业务后规模约149万亿元，2015~2020年年均复合增长率为17%。[2]

---

[1] 邢成：《20万亿时代，信托业的挑战与风险》，《金融博览》（财富）2017年第5期。

[2] 张旭阳、何大勇：《跨境竞合专业制胜——2015年中国资产管理市场研究报告》，《银行家》2016年第6期。

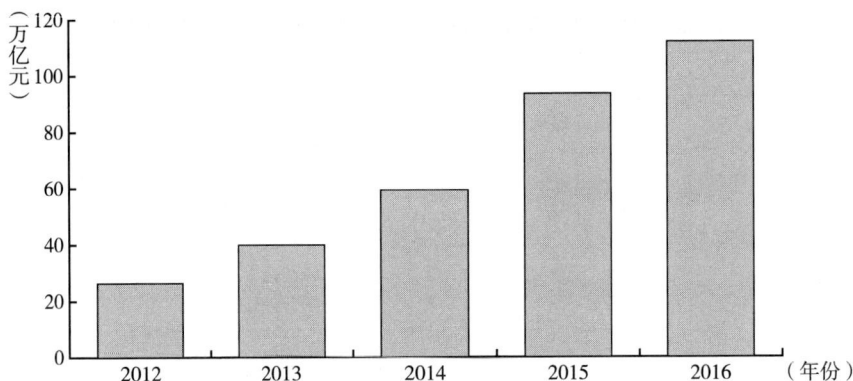

图 1　2012～2016 年中国资产管理市场总规模

3. 资产管理业务开展依赖金融中介

在全球范围内资产管理业务都是金融行业中规模最大、发展最快的业务。随着我国经济发展和金融深化，社会财富的积累使社会各阶级对资产管理的需求不断增长，我国资产管理行业也得到长足发展。全球金融市场不断发展过程中，各国各地区资产管理业务都呈现一个共同特点，投资者出于种种原因很难控制风险，再加上信息不对称，需要依赖第三方机构即金融中介参与市场。传统的资产服务如客户身份识别、资产所有证明、资产确权、资产转让流通等均需要第三方的介入才可以完成，在资产服务的核心资产流通业务中，只有通过资产发行方、资产接收方、流通平台的三方介入，资产才可以完成整个流通过程。[①]

（二）资产管理领域存在的不足

1. 资产所有者身份信息交互难、验证成本高

传统客户身份识别依赖于政府、金融机构，客户身份信息一般存储在不同金融机构间分散的系统中，各金融机构间的用户数据难以实现高效的交互。为满足 KYC（了解客户法则）和 AML（反洗钱）合规要求，金融机构

---

① 董宁、朱轩彤：《区块链技术演进及产业应用展望》，《信息安全研究》2017 年第 3 期。

需从不同源头获取、整合信息并加以验证，花费大量资源开发和维护其客户识别程序，其中涉及大量人工操作，造成重复认证和审核成本高等问题；缺少自动验证客户身份的技术，也使得 KYC 不仅成本高而且耗时耗力，无法高效地开展；同时，个人与个人进行资产交易时对身份信息的确认相当困难，了解交易对象身份真实性或者证明自身身份都将耗费大量成本，限制了资产交易在陌生人之间进行。

2. 资产流通效率低、交易流程成本高

不同资管机构间的基础设施架构、业务流程各不相同，同时，业务操作会涉及多项人工处理的环节，这些极大地增加了业务成本和操作风险。在银行的跨境转账业务中，跨境对账、清算和结算的成本非常高昂且涉及很多手工流程，这不仅导致跨境转账或支付业务费用较高，也使得小额跨境支付或转账业务难以开展，影响现金资产的跨境流通性。股权资产的登记、清算和结算涉及多个主体，包括证券公司、证券交易所、中央登记结算机构、托管银行等，各个机构依赖于本身的 IT 系统和工作流程，往往需要多方进行数据的反复沟通、核对和发送，产生大量重复性人工确认和对账流程，引起人力资源浪费、多版本交易记录并存，从而带来交易不确定性与交易风险、结算流程过长等问题。债券、票据、衍生金融工具等金融资产的管理，实际上也交由不同的金融中介机构托管，交易过程中涉及多个主体，提高了这类资产的交易成本，也容易带来凭证伪造等问题。

就另类资产管理而言，传统模式下存在着防伪溯源、防欺诈、质押转让不便等方面的问题。以艺术品为例，交易基本依赖苏富比、佳士得等拍卖机构来验证资产真实性并集中潜在买家，完成一笔交易不仅周期长而且往往要向拍卖机构支付高比例手续费。房地产交易同样依赖房产中介，虽然出现了方便的二手房产交易或租赁的互联网服务，然而其后台流程依然烦琐低效且中介费用偏高。

3. 资产权属管理低效、权益证明不便

大量的实物资产或虚拟资产有赖于第三方的中心化机构予以确认和管理。比如，在我国，商品住宅必须由房产所在地的政府住房管理部门提供权

益证明，以确认资产的所有权；又如，企业公开发行上市的股票需要由政府证券管理部门核准，并确保其合法性和有效性。[①] 权益证明过程烦琐低效，且大量重复工作和人工操作带来额外成本，与政府部门相关的业务甚至可能产生寻租。围绕中心化机构的资产权益管理模式存在操作风险和恶意篡改风险，很容易造成资产权益信息的不完整或者错误，有时甚至出现造假等问题，再加上某些国家地区权属登记中心信任度不够或缺乏权威登记机构，给各类资产交易类经济活动带来困扰。

4. 数字产权保护手段缺乏、产权交易体系发展滞后

数字化信息易复制、传播快，互联网带来便利的同时也带来了数字产业尤其是数字创意产业版权保护困难的问题。目前数字产权保护基本上都采取版权信息集中登记的手段，本质上是一种中心化的版权管理机制，即由一个政府机构来受理并登记版权。但是这种管理机制效率低、费用高（比如我国版权登记从申请提交到认证至少要一个月，费用约 1200 元每件[②]），更缺乏有效的后续保护、追责机制，实际操作中并不能满足数字版权保护需求。同时，在许多国家版权信息实行自愿登记，中心登记机构往往对登记申请材料的审查缺乏实质而仅限于形式，因而版权登记信息对于数字产权保护的实际法律效力并不理想。目前的保护手段也只限于文章、影音等传统版权登记和保护，而不涉及其他丰富的数字资产如个人数据、虚拟币等，这些新兴数字产权基本上还没有保护手段。数字化信息的诸多特性不仅决定了数字产权保护困难，也拖累了相关产权交易体系的发展。一方面，由于采用中心化版权管理机制，数字产权交易过程具有流程复杂、成本高、效率低等特点，已明显不能满足互联网时代数字产权贸易的要求。另一方面，数字产业产品创造、消费基于互联网全球覆盖的特点，然而产权的交易场景分散化、无序化导致现代化市场体系的缺乏，难以达成灵活的小额交易，这也是影响数字创意产业发展的关键因素。

---

① 姚国章、吴春虎、余星：《区块链驱动的金融业发展变革研究》，《南京邮电大学学报》（自然科学版）2016 年第 5 期。

② 吴健、高力、朱静宁：《基于区块链技术的数字版权保护》，《广播电视信息》2016 年第 7 期。

二 "区块链 + 数字资产管理" 的解决方案

（一）"区块链 + 数字资产平台"的参考架构

在今天的信息互联网时代，人类的科学技术已经可以接近零时差、零成本地实现点对点信息传递。然而，在价值传递领域由于需要保证价值权属的唯一以及信任等问题，仍然要依靠金融中介开展记账等基础业务。"区块链 + 数字资产管理"的最终图景便是类似信息互联网概念的价值互联网，即利用区块链建立技术信任机制、保证权属唯一，运用资产数字化将所有价值资产上链，依托智能合约形成价值自动化流通，打造去中心化、点对点、接近零成本零时差的价值流通网络。价值互联网的落地暂时还遥不可及，但可以预见其前身应是由行业内部价值交换需求驱动而组建的区块链价值局域网，价值互联网将诞生于跨行业价值交换需求爆发增长的过程之中。而目前来看，价值局域网的形成最终要落脚于企业级区块链数字资产平台，目前已经有了不少初步案例。

区块链数字资产平台旨在构建多元资产登记、流通的去中心化网络，是"区块链 + 数字资产管理"诸多业务场景实现所依赖的工具，技术核心是区块链、资产数字化与智能合约，最终目标是实现"价值互联网"。在区块链数字资产平台上，每个用户都可以访问实时更新的机密账本、查询或发起交易，交易经过共识验证，就会写入分布式账本且不可被篡改，交易迅速且可靠、可追溯。区块链数字资产平台的核心目标主要有以下几点：一是提供丰富的场景应用，能完成资产交易、查询、审计、鉴证等全面的数字资产管理业务；二是应用构建方便快速，开发人员能方便、低成本地接入区块链底层基础设施，快速拓展上层应用；三是存在权限策略，丰富的权限策略配置使用户应用需求与隐私保护得到平衡；四是资产登记上链，立足全球、开放的资产登记平台，让创建和定义、生成一种数字资产更加便捷；五是比特资产的跨链交互，不同链比特资产间可按协定进行交换；六是嵌入智能合约，既有方便使用的标准化合约模板，又能支持合约可编程开发。

基于上述目标，区块链数字资产平台的参考架构可以设计为三个层次：应用服务层（区块链上层应用）——应用接口层——区块链底层平台（见图2）。

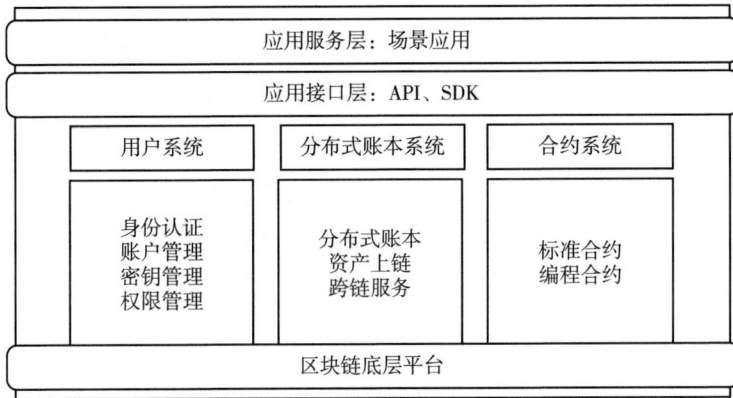

图2　区块链数字资产平台参考架构

1.区块链底层平台

区块链底层平台提供区块链技术基础服务，其体系架构可分为三个逻辑范畴，用户系统、分布式账本系统、合约系统。

（1）用户系统

用户系统负责平台用户的身份信息管理、账户管理，包括公私钥生成及真实身份与账户（一般为区块链公钥地址）对应维护、密钥的保管取用等，同时引入权限管理模块对业务请求进行授权。

身份认证即对平台用户进行实名身份信息认证，在现实世界中资产确权的基础是公民的真实身份，数字世界中区块链的链上资产确权基础同样也是用户的真实身份，因为不管是法律合同还是经济合同基本上都要求实名签署，所以数字资产平台用户要合法且有效进行数字资产管理活动就有必要证实其真实身份。一些数字资产平台以数字证书为用户身份证明方式，由用户（个人或机构）向 CA（证书颁发机构）申请身份认证，核实无误后 CA 向用户颁发一份包含了用户公钥和身份信息等的数字证书。此类数字证书可以证明账户（公钥地址）和用户身份间的关系，可以认为数字证书在未来价值互联网时代将发展成为区块链链上数字身份，直接成为公钥载体。通过数字证书形式进行身份证明既能保证交易实体身份的真实性，又可以确保经济活动数据的完整、保密。

账户是用户实现区块链数字资产管理的基本通道，链上账户可以是一个公钥或公钥组，类似于现有的账户密码体系，公钥和私钥分别担当账户和密码的角色。账户管理模块就是用户端账户与链上公钥地址的联结系统，同时与用户信息相隔离以保证隐私，只在必要的时候允许授权查询。所有平台用户的账户及其对应的资产状况在区块链上完整存储，形式可以是分布在每一个区块上通过特别的标记体系形成用户账户树。

密钥管理模块负责密钥的生成、管理和丢失找回。账户生成后密钥管理模块将为其生成区块链公钥或公钥组及对应的私钥，并可以实现多样的密钥管理体系如多公钥对单私钥、单公钥对多私钥和多公钥对多私钥等以方便满足应用场景需求，比如公钥组可设计为两个公钥将资产查询与资产交易功能分开，对应的查询私钥和交易私钥分别可查询和交易账户上的资产；内置私钥保管箱以实现私钥安全的生成、存储、使用和定期更换。

权限管理模块负责用户账户委托管理、信息访问与审计等权限的管理。账户委托管理是指将账户委托给托管机构来管理账户上的资产，目的可以是资产保值增值等经济目的，也可以是遗产分配等法律目的；信息访问权限是管理用户端对链上资产数据信息的查询；审计权限是为监管方等外部机构提供的功能，监管方可以依法审计或查询相关用户的资产数据。

（2）分布式账本系统

分布式账本系统提供核心的区块链服务，它内置于区块链的每个节点中，当业务请求发出后用来验证业务请求的有效性，然后对有效的业务请求进行共识后将信息写入新区块中。同时，搭配资产上链和跨链系统，将实体资产登记上链并打通各类不同区块链的交叉渠道，实现实体资产和多样数字资产无差别交互。

分布式账本模块包括区块链技术基本的共识层、网络层、数据层、激励层等。共识层是指接收交易，根据共识机制来决定如何组织以及何时执行这些交易，交易成功执行后反映在各节点账本上，实现资产信息的一致。共识机制是区块链系统中各个节点达成一致的算法、协议和规则，应根据系统类型及应用场景的不同灵活选取。目前可供选择的共识达成机制有 POW、POS、DPOS、Ripple Consensus 和 PBFT 等。网络层是指 P2P 网络及其传播和验证机制，实现资产信息的传播。P2P 网络技术是区块链系统连接各对等节点的组网技术即"点对点"网络，区块链系统中每一个节点平等且都能参与区块数据的校验和记账过程。数据层涉及区块、链式结构、哈希算法、Merkle Tree 和时间戳等技术要素，任意数据均可通过哈希运算生成相应的标记树并打包记入区块链，时间戳技术保证不可篡改性，通过系统内共识节点的算力和非对称加密技术来保证安全性。激励层通过设计适度的经济激励机制并与共识过程相集成，从而汇聚大规模的节点参与并形成了对区块链历史的稳定共识。

资产上链模块用以实现"资产数字化"，是实体和数字资产实现资产登记和发行的服务模块。每种资产都将由一个唯一的资产标识号来进行标识，资产标识号是一个字符串，通过设计字符串的组成形式可以区分不同的资产类型。不同资产标识号可以对应到不同的实体资产，通过链上对资产标识号的数字信息登记、转移，便可实现实体资产的确权和转让等控制和操作。ODIN（开放数据索引命名标识）可以作为区块链的链上资产标识体系，广义上它是在网络环境下自主标识和交换数据内容索引的一种开放性系统，遵从 URI（统一资源标识符）规范，狭义上是用来标识任何数据信息标的的永久性标识号。[①] ODIN 标识号对数据内容做出标识拥有一系列的优势：一是普适性，即可以为任何数据内容的标的做出标识号，也就是可以标记任何形式的资产；二是唯一性，每个标识号是唯一的；三是可靠性，标识号生成

---

① 《比原链设计思考：数字资产为什么需要全世界唯一标识》，http：//www.8btc.com/bytom-asset-odin，2017 年 6 月 17 日。

后就不可改变，其对应的数据内容代表的标的所有者信息或存储地址信息等的变更都不会影响标识号，因而几乎不需要后续维护。

跨链服务模块是实现不同区块链资产跨链交易的模块（见图3）。跨链资产操作基于侧链技术实现，同时要有拓展的 UTXO（未花费输出）以防止双倍花费问题。侧链是指以融合的方式实现加密货币金融生态的目标，比如实现比特币和其他数字资产在多个区块链间的转移。以 BTC Relay 为例，通过侧链锁定相应额度比特币，按市场汇率转化为以太币，再发放至资产所有者的地址上，验证后的交易信息可在以太坊读取。

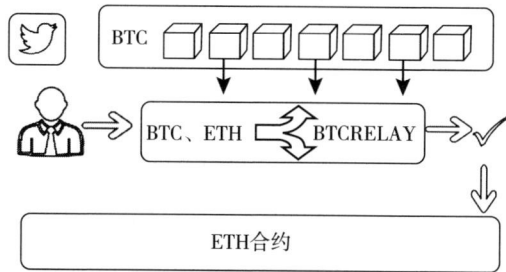

图3　区块链间的跨链操作架构

关于拓展的未花费输出，比原链设计出了 BUTXO 体系，可以支持多种资产类型并能很好地防止"双花"问题。如图4所示，如果一个交易发生，那么这个交易中使用的输出 A 被销毁移除，新的未经花费输出 E 被加入，这样就避免了"双倍花费"。如图5所示，拓展资产标识体系后的区块链可以兼容多种类型的数字资产和实体资产，以使不同类型资产能够在满足总输入与总输出相等的条件下在同一笔交易里成功处理、互相转换。[①]

（3）合约系统

合约系统通过智能合约来实现资产处置处理活动和其他复杂的商业逻辑。系统提供两种合约——标准合约、编程合约。标准合约主要针对场景相

---

① 邱祥宇：《数字时代，巴比特想用"比原链"在物理世界与数字世界建一座桥》，http：//www.8btc.com/bytom－digital－age，2017年6月19日。

图 4　UTXO 运作流程

资料来源：http：//www. 8btc. com/bytom - utxo。

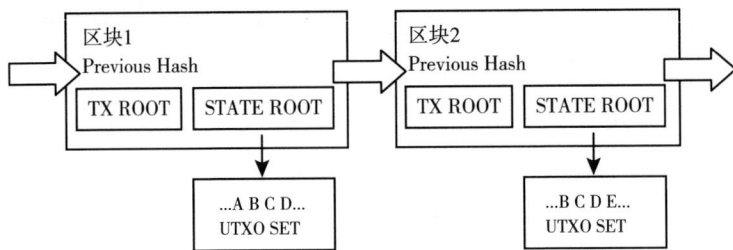

图 5　支持多类型资产的拓展 UTXO

资料来源：http：//www. 8btc. com/bytom - utxo。

对简单、标准化程度较高，同时对执行效率有很高要求的业务需求。一些典型应用如资产登记等可通过标准合约直接配置上链，同时对于稍复杂的应用可以提供相应的参数选择，调整后就可建立合适的合约应用而无需编程。编程合约用以应对用户复杂的业务逻辑，并且提供丰富的组件供用户针对特定的需求快速构建应用，如加密组件、权限管理组件等。

2. 应用服务层

应用服务层连接应用接口层，为用户提供基于区块链方案的应用服务以解决传统领域的痛点。一种方案是快速搬迁用户已有业务到区块链上，利用区块链的技术特性解决难以解决的问题；另一种方案是搭建全新的业务场景，利用"区块链+智能合约"灵活、可编程特性应对更复杂的场景需求。基础应用的业务逻辑分为账户注册、资产登记或发行、资产转让、资产查询四类。

（1）账户注册

用户在数字资产平台应用服务界面调用账户注册接口创建账户，在区块链底层账户树中新增条目，并将"创建用户操作"记录在账户树中。用户的账户信息与其真实身份信息相对应，要通过 CA 认证发布数字证书、建立数字身份后方可建立数字资产平台账户。账户地址生成后，将作为后期资产登记、发行、确权、交易转让及查询的基础（见图6）。

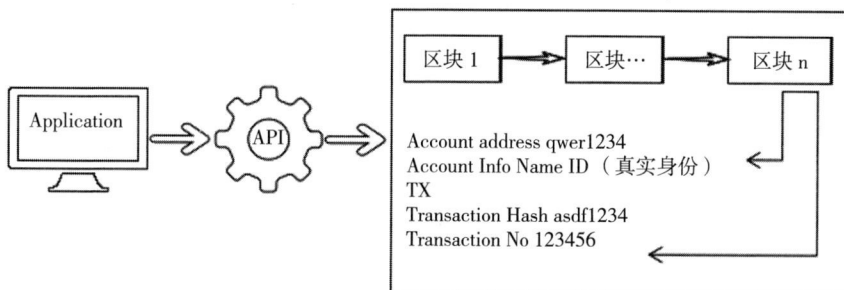

图6　区块链数字资产平台账户注册

资料来源：http：//www. bubi. cn/case - asset - scene。

（2）资产登记或发行

用户通过调用资产登记或发行接口，使实体资产登记在区块链上并进行资产数字化，或发行链上数字资产，与用户账户对应起来完成资产确权（见图7）。

（3）资产转让

通过调用资产转让接口，将链上资产转移，这里的资产转让实际上是简单的资产权属变更，作为资产交易等更复杂的资产处置活动的基础。资产转让发生在用户账户之间，需要通过验证体系才可达成（见图8）。

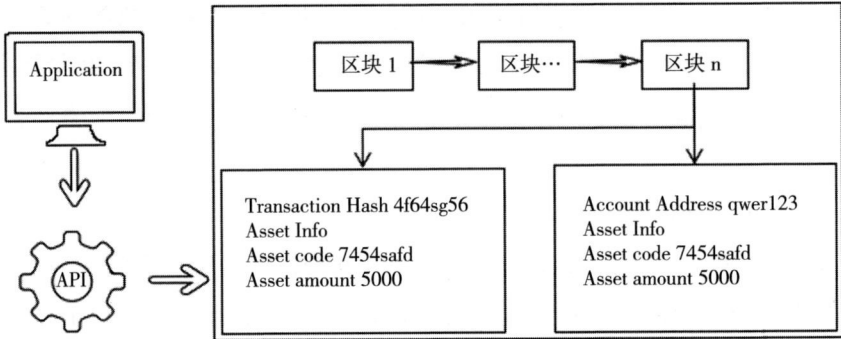

图7　区块链数字资产平台资产登记或发行

资料来源：http：//www.bubi.cn/case－asset－scene。

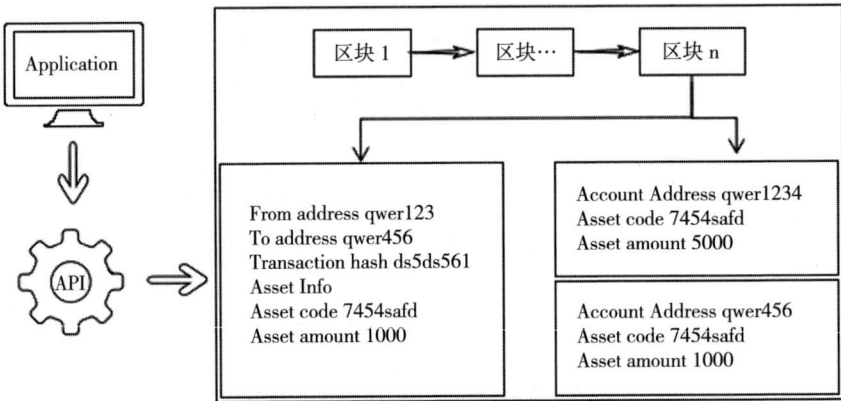

图8　区块链数字资产平台资产转让

资料来源：http：//www.bubi.cn/case－asset－scene。

（4）资产查询

通过调用资产查询接口，可查看用户账户的资产信息，有时可能需要获取授权。可查询内容包括账户下所有资产的可用状态、数据、交易记录等（见图9）。

3.应用接口层

应用接口层上接应用服务层、下接区块链底层平台，为实体世界需求与区块链技术构建联通的桥梁，利用计算机技术把应用服务层与区块链底层平

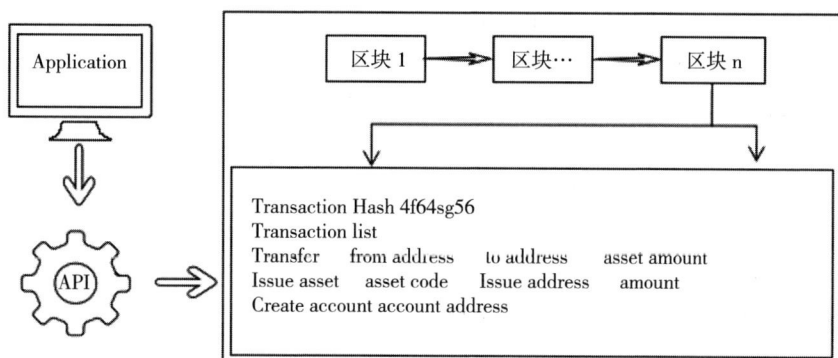

图 9　区块链数字资产平台资产查询

资料来源：http：//www．bubi．cn/case－asset－scene。

台连接起来（见图 10）。以 hyperlegder 为例，平台包括了 REST、JSON RPC
应用程序界面（API）、事件以及连接网络的应用程序开发工具包（SDK），
还有一套命令行界面（CLI）来管理运行网络，这些组件可以让开发者很方
便地开发可编程分布式应用。

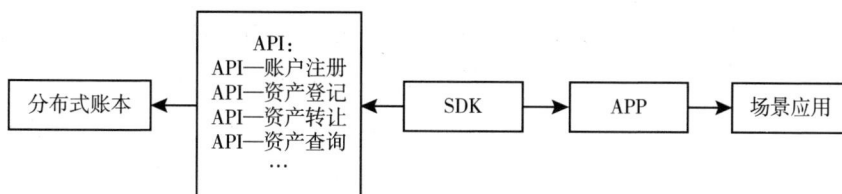

图 10　应用接口层结构

平台的参考架构中可抽象出适用于多种业务场景的基础应用 API 接
口，比如以用户注册、资产登记或发行、资产转让、资产查询这四大功能
为指向提供一套标准化 API 并开放，供这些场景相关的业务直接使用，而
以四大功能为基础可以衍生出资产数字化、资产交易、资产审计等其他商
业应用，可由开发者开发对接。同时，平台参考架构中备有已封装的支持
多种主流开发语言（JAVA、C＋＋、node－js、PHP）的 SDK 应用程序开
发工具包，方便开发者开发制作多种形式的 PC、WEB、移动端应用，方

便调用底层服务完成对资产的操作。对底层分布式账本的封装目的主要是降低上层应用使用的门槛，可以使开发者、资产发行方更专注于商业模式与业务逻辑上的创新。

（二）"区块链＋数字资产管理"的核心优势

区块链在数字资产管理中的价值在于它可以促进更有效的资产转移，包括更有效的身份信息验证、权属验证、权属转让和合同执行。在区块链数字资产平台中，传统资产管理领域中客户身份确认、资产交易转让、资产监控、权属确认及知识产权保护等领域的问题都可得到改进，进而通过数字身份、资产数字化、智能合约等技术要素，在未来的区块链数字资产平台上实现去中心化的数字资产管理，打造点对点的价值流通网络。

1. 打通信息交互渠道、提升客户识别效率

区块链技术能够安全、高效地管理用户身份信息，在实现提升客户识别效率的同时有效保护用户隐私。区块链技术的不可篡改性和可追溯性特点可以用来建立数字身份，以促进不同机构间身份信息交互。假如一些金融机构之间建立了联盟链，利用区块链技术可以为这些金融机构的每一客户建立链上数字身份，根据事先建立的联盟链内部协议及相应的处理流程为其他机构提供客户身份信息，即在金融机构间共享客户信息，以减少客户身份识别中的重复劳动，节约人力资源成本。当然这并不能完全解除"客户识别"负担，但是可以大幅减少人工审核步骤的工作量、减少客户尽职调查方面的开支。区块链技术把当前与过去所有交易记录在分布式账本中，不可篡改性和可追溯性的特点保证了交易记录的完整性和数据的可获得性，可大大简化交易监控和审计流程，通过把交易记录与数字身份——对应，则可极大地助力监管机构跟踪交易状况和获取反洗钱证据。

2. 提高资产流通效率、降低交易成本

针对传统的资产交易环节，区块链技术使交易流程更加公开、透明、有效率。就传统证券交易领域而言，区块链去中心化与不可篡改特性可使证券交易的流程更简洁、透明，减少大量人工劳动和重复工作，进而大幅减少证

券交易的成本。区块链实现交易的时候，实际上可以同时实现清算和结算，实现准实时交易，提高交易效率。据麦肯锡评估，区块链技术可使证券交易日和交割日时间间隔从 1 到 3 天缩短至 10 分钟。在传统的银行跨境业务中，区块链技术的运用可以使业务开展绕过中转银行、减少中转费用，还可以提高跨境汇款的安全性，加快结算与清算速度。据中金预测，区块链技术引进到目前的跨境转账结算领域后将使原来 2% ~ 12% 的手续费降至 1% 以下。展望未来的资产交易模式，区块链技术用计算机算法程序实现去中心化的信任，构成价值交换必要的信用基础，整合进智能合约技术后便能用代码充分地表达资产交易活动复杂多样的业务逻辑。新的资产交易模式极大地降低了交易与合约执行成本、提升了交易效率，为价值互联网的形成奠定基础。

3. 便利资产权属登记与确认

区块链不可篡改和可追溯的特性非常适合资产权属登记与确认，对房产、车辆等实物资产和股权、债权等金融资产都适用。依靠区块链的技术特性，链上数据信息是不可篡改的，所以除非在登记后发生正常的交易、交换等活动从而产生权属变更，否则资产权属一旦在区块链上登记就无法随意更改。同时，区块链上的各个节点都将收到一份完整的信息拷贝，通过采用全民公证的形式确定权属信息。[1] 凭借数据不可篡改和所有节点共同维护的特点，区块链技术可实现权益归属的精确确认，充分保护房地产、金融资产以及其他资产权益。当产权纠纷发生时，通过链上数据溯源即访问链上的产权数据库，便可方便快速地明晰权属关系，降低调查和公证成本。此外，通过在区块链上登记艺术品权属及其交易流转的认证信息，就像给艺术品颁发了一个身份签名，可以验证和追溯每件艺术品的真实来源，既为艺术品防伪和防欺诈提供了证据，也提升了艺术品资产的流通性。

4. 改进数字产权保护模式及其交易体系

区块链技术可以提供一个更加先进的数字产权保护模式。首先，建立新

---

① 乔海曙、谢姗姗：《区块链驱动金融创新的理论与实践分析》，《新金融》2017 年第 1 期。

的存在性证明方法。区块链可以为数码文件如图片、视频等生成一段特有的带有关键时间信息的标识符，低成本、快捷、安全地为创作者进行版权信息记录，规避中心版权登记部门烦琐流程和登记成本。其次，为创作者提供便利。通过区块链提供信用基础，智能合约对合同进行程序化设定，可以让创作者直接与作品消费者交易，跳过版权方直接从作品的市场消费过程中得到收益。最后，便于存证。使用区块链技术登记版权信息非常迅速、便捷，且所有交易数据都会被写入区块链，成为日后法律纠纷的证据线索。

区块链技术还有助于形成一个繁荣的数字产权交易市场。智能合约把版权权益切割后交易，便利版权权益流通。通常知识产权类交易的单笔交易额都相当大，只有大机构才有能力参与这个市场。但是通过"区块链＋资产数字化"，我们可将一个知识产权拆分为任意等分的权益，利用智能合约使这些产权可以在一个数字资产平台里交易。小额投资者也可以参与大额的版权交易，将极大地促进数字产权市场的繁荣。

（三）"区块链＋数字资产管理"的落地案例

1. 布萌数字资产平台

布萌是一个以区块链技术为基础的数字资产平台，平台的服务器和节点由布萌社区的成员共同部署和维护，其工作产生的业务数据通过共识机制存储在区块链所有节点上，具有不可篡改性，实现了其"数字权利属于用户"的理念。

布萌数字资产平台据称是全球首个有实际应用、落地的区块链数字资产平台，其发展与日俱进，目前已在商业积分、网游经济、保险、资产证券化、供应链金融、征信等行业和领域形成了完善的产品服务体系。布萌数字资产平台已有的应用接口包括游戏交易、商业积分、慈善公益、互助保险、保险卡单等领域。

2. 小蚁智能资产平台

小蚁智能资产平台是国内最早的开源公有链项目，并使用电子合同来记录数字资产的流转。小蚁通过将智能合约与区块链数字资产相结合形成智能资产，在平台上实现智能化注册、登记、流转。

小蚁智能资产平台的特点是可解决"代币化"形式资产数字化的法律瑕疵。它采取电子合同的形式完成资产转让，实质是将资产转让从线下搬到线上而不创设新的法律关系，解决了"代币化"资产的法律瑕疵。

3. 多样性比特资产的交互协议——比原链

比原链是一种多元比特资产的交互协议，运行在比原链区块链上不同形态、异构的比特资产（原生的数字货币、数字资产）和原子资产（有传统物理世界对应物的权证、权益、股息、债券、情报资讯、预测信息等）可以通过该协议进行登记、交换、对赌和基于合约的更具复杂性的交互操作。①

比原链的特点主要在于区块链资产数字化领域的创新，比如采用开放数据索引标准来命名资产；在资产登记流通方面也有特色，如通过侧链技术实现收益权资产的分红。②

三 "区块链+数字资产管理" 的实现路径

（一）"区块链+数字资产管理"的现实困境

1. "区块链+数字资产管理"技术瓶颈有待突破

（1）资产所有者私钥存在泄露或丢失的风险

相比于其他技术，区块链在数据交易共享的安全性方面有天然的优势，但前提是用户私钥是安全的。③ 与传统类似技术体系不同，私钥的生成与管理理论上没有中介方参与，而是由用户自己生成、自己保管。这就意味着私

① 邱祥宇：《数字时代，巴比特想用"比原链"在物理世界与数字世界建一座桥》，http：//www.8btc.com/bytom-digital-age，2017年6月19日。
② 邱祥宇：《数字时代，巴比特想用"比原链"在物理世界与数字世界建一座桥》，http：//www.8btc.com/bytom-digital-age，2017年6月19日。
③ 伊莉：《区块链在征信业的应用探讨：切中了痛点，但也面临四大挑战》，https：//www.leiphone.com/news/201704/84JXeQoOKLlSY1oP.html，2017年4月20日。

钥遗失后用户就无法控制其名下的链上资产，用户即便重新加入区块链，数字资产平台无法对其之前的资产数据进行追溯，形成了一种潜在的资产损失风险。多重签名技术被认为可以改善这种情况，但要辅之以相配套的复杂的密钥管理和使用体系或者另立专门托管机构，操作复杂，暂时还没有形成合适的解决方案。

（2）难以满足海量价值交换需求

区块链数字资产平台最终目标是建立价值交换互联网，在理想中的区块链价值互联网中，一切资产都可以通过资产数字化整合进区块链成为链上数字资产，资产流通由中心化控制转为社会化传播，形成去中心化的资产流通模式。在这样一种价值交换的图景之下，如同现实的信息互联网上海量的信息交换，公有链的区块链价值互联网每时每刻都将承载海量的交易需求。然而，就目前采用 POW 机制的比特币系统而言，交易速率只有每秒 6~7 笔，而目前仅 VISA 就可以达到 14000 笔每秒①，相比现有成熟的支付系统其价值交换的效率较低。另外，区块链应用不断拓展和深化，会引致区块链膨胀问题，膨胀速率越快则区块链读写效率越低，实际应用中，随着账本存储容量不断增长，保证读写效率所要求的处理器性能就会不断提高，客观上抬高了参与节点的硬件门槛，因而有学者提出去中心化程度与共识机制的效率是两难问题，这也成为区块链难以满足大规模价值交换需求的重大障碍。

（3）数字资产平台存在网络攻击风险

区块链数字资产平台整合了密码学、计算机等多项技术，改进了传统资产管理场景的多项安全问题，然而其本身的技术特征所带来的新的安全问题值得重视。首先，工作量证明机制的区块链存在 51% 攻击问题，随着密码学和计算机技术的发展，区块链目前的加密机制可能被攻破，如果有黑客掌握了 51% 的算力就能够篡改数据实施犯罪。其次，相关的网络安全问题早

---

① 梅海涛、刘洁：《区块链的产业现状、存在问题和政策建议》，《电信科学》2016 年第 11 期。

已有之，区块链数字资产平台是价值的存储池，会面临新的安全风险如黑客、网络病毒等。历史上首个被黑客攻击而蒙受重大损失的比特币用户Allinvain，曾在2011年6月被盗走了25000个比特币；2016年6月，著名的基于区块链技术的众筹项目TheDao遭到网络攻击，共有价值6000多万美元的以太币被黑客劫持。

2. "区块链+数字资产管理"存在洗钱等犯罪风险

由于区块链链上资产的流通具有去中心化、匿名性、跨境活动等特点，"区块链+数字资产管理"在一定程度上会给传统金融监管带来压力，如果监管工作滞后则容易被不法分子利用于洗钱、偷税漏税、非法物品交易等不法活动中。我国当前针对该领域的直接相关的法律法规还基本处于空白状态，监管主体方面原有的"一行三会"和经侦部门并没有直接的监管对接行为。监管缺失造成如比特币洗钱、逃税问题屡见不鲜，国外甚至出现了"silk roud"等为毒品交易服务的非法数字资产平台。可以估计，由于相关法律与监管的缺失，在区块链数字资产管理快速发展过程中所伴随的不法活动可能长期存在，这是各国监管部门必须持续面对的挑战。

3. "区块链+数字资产管理"行业生态需要整治

"区块链+数字资产管理"要真正落地根本上离不开相关行业、企业的充分发展，也离不开行业生态的健康发展。目前行业生态存在两大问题，一是行业标准不统一，如资产标识标准、数据接口标准、跨链协议标准、共识机制标准、智能合约标准等。目前业内不同的从事区块链数字资产管理的企业、机构都倾向于研发自己的区块链系统，区块链技术所代表的分布式记账技术有可能标准林立而各自为政，全行业亟须建立统一的标准规范。二是行业中的企业"泥沙俱下"，存在大批"故事派""马甲派""山寨派"企业，其目的就是通过炒概念来圈钱，真正脚踏实地重视技术研发的"实干派"是少数。行业生态若长此以往，恐发生投资者逃离和"劣币驱逐良币"的现象。

（二）"区块链＋数字资产管理"的困境解决

1. 大力推进"区块链＋数字资产管理"底层技术研发

我国对区块链技术应用的研究开发还刚刚起步，基础比较薄弱，要跟上国际步伐，则要尽快启动相应的研究开发项目。[①] 政府方面要充分统筹协调，组织多方研究机构开展针对区块链技术应用落地、技术瓶颈突破的研究，挖掘潜在价值、探明发展方向。重点应当集中在三个领域：一是研制更高级的多重签名技术，针对数字资产管理平台设计更合理的私钥管理体系；二是重视区块链的区块扩容、交易效率等问题的研究，加强对隔离见证、闪电网络、雷电网络、侧链技术等方向的研究，更好地在共识效率与去中心化程度中取得平衡；三是加强密码学、网络安全技术的研究，研发数字资产平台"防火墙"。

2. 加快建设"区块链＋数字资产管理"监管体系

区块链技术带来的"去中心化"并不意味着经济运行中"中心化"组织的缺位。[②] 从实践来看，由于缺乏监管，现有数字资产交易面临较大的投机、洗钱和其他犯罪的风险。政府监管机构要加快建设相关监管体系，将区块链技术纳入合适的监管框架，引导产业健康发展。一方面，明确监管主体，可通过在"一行三会"体系中建立互联网金融监管机构，或者在现有监管机构中成立专门部门并形成监管联席机制，明确区块链数字资产平台监管主体；另一方面，监管部门应制定相关法律法规，明确数字资产平台的业务范围、操作规范等，通过监管确保区块链数字资产管理行业的健康运行。

3. 重视培育"区块链＋数字资产管理"行业生态

培育"区块链＋数字资产管理"良好的行业生态，首先需要相关行业

---

① 姚国章、吴春虎、余星：《区块链驱动的金融业发展变革研究》，《南京邮电大学学报》（自然科学版）2016 年第 5 期。

② 益言：《区块链的发展现状、银行面临的挑战及对策分析》，《金融会计》2016 年第 4 期。

企业协同促进数字资产管理行业标准形成，协助政府部门制定国家标准，比如资产标识标准、跨链协议标准等，以免标准林立影响行业发展；其次企业要积极配合政府产业政策，一方面要政企合作培育区块链开源生态、促进源代码的开放与协作，另一方面行业内部要着力打造几个有影响力的区块链开源社区，形成行业内部的技术"孵化器"。国外区块链行业的发展过程中相关的区块链社区起到了重要作用，社区的专业程度高、技术分享氛围浓厚，不仅利于行业人才和资源的聚集和整合，也利于普及区块链知识、传播行业最新消息，成为吸引投资者和创业者加入、资源投入的窗口。区块链社区整合效应帮助形成了良好的行业生态，给我国相关行业提供了很好的发展模式借鉴。

（三）实现"区块链＋数字资产管理"的战略步骤

"区块链＋数字资产管理"的图景仍是以降成本提效率为主旨，针对传统以金融中介为主的资产管理进行进一步提升，致力于打造一个去中心化的价值交换网络。通过将所有资产数字化，实现实体资产上链和确权，依托智能合约实现实体资产处理的业务逻辑，最终实现高级的物物相连，开创新一代价值互联体系。[①]

对应于数字资产管理领域，1.0 阶段的内容主要是区块链数字资产平台大量建立，开展初步的数字资产链上交易并依托侧链技术等实现跨链资产交易；2.0 阶段包括数字身份、数字公证、资产数字化等内容，目的是实现实体资产整合进区块链形成链上数字资产，并建设好配套的资产存储基础设施，数字身份与数字资产对应完成链上资产确权，形成资产在行业内自动化流通的价值局域网；3.0 阶段内容主要是智能资产、数字自律组织，形成去中心化的价值交换互联网（见表 2）。

---

① 乔海曙、谢姗珊：《区块链金融理论研究的最新进展》，《金融理论与实践》2017 年第 3 期。

表2 "区块链+数字资产管理"的实现步骤

实现目标	具体内容	时间
区块链数字资产平台	实现数字资产链上交易和跨链交易	2017～2020 年
价值局域网	实现数字身份普及、实体资产上链和确权	2020～2025 年
价值互联网	实现资产自由流动、智能资产、数字自律组织	2025～2030 年

大 数 据 篇

Big Data

"大数据＋风控"：金融风控的变革之路

乔海曙　邹可意*

摘　要： 大数据技术已开始迈入中国金融行业，并在近年内以迅猛的发展态势进入了金融各个领域，其给金融风险控制带来的革新与发展显得尤为重要。鉴于此，本文针对传统风险控制领域的现状与不足，提出了一套"大数据＋风控"的解决方案，在了解其技术业务流程的基础上，结合具体落地案例分析其应用优势，并探索大数据风控的实现路径，提出了实现"大数据＋风控"的战略步骤，以长远的眼光来看待大数据技术为风控领域带来的创新，为大数据在风控领域的革新与发展找到一个具体的应用方向。

关键词： 大数据　金融　风险控制

---

* 乔海曙，湖南大学金融与统计学院教授，博士生导师，研究方向为金融科技发展与影响；邹可意，湖南大学金融与统计学院，研究方向为金融科技发展与影响。

一　风险控制领域的现状与不足

（一）我国风险控制领域的发展现状

现代经济发展的重中之重是金融，为促进经济发展，金融业应该承担其保驾护航的责任。而金融的核心是风险控制，风险控制即风险管理者凭借各种风险工具通过各种渠道、采取一切可行方法尽可能地杜绝或降低风险事件发生的可能性，或尽可能地减少风险事件发生后带来的损失，将损失情况控制在可以承受的程度之内。目前，在金融领域，风险控制已发挥着越来越关键的作用，甚至已经成为新型金融市场的核心竞争力，风控的重要性不可忽略。为更好地发挥金融的助力作用，应不断完善和优化金融领域的风险防范与控制，为金融业营造一个稳健安全的经营环境。

1. 风险控制在我国传统金融领域的发展现状

在传统金融领域，商业银行占据着十分重要的主导地位，商业银行的风险控制也在很大程度上决定了传统金融领域的风险防控水平，因此银行业的风控是传统金融领域一个不可忽视的重要方面。

目前，银行业的风险控制已进入全面风险管理（ERM）阶段（见图1）。为适应我国经济的高速发展，在金融市场的竞争中占据一席之地，我国银行业的风险控制不再局限于单一的部门或业务，而是依据风险控制的原理，从银行业整体的视角来分析和控制风险。这一现状在商业银行具体工作安排中表现为以下三点：首先，商业银行根据风险管理部门制定的风控原则和相关监管要求，对银行各个经营活动可能带来的风险进行预测与分析，在权衡风险性与盈利性的基础上进行经济资本的分配；其次，在分配了经济资本的基础上，按照各个业务的规模与资本限制来进行具体任务的操作，建立相关风控制度来实施风险监控；最后，确定各个部门的盈利水平与风险程度，并将其作为下一年度制定全面风险管理策略的依据。由此可见，全面风险管理已经渗透到银行业的各个部门以及各种经营活动中。

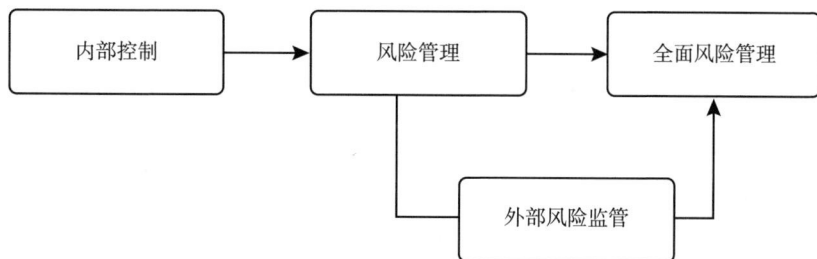

图 1　我国商业银行风险控制发展阶段

2. 风险控制在我国新型金融领域的发展现状

目前，新型金融在促进我国金融市场不断创新与发展方面起到了不可替代的作用，它凭借互联网、云计算、搜索引擎等新兴技术迅速占领了市场，改变了传统金融业的格局。新型金融依靠其无形性、虚拟性和普惠性等特征得到迅速发展，而在其众多形式中，P2P 网贷、供应链金融、消费金融占据了大规模市场，这些领域的风控市场也最有发展前景，最能体现目前新型金融风控发展的现状。

（1）P2P 网贷风控机制多样化但效果欠佳

目前，P2P 网络借贷的风险控制主要针对两个部分：一个是针对客户的信用风险、违约风险，二是针对该行业平台的流动性风险和经营风险。[①] 目前风控在 P2P 领域的发展现状为多种风控机制并存，但效果仍有待加强。下面以三种不同风控模式来说明 P2P 网贷风控的现状。

一是以宜信为代表的债权转让和风险备用金风控模式。该模式主要采用自主开发的信用评级系统来控制借款者的信用风险，通过线下实地调查来收集信用信息，缺陷在于信息来源渠道存在数据壁垒。同时该模式还采取了风险备付金的保证措施，虽具有一定意义，但由于资金未交由第三方

---

① 　江乾坤、常梦瑶：《我国 P2P 网贷平台大数据风控应用研究》，《财务管理》2016 年第 8 期。

机构保管，容易形成"资产池"，一旦出现保证金被私自挪用的现象，平台流动性就得不到保障。二是以拍拍贷为代表的信用借款风控模式。该模式只在网络平台对客户提供的各种信用记录数据进行审核，信息的准确性与全面性并不能给予保障，并且该模式无担保无抵押，一旦借款者不能按时还款，资金借出者将面临较大的信用风险，该网贷平台也会因无法偿付资金，出现挤兑现象，从而面临经营风险与资金流动性风险。三是以红岭创投为代表的担保风控模式。该模式对客户信用数据的审核采用网络平台与实地调查相结合的模式，相对于只进行线上审核，其能在更大程度上掌握客户真实准确的信用信息。同时该模式还要求引入担保人或担保公司，将部分风险转嫁给第三方机构，虽能在一定程度上避免违约风险，但是也容易产生巨大的关联风险，造成网贷市场混乱，弱化内部风控的实施效果。

（2）供应链金融风控全面且多层次

供应链金融是一种依靠处于中间环节的大型企业来协调和控制处于两端环节的中小型企业的物流和资金流，在独个企业和供应链企业整体之间将风险进行转换，将不可控风险转化为可控风险，并将风险控制在最低水平的金融服务。因此供应链的风控源于核心企业，同时整个物流链中每个环节的风险控制也需引起重视，只有拥有足够的风险掌控能力，才能真正实现供应链金融的最终经营目标。

在供应链金融领域，风控体系有多个层次，针对不同供应链金融产品，风控标准关键点有所不同。以应收账款融资模式的供应链金融为例，该模式主要有三类产品，即有三类风险标准：第一类为以央企或核心企业为支付信用的供应链金融，对该类产品进行风控的关键点在于着重把握央企或核心企业的风险，主要内容为严格央企或核心企业的市场准入，并建立央企或核心企业的动态跟踪监测系统；第二类为以融资租赁业务为基础、出租资产应收账款收益权为付款保障而设计的产品，对该类产品进行风控的关键点在于把控担保企业和承租企业的风险，主要内容为自主研发融资租赁公司的市场准入模型，并在贷后对融资租赁企业进行实时监测；第三类为基于金融市场楼盘租金获取权、以金融市场楼盘的应收账款为付款保障而设计的产品，对该类产品进行风控的关键在于严格相关公司的市场准入以及对租户和出租地段进行实时、动态监控。①

（3）消费金融风控网络完整但风控技术不足

在互联网金融时代，消费金融产品多样且丰富，吸引了众多机构加入消费金融市场中，激烈的竞争背后反映的是金融风控的必要性，因此市场参与者必须解决好风控本质问题，才能保证消费金融业务平稳运行。目前，消费金融市场风控的发展现状为风控结构网络完整，但配套基础设施不健全，风控技术有待提高。消费金融行业的主要业务模式为线上线下相结合的O2O模式，该模式在线上与线下之间形成了一个完整的风控网络。在线下，风险控制设置了第一道门槛，用来对贷款申请进行初步审核。在线上，大多数消费金融机构都建立了贷前审批中心并采取"信贷工厂"的审批模式，为保证资金安全，避免出现"小样本偏差"风险，风险管理团队遵循"小额分散、大数法则"的原则对已通过初步审核的贷款申请进行集中审批，在此基础上还建立了贷后催收中心对贷后风险进行防范。虽然消费金融风控有一个完整的结构与流程，但是该领域较高的逾期率与坏账水平表明风控技术有待进一步提高，这也说明了目前风控体系配套的基础设施不健全以及风控数据共享不足等现象，因此消费金融市场的各参与者须不断提高风控技术，进一步提高风控水平。

（二）我国风险控制领域存在的不足

1. 数据来源单一且带有时滞性

风险管理机构的数据来源主要依赖于央行的征信管理系统与自身的走访调查等结构化数据，数据来源渠道窄且缺乏时效性。一方面，风险控制领域对数据的收集局限于信息主体的信贷数据，不能全面地了解贷款者的信用状

---

① 任军霞：《资产端争夺战：供应链金融的交易结构和风控关键点》，http://iof. hexun. com/，2015 年 11 月 9 日。

况、社会地位、经济能力、收入状况等相关数据，因此无法准确地对贷款者的还款意愿与还款能力进行预测；另一方面，由于央行征信管理系统收集的信息主体的信用借贷数据具有一定的年代性，没有及时进行更新，因此虽然能在一定程度上反映贷款者过去的信用状况，但是不能很好地反映其目前的信用风险状况。风险控制过程中构建的风控模型对信用数据的数量、质量以及时效性都有较高的要求，它决定了将信用数据转换为有用的风险信息的准确性和效率，因此数据来源单一且带有时滞性在很大程度上影响了利用风控模型进行风险预估的精确性。

2. 主观判断误差影响风控精准度

由于数据来源渠道不足以及数据收集方面的缺陷，传统风控审核过程中的分析变量主要采用的是易于收集、与借贷风险有直接联系的信贷数据，即在收集的变量与借款个人或企业的风险评价之间存在很强的因果关系。而在风控审核中对这些因果变量的选择很大程度上取决于风险管理者的主观判断，一旦主观判断存在误差那么必将影响风险评价的精准度。[1] 传统金融变量大多为因果变量，由于数据收集广度与深度的局限，风控变量种类受到限制，主观判断的误差不可避免，风控精准度也会受到影响。

3. 风险量化存在技术难题

随着我国金融产品与服务的不断创新与发展，金融领域对风险控制技术的要求越来越高，目前风控领域的人工风险审核与风险量化的重人力模式已不适应大规模与高效性的新兴信贷市场对风控的要求。在金融风险控制领域，对风险的把控与风险量化能力是根本，而单纯地依靠人工推荐、调查，很难精准又高效地预测各项活动中可能发生的风险及其规模，并且也难以衡量该风险对项目的影响程度。而目前金融风控领域缺乏新技术与方法，不能对新兴市场产生的大规模风控数据进行自动化分析与处理，难以实现批量自动化审核。

---

[1] 乐位：《与传统风控相比，大数据风控居然有这四大优势》，http：//www.souhu. com/a/ 124096572_ 539042，2017 年 1 月 12 日。

4.高成本与低效率问题

由于信息不对称、数据来源渠道窄、数据单一等因素，在传统风险数据收集以及风险控制模型建立的过程中需要耗费大量人力、物力与财力，虽然投入了大量成本，但整个风控过程并不高效。一方面，相关机构在进行风控时，利用传统风控模型做出信贷决策的时间过长。如在银行业，一般情况下，银行自受理借贷申请之日起到信贷部门审议是否发放贷款的时间，短期贷款为 20 个工作日，中、长期贷款更是需要 130 个工作日，且决策流程烦琐复杂，风控决策的制定效率往往得不到提高。另一方面，风控模式经常是采取线下调查＋调取央行个人征信记录的方式，耗时耗力。如商业银行在进行贷款过程中，在已有央行征信数据的基础上，还需要对贷款企业进行实地走访调查，或通过其他第三方财务管理机构来对贷款企业进行侧面的资料收集，这个过程持续时间较长，且需要投入不少成本。而对有些不能有效接入央行征信管理系统的平台来说，在进行借贷的过程中，更需要自行解决信用数据来源问题，一般在收集了线上内部数据资料后，还需进行线下确认真伪，通过电话、住址寻访、亲友调查等方式，工作量大，且效率不高。

二 "大数据＋风险控制" 的解决方案

（一）"大数据＋风险控制"的业务流程

在传统风控体系中引入大数据技术，将主要依靠人工操作的模式转换为大数据技术自动化风险评估，突破了以往风控模型技术上的困境，整个大数据风控流程更加科学。利用大数据来进行金融借贷风险控制的业务流程主要包括贷前、贷中、贷后三个环节。

1."大数据＋风险控制"的贷前环节

大数据风控在相关企业或个人进行放贷前的具体操作内容为：对借款者提交的相关信用数据进行调查并实行初步审查，初步判断是否发放贷款，同时在该笔贷款可能存在的风险发生之前对风险舆情进行监控，发现可能的诈骗、恶意隐瞒等风险，从而在某些恶意欺诈团体进行欺诈活动前进行拦截，由被动防御变为主动拦截。

贷前环节中的风险控制主要是利用大数据技术来建立关联欺诈信息库。如今，在信贷诈骗团伙化、专业化、年轻化的背景下，利用大数据反欺诈技术建立一个关联欺诈信息数据库非常必要，有利于在贷前审核中就排除带有欺诈目的的申请者。一般来说，建立关联欺诈信息数据库主要分为两个步骤。

步骤一：对金融领域有过欺诈历史或在借贷过程中有过其他不良动机的人员数据以及重大欺诈案件进行整合。具体内容为信贷企业与其他同行或跨行第三方数据机构积极合作，实现银行、互联网金融、电子商务、第三方支付等领域反欺诈大数据的共享与整合。

步骤二：利用数据挖掘与分析技术，对这些黑名单数据实施进一步的处理与深度挖掘，并进行关联分析，从而建立起一个科学、全面的联合欺诈信息数据库。

2."大数据+风险控制"的贷中环节

大数据风控在贷中环节的具体操作内容为：接受贷款申请，进行线上线下风险控制，在线上注册激活的过程中，运用大数据技术构建风控模型，根据自动得出的风险评估报告，做出最终是否进行放款以及贷款额度的决策。

在贷中环节最关键也是最重要的工作是构建大数据风控模型。建立大数据风控模型的基本流程分为三个步骤：步骤一，数据采集；步骤二，数据分析与建模；步骤三，信贷风险评分。在大数据时代，大数据技术为金融风控的持续发展指明了一个新的方向。大数据技术融入金融风险控制业务的各个流程中，利用大数据技术进行风控处理的每个环节都要保证数据质量、数据安全、消费者的隐私安全以及监管的合规性。此外，在这个过程中还需根据大数据风控业务需求的发展，不断创新和探索新的大数据来源。大数据风控建模流程如图2所示。

（1）大数据采集流程

数据采集是为建立大数据风控模型打好数据基础的一个关键步骤，它将

```
┌──────────────────────────────┐
│  数据质量、数据安全、消费      │
│  者隐私安全和监管合规性        │
└──────────────────────────────┘
```

┌──────────┐   ┌──────────┐   ┌──────────┐   ┌──────────┐
│ 大数据采集 │ ──→ │ 大数据处理 │ ──→ │ 大数据挖掘 │ ──→ │ 大数据风险 │
│   │   │   │   │ 与分析   │   │   评估   │
└──────────┘   └──────────┘   └──────────┘   └──────────┘

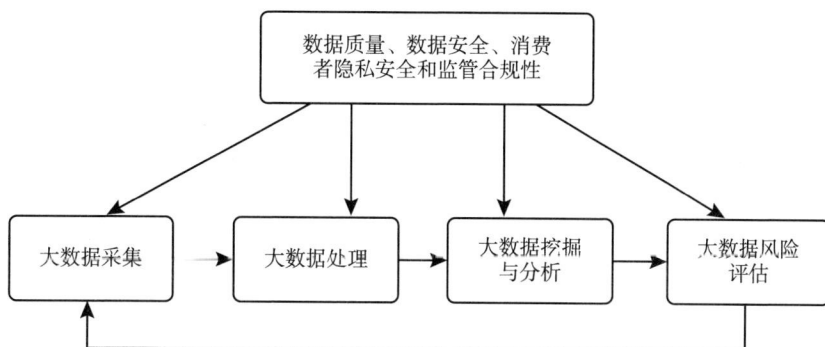

图2 大数据风控建模流程

资料来源：刘新海：《传统个人征信机构的大数据征信——以环联为例（上）》，道客巴巴，http://www.doC88.com/p-8768613798847.html，2017年4月。

从传感器或其他待测设备中获得的各种模拟信号转换为计算机能识别的信号，并存储于计算机中，以获得所需的结构化、半结构化以及非结构化的巨量数据。不同类型的数据可采用不同的数据采集方法。

①系统日志采集。

众多企业的相关网络平台每时每刻都会产生大量系统日志数据，大数据技术通过收集企业日常业务产生的日志数据，提供给离线和在线的分析系统使用。以企业A和贷款客户B为例，一方面，企业A可以通过征求客户B的意见，对其电脑进行系统操作日志采集，采集客户B在电脑中的操作记录，例如客户B在这段时间内常打开什么网站、喜欢进行什么操作、爱看什么网页，从而分析客户B的个人喜爱和偏好；另一方面，为获取客户B的信用记录，可以对一些消费购物平台或其他借贷平台进行日志采集，采集客户B的消费购买记录、信用借贷记录等，从中了解到客户B的个人消费水平、是否按时还款等信息，对其个人信用信息有个初步了解。

②网络数据采集。

网络数据采集主要是利用互联网搜索引擎技术，从网站上爬取数据信息的过程。通过这种途径有针对性、精准性地从网页中收集风控模型所需的非结构化或半结构化数据，并将其以结构化的形式存储于数据仓库中。例如，利用网络爬虫方式进行网络数据采集，企业 A 可以有针对性地采集客户 B 在某个网页的信息，也可以从这个网页的相关链接跳到下一个网页，如果有相关链接还可以继续跳转，直到获取所需的所有信息，再对这些页面的内容和页面之间的相关关系进行分析。具体地，企业 A 可以从客户 B 的网络社交平台中搜到客户 C，又从客户 C 的社交平台中搜到客户 D，进而发现客户之间的联系，获取到客户 B 的社交行为数据。

③数据库采集。

数据库是统一存储和管理拥有不同数据结构的大数据的仓库。数据库作为大数据信息采集的重要数据端口，能提供各机构进行风险管理所需的信息。例如，对前两种方法收集到的客户 B 的相关数据进行分析可以得到其偏好和社交行为等信用信息，再对客户 B 进行数据库收集，可以在不需要再对相关数据进行逻辑分析的前提下直接收集其全面的信贷相关信息。基础数据库中可以包含企业 A 的全部客户的所有信用信息。

（2）大数据建模流程

①大数据处理。

大数据处理是对已接收数据依次进行抽取、清洗、匹配等操作。

抽取：抽取是从收集到的海量数据中提取所需信息的处理方法。该过程可以帮助我们将海量复杂数据转化为单一构型数据或者需要处理的构型数据，便于之后的分析与处理。在上一流程中从各个信贷机构或第三方机构收集到的客户 B 的众多数据中抽取风控模型所需要的相关数据，筛除掉无关数据。例如在上个流程网络数据采集的例子中模型只需要知道客户 B、客户 C 还有客户 D 之间的链接关系数据，而客户 C 和 D 的具体社交平台数据是模型不需要的。

清洗：通过各种方式采集到的大数据，并不全是真实有效的，有些数据并不是风险管理者所关心的内容，有些数据则是完全错误的干扰项，因此需要对数据进行筛选和清洗处理以提取出有效数据（见图 3）。如对客户 B 的相关数据中一些超出处理范围、不合逻辑、无效或部分缺失的数据进行删除或均值代替处理。例如，客户 B 在申请贷款时提交给企业 A 的资料中表明了自己是失业状态，却由于收集失误收集到其工作收入状况的数据，那么对该项数据就可进行删除处理。

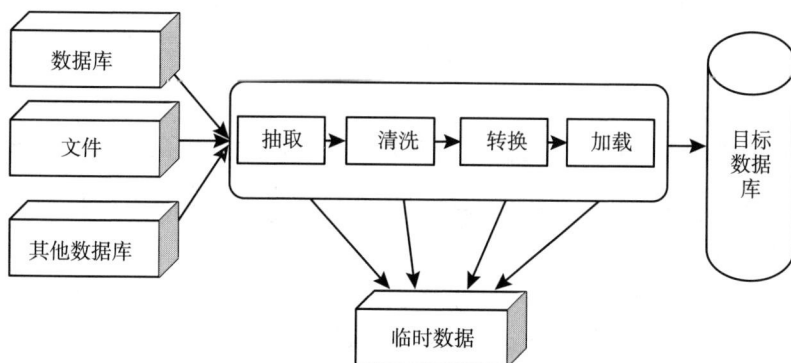

图 3　数据抽取和清洗流程

匹配：在大数据时代，风控数据的数量级更大，种类也更加丰富，因此需要全面且高效的数据匹配连接技术来充分发挥大数据的价值，对客户进行更加完整和精确的描述。为实现大数据在金融领域的价值，各风险管理者必须熟练地掌握匹配、连接以及整合不同数据的能力，具体步骤为：首先寻找出收集的海量数据中相关信息的载体，然后将与风控相关的信用信息与客户进行匹配和连接，对可能存在重叠和冗余的信息项进行归并和清除，最后得到客户完整且全面的画像。例如，对从诸多收集渠道，像信贷机构、消费购物平台、社交平台、社保机构等收集到的客户 B 的不同方面的数据进行整合匹配处理，从而得到客户 B 的一个相对全面的数据库，再利用该数据库中客户 B 的完整数据对其进行信用分析。

②大数据挖掘与分析。

利用数据挖掘进行数据分析最主要的方法有回归分析、分类、聚类、神经网络方法、关联规则、Web 数据挖掘等。在风险控制领域，大数据风控模型中用数据挖掘技术进行数据分析最为典型的是变化和偏差分析以及Web 挖掘。

变化和偏差分析模型：偏差往往会从一个侧面给风险管理者带来有趣的信息，例如观察结果与期望的偏差、收集的信用数据与借款者真实信息的偏差。该模型的目的是寻找观察结果与参照量之间有意义的差别。该模型可以应用于风险预警中，因为在企业危机管理以及预警中，风险管理者更看重的是那些意外的观察结果，对意外结果的挖掘可以应用到各类异常情况的辨识、分析、评价和风险预测中。

Web 挖掘模型：Web 挖掘是在万维网上利用数据挖掘技术来分析信用数据的过程。如今互联网迅速发展，Web 也因此拥有着惊人的信息量，风险管理者可以利用 Web 平台来收集社交行为数据、购物消费数据、个人信贷数据、个人支出数据、企业财务数据以及一切与个人或企业贷款者相关的数据，利用这些海量数据来集中分析每笔借贷过程中可能出现的各种问题和风险，以便更好地识别、评价和管理风险。

（3）大数据风险评分流程

大数据风险评分模型是在数据收集、数据处理、数据挖掘和分析的基础上建立的，针对性强，能根据不同信息主体的特征选取最为合适的风控模型。在对一系列相关数据进行处理后，综合评价客户的身份匹配数据、用户行为数据、收支等级数据、航旅行为数据、支付消费数据、社交行为数据等信息（见图4），对客户进行全面、精准的风险评分。

3. "大数据 + 风险控制" 的贷后环节

大数据风控应用于整个借贷过程，对借贷的各个部分实施全面风险管理，因此对借贷过程的风险控制不能止于贷款放出，而应继续对贷款后的相关动态进行风险监控。大数据风控在贷后环节进行操作的具体内容为：利用相关互联网平台来监控放款后的资金流、信息流、物流等情况，建立风险预警系统，并对贷后情况进行持续监控，对违约客户采取相应措施。

在贷后环节中应用大数据技术来构建风险预警系统十分重要。风险预警系统是风险管理者对贷款者偿还贷款的可能性进行预测的系统，能在很大程度上反映借贷资金运行的健康状况。它在对客户财务信息和非财务信息进行分析的基础上，以大数据技术为核心，来提高相关企业贷

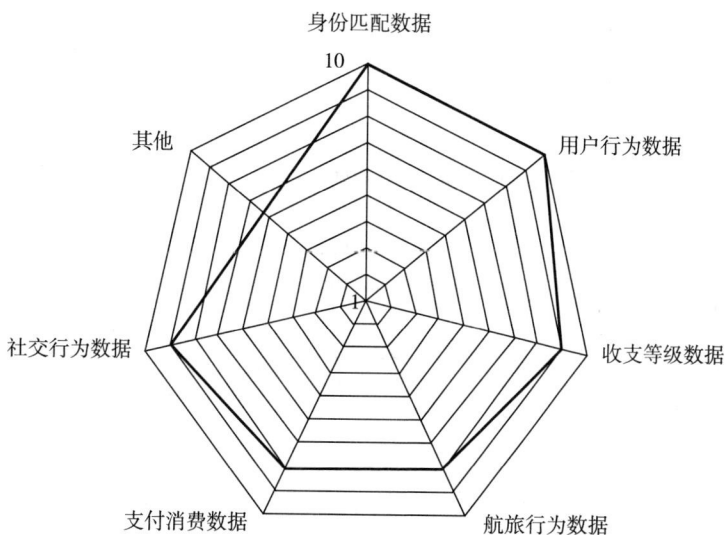

图4　风险评分参考因素

资料来源：段莹：《大数据风控产品设计》，数据观，http：//www.cbdio. com/BigData/2016－02/04/content_ 4592539. htm，2016 年 2 月。

后综合风险控制能力。它分为风险预警信息系统、风险预警测算系统（包括风险预警指标系统、风险预警参数系统、风险预警分析系统）、风险预警决策系统以及风险预警反馈系统等子系统①，这几个子系统之间的逻辑联系如图5所示。利用这些子系统进行贷后风险预警的流程分为4个步骤。

步骤一：建立一个全面、科学、合理的风险预警信息系统，对可以进行预警的相关财务信息和非财务信息进行收集并纳入信息数据库。在风险预警指标的挑选上要依据五项原则，即预警原则、全面原则、开放原则、可执行原则和可比原则。贷后风险预警指标分为财务风险信息和非财务风险信息两大类，如图6和图7所示。

步骤二：建立风险预警测算系统，对风险预警信息系统采集的反映客户

---

① 何彬：《我国商业银行贷后风险预警指标体系研究》，中南财经政法大学硕士学位论文，2016。

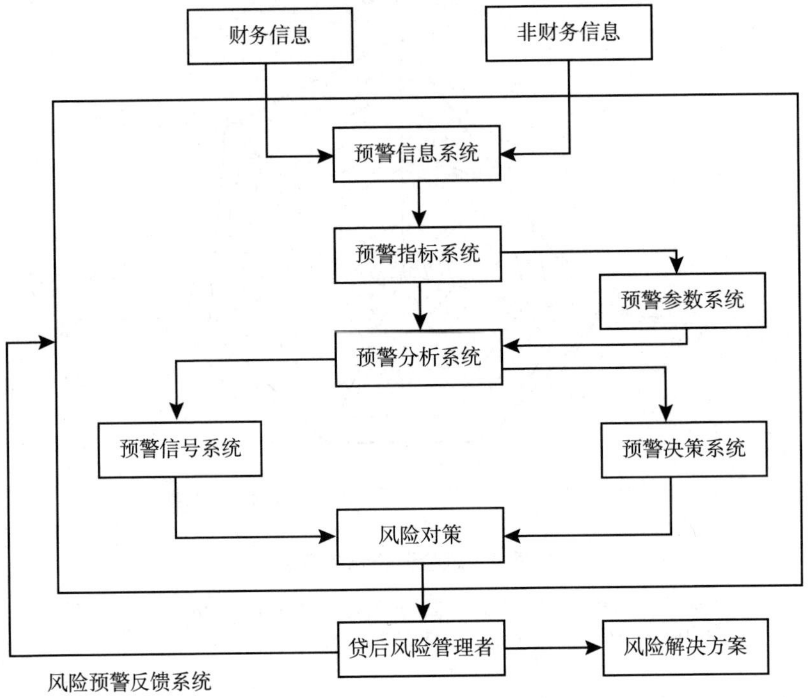

图5　贷后风险预警系统逻辑结构

贷款后还款意愿与能力的数据进行整理，将其与代表不同风险水平的风险指标以及参数进行对比，发现潜在的风险，并且对与每项贷款相关的数据进行实时监测，从而对可能发生的风险进行测算。

步骤三：建立风险预警决策系统，对风险预警测算系统反映出的风险预警信号进行收集，进而判断出风险信号的类别与等级，针对可能发生的借贷风险制定出完整、有效的应对决策，来规避或化解风险。

步骤四：建立风险预警反馈系统，持续不断地修正和调试风险预警系统。由于企业经营环境、外部环境以及政策规则存在动态变化，所以贷后风险也在不断变化，为使风险预警系统能更好地适应环境的变化，保证贷后风险预警工作的正常进行，使整个贷款过程更安全、高效，必须不断地修正和调试风险预警系统。

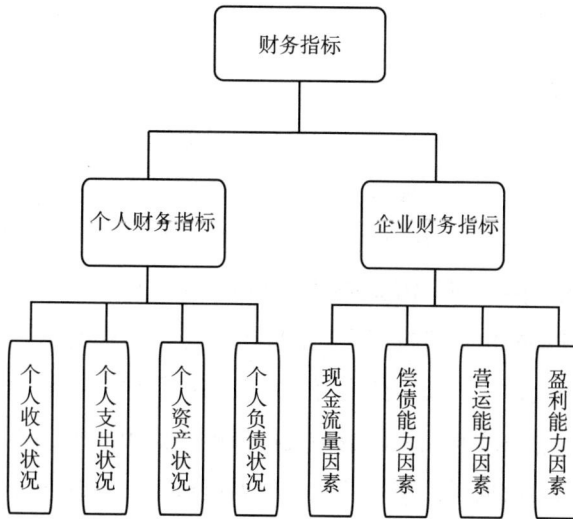

图 6 贷后风险预警财务指标

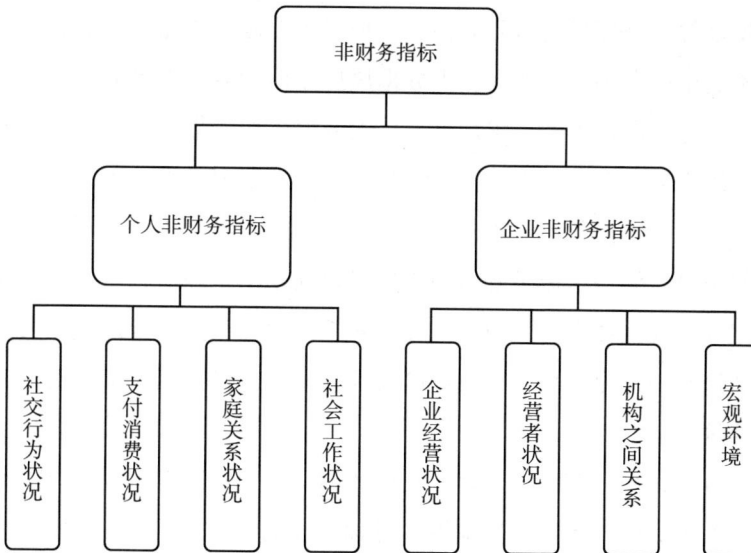

图 7 贷后风险预警非财务指标

（二）"大数据＋风险控制"的核心优势

1. 风控数据覆盖人群范围更广

传统风控系统进行征信风控时风控数据覆盖的人群仅仅限于在相关金融机构有信用记录的人群，其他有贷款需求但是无借贷信用记录的人群由于风控数据覆盖范围的局限难以获得贷款。在大数据时代，风控数据覆盖范围更广泛。大数据风控能对那些需要贷款但是由于无借贷记录难以进行风险控制而被拒绝发放贷款的申请者进行风险评估与防范，即能利用大数据技术捕捉到传统征信风控数据没有覆盖的人群。由于风控数据来源可以不仅仅是央行征信系统的数据记录或其他持牌金融机构的借贷信用记录，还可以是个人的生活记录，因此大数据风控可以通过其他渠道对更多人群进行征信，以满足第三方借贷、P2P 网贷、互联网保险等多种金融领域对欺诈风险、信用风险、市场风险进行控制的金融安全需求。

2. 全面、动态的信用数据使风险评估更合理

数据来源多维度且具有实时性，增加了风控数据的深度与鲜活度，使得风险评价更全面合理。一方面，大数据风控数据覆盖范围更加全面，信息收集渠道更广泛，数据类型也更加多样。大数据风控收集的数据不再局限于央行征信系统提供的个人基本信息、借贷记录、逾期记录等，还引入了大量半结构化数据和非结构化数据等外部数据，包括借款人的网上购物消费记录、生活缴费记录、信用卡记录等行为数据以及互联网轨迹、客户评价、社交媒体情绪记录等社交数据。大数据风控引入外部数据，凭借云计算和大数据技术，可从这些碎片化信息中挖掘关联特征，不断完善数据模型，使风险评估更科学合理。

另一方面，采用实时、动态的信用数据，评判标准更稳健，风险评价也更精准。大数据风控更看重风险评价过程中实时、动态、交互的信用信息。利用信息主体当前的交易记录、信用评价等数据来构建实时的风控模型，以信息主体的行为轨迹为模型变量，根据信息主体信用信息的动态变化及时进行改变。这能在一定程度上预测借款人的还款意愿、还款能力以及欺诈风

险，或相关企业与平台的信用风险、流动性风险等，能更精准地对信息主体进行风险评价，进而提高企业整体的量化风险能力。

3. 双重变量提高风控精准度

大数据风控在运行逻辑上，不像传统风控只强调变量间的因果关系，而是将重点放在统计学的相关性上，除了传统变量，还引入了具有相关性或潜在相关性的非传统变量。相较于传统风控，大数据风控在建模原理和方法上与其是一致的，关键优势在于数据的选择与收集方面。传统金融机构在进行信贷风控时，十分强调选择的变量与风险评估结果之间在逻辑上具有因果关系，对具有相关性但逻辑上讲不通的数据不会轻易采用。而大数据风控考虑到中国拥有大量无信贷历史记录和差信贷历史记录人群的现状，在风险审核过程中将变量范围放宽，在数据挖掘和筛选过程中保留相关性或潜在相关性数据。这样的处理方法，不仅能在数据筛选方面简化风控流程，提高风控的效率，而且还能避免因主观判断因果联系而造成的失误，在很大程度上提高了风控的精准度（见表1）。

表1　大数据风控与传统风控的比较优势

类别		传统风控	大数据风控
区别点	数据量	传统数据　强变量	非传统数据　弱变量
	运行逻辑	强因果关系	相关关系或潜在相关关系
优势分析		大数据风控能避免主观判断失误,提高风控模型精准度	

4. 风控成本下降、效率提高

大数据时代，由于数据收集渠道更为多样，数据收集方式也更为便利，因此在数据库系统形成以后，对相关机构或个体的信用信息进行采集将变得较为容易，风险控制服务的边际成本变低，服务速度更快。这个改变带来的直接好处，一方面是相关机构进行风控服务的费用降低，且在此基础上服务量也快速增长。数据库形成后，风控机构的运行成本更多地来自对知识产权的获取和对大数据相关软件与硬件的投入，相比传统金融风控对大规模人员的需求，其低成本优势显而易见。另一方面是数据采集更便利，数据模型更精准，风控流程更简化，整个风控过程也因此效率更高。区别于传统风控，大数据风控引入互联网与大数据技术，而这两者的高效性和爆发性能实现以较低的成本、更短的时间、更少的人力积累充足的风险信用信息，同时引入大数据技术能在很大程度上简化风控流程，运用云计算、数据挖掘与分析技术能提高数据处理速度，减少风险评估时间，使风控过程更高效。

（三）"大数据+风险控制"的现有案例

1.阿里集团信用产品分析

阿里巴巴集团于 2010 年 6 月成立阿里巴巴小额贷款有限公司，该公司主要致力于为阿里巴巴会员提供纯信用贷款产品，其面向会员提供了针对 B2B 的阿里小贷和针对 B2C 的淘宝小贷，例如芝麻信用、蚂蚁花呗等。这种小额贷款充分利用了大数据技术带来的优势，其对借款者进行贷款的依据来源于两个方面：一是阿里会员在淘宝等平台上进行网络交易的频繁程度、交易规模以及网上对其的信用评价等；二是企业或个人自身的行为数据，包括企业的经营状况、盈利水平、现金流大小以及个人日常的借贷情况等。阿里集团利用大数据技术对这两个依据中包含的巨量信息进行处理和云计算的过程也是集团对借款者进行线上线下风险控制的过程。

阿里小贷利用大数据进行风控的具体流程包括：首先，接受贷款申请，进行线上线下风险控制，判断企业或个人信用状况与偿债能力；其次，根据个人或企业不同的申请贷款数额，进行分层审批，个人可实现即时贷款，并利用支付宝等平台监控资金流、信息流、物流等情况，建立风险预警体系；最后，对贷后情况进行持续监控，对违约客户采取相应措施。阿里集团在征信风控过程中，利用大数据优势，有效减少了风险因素，更好地控制了潜在风险。

2.京东金融信用产品分析

京东金融是京东产业旗下子集团，而"京东白条"是京东金融的主要产品之一。"京东白条"作为互联网金融行业中能向网购消费者提供信用借贷产品的先驱，它赋予拥有"京东白条"的用户在京东商城消费时享受个人消费信贷的权利，最大信用额度为 15000 元，可采取 30 天免息延后还款模式或者 3~12 个月分期付款模式。

作为一项以京东会员信用体系为依据的个人消费信贷产品，其赊付流程和贷后风控都与大数据技术紧密联系。一方面，"京东白条"利用大数据技术采集申请者的消费记录、物流记录、退换货记录、用户评价等信用数据，再利用京东风控体系自身的风控模型对这些数据进行分析处理，确定申请者信用等级，从而分配以不同的信用额度。"京东白条"能在一分钟内完成申请和授信过程，大大提高了整个流程的效率。另一方面，"京东白条"还利用大数据技术成立了自己的"天网"风控系统，对具有批量套现特征的高风险白条进行止付，及时遏制了该业务信贷风险的蔓延，同时对申请者的还款过程进行实时监控，及时进行风险预警，确保申请者能按时还款。

3. 麦芽数据信用产品分析

麦芽金服数据有限公司是采用大数据技术的数据科技公司，它利用大数据、计算机云计算等技术来识别贷款中的欺诈风险，对贷款业务进行风险评估与定价。它还提供高端自动化风控模型的打造、大数据挖掘和分析、新型金融产品设计、风险控制方案的咨询和技术外包等服务，以协助麦芽平台自动筛选匹配高质量资产。它旗下的麦芽贷和麦芽普惠是两款手机借钱 APP，旨在打破个人成长生命周期不同场景的隔阂，提供分级消费金融服务的产品。

两款产品都充分利用大数据挖掘和分析、大数据征信、云计算、搜索引擎等技术，对个人传统借贷业务的风控实现了业务智能化、借贷移动化的创新。麦芽贷主要提供小额手机信用借贷服务，服务对象主要为刚刚开始工作的小白领、蓝领等客户群体，借款额度为 1000~10000 元，其特点为闪电贷款、极速放款，让小额信用贷款更加极速便捷。麦芽普惠主要提供大额信用借贷服务，服务对象主要为城市优质白领等精英，借款额度为 1 万~30 万元，其贷款主要是 APP 线上提交、审核，线下服务网点面签的形式，加强了风控保障，让大额信用贷款服务更为安全高效。

三 "大数据＋风险控制"的实现路径

（一）"大数据＋风险控制"的现实困境

大数据给金融业带来了全面而深刻的影响，也为人类带来了便利与巨大的商业价值，改变了金融领域的方方面面。在这个大数据时代，只要大数据的价值能被金融机构发现并加以利用，其必将成为金融机构核心资产，也将成为金融机构的核心竞争力。大数据给金融行业带来的机遇与好处是十分明显的，但大数据时代的出现也改变了传统业务模式，给传统金融行业带来冲击，加速金融业的洗牌。大数据应用的不足之处在金融行业各个领域都或多或少有所呈现，其中在风险控制领域的不足较为典型。

1. 数据失真问题

数据真实性主要包括信贷交易数据等结构化数据的真实性和非结构化数据的真实性。一方面，随着大数据技术的迅猛发展，在部分金融企业中存在数据人为膨胀现象，信贷交易数据失真。例如，目前电子平台的商家存在着严重的"刷单"现象，这些商家往往雇用所谓的消费者进行商品买卖与商品评价，从而提高自身的销售量，增加自身的信用度，这使得交易数据的真实性难以把握。另一方面，非结构化数据也无法十分正确地预估个人的信用等级。以社交数据为例，美国最大的P2P平台Lending Club与社交平台Facebook合作来获取客户的社交数据，中国宜信也耗费大量人力物力来收集借款人的社交数据，但两者最后的大数据模型都以失败告终，美国大多数征信公司的信息错误率甚至高达50%。以大数据为基础的分析与决策对数据的质量十分敏感，哪怕是一些偶然性错误给模型带来了虚假、错误的信息，都会使数据分析结果发生巨大的误差，因此这些失真现象将给金融风险控制带来"数据风险"。

2. 数据共享不足问题

对风控系统来说，收集的数据越全面，其信用评估结果也越准确，但目前，我国风控系统的现状是各个平台内部系统相对独立运作，各平台拥有的数据相对孤立，形成了诸多"数据孤岛"。

首先，并非所有金融机构都能拥有风控大数据，像 P2P 平台就拿不到央行征信系统的数据，其数据主要来源于贷款方自己提供的信用数据、线下审核以及第三方数据，缺少足够多的数据来源，必将对其风险评价造成一定影响。其次，大多数平台对自身内部系统所获取的数据抱有独享的态度，导致数据之间难以通过共享实现互通有无。这使得各个平台拥有的数据具有一定的局限性，在某种程度上限制了数据的体量与维度，各个平台的风险评估结果存在偏差且无法在各机构之间进行迁移。最后，存在一些实力较强的金融机构凭借"数据垄断"而获得绝对竞争优势的现象。这将在绝大程度上降低风险控制市场的竞争效率，抑制风险控制市场的活力，阻碍大数据风控的健康发展。

3.大数据风控面临有效性不足问题

技术性限制给大数据风控的风险评估结果带来有效性不足问题。金融风控领域具备大数据和应用场景，但缺少大数据平台和有效的分析技术，其难点在于数据的清洗、处理和整合。风控系统信息量巨大、数据多样等特征注定了大数据的纷繁多样、优劣混杂，如何对这些数据进行清洗、筛选、处理，使之成为信用评估模型中的有用因子是风控领域面临的一大难题。而只有风控机构对收集到的大数据进行及时处理，筛选掉错误虚假信息，通过数据分析将其转化为信息，才能真正发挥大数据风控的价值，才能保证最终预测和决策的准确性。毋庸置疑，大数据的分析和挖掘能力将成为大数据风控核心竞争力的重要部分。但是，目前大数据风控领域缺乏有效的数据分析和挖掘技术，在很多领域存在技术性限制，很多核心技术被相关机构垄断。技术的私密性使之无法普及，征信风控服务不能在全国范围内展开，相关机构对收集到的大数据的利用程度也有限，导致在很大程度上降低了风险预测和评估结果的有效性，影响大数据在金融风控领域的发展。

4.大数据风控面临隐私安全问题

金融风控系统十分强调客户的隐私安全保护问题，因此大数据风控要得到长期有效的发展，就必须解决好客户的隐私问题。目前我国数据使用的安全状况不佳，个人数据泄露事件频繁发生。大数据风控的隐私安全问题来源于两个方面：一方面是风控机构数据的收集和使用并未获得信息主体的同意，这些数据大多来自第三方机构或非法途径，这不仅会引起信息主体的反感抗议，而且会引起社会的不安；另一方面是相关机构对客户的征信风控数据保管不当，而这些数据来自各个方面，大多涉及客户隐私，一旦这些相关机构被其他机构丰厚的利益所引诱或被黑客入侵，就将导致信息主体的数据被滥用或隐私泄露，而这将影响到用户安全、企业安全甚至是社会的安全。

5. 缺乏与大数据风控相匹配的有效监管

（1）法律制度监管层面

目前我国有关风控行业的法律法规主要针对的对象仍是传统金融行业，对大数据风控活动的管控具有一定的局限性。一方面，目前我国虽有宪法、刑法、侵权责任法等法律对数据予以保护，但缺少与大数据相匹配的一套完整的法律法规，容易引发安全问题，制约大数据风控的发展。另一方面，我国在风控领域仍缺少一套统一的制度标准。各个机构之间的数据信息收集标准、模型评估标准以及执业规范都自成体系，最终预测和决策的使用指标与评判标准不一致，导致同人有不同信用的问题，同一个人的信用评估在不同公司有不同结果，这将影响征信风控市场的公信力与效力。

（2）自动化监管层面

目前风控监管的自动化受到了大数据处理技术与市场特性的严重制约。例如数据规模的制约，风控数据的巨大与多样性对监管系统的处理能力与反应灵敏度都提出了更高的要求。数据的时效性也要求监管必须对新数据及时进行监测与判断，只有实时动态的监管才能最大限度地满足时效性要求。金融市场瞬息万变，市场主体、市场规范、法律法规时刻都因新需求的产生而发生变化，因此监管系统也需及时做出相应调整。

（二）"大数据 + 风险控制"的困境解决

1. 从供应链环节着手，提高数据真实性

为获得更为真实有效的数据，提高风险评估结果的可靠性，可从数据产生的源头即供应链环节入手，切入用户相对稳定和可持续的交易环节。风控系统强调数据的真实性，只有数据库中的数据真实有效，才能真正将数据转化为价值。而在供应链环节中，一方面，客户都有长期稳定的合作关系，数据来源具有稳定性，风控机构凭借这些长期积累的金融交易数据，能更为准确地对这些处于供应链中的相关主体进行信用评估，同时还能结合自身经营经验，打造一套有自身特色、准确高效的信用评估体系；另一方面，在每次交易时，供应链中都有一套完整的进入和退出机制，这些交易环节中各个相关主体的数据相对高质和真实，因此这是一个获得真实有效数据的绝佳渠道。

2. 推动内外部数据整合，促进数据共享

构建丰富、多元化的数据库，必须加快推进各大数据风控主体之间的数据互联互通，加快内外部数据整合，消灭"数据孤岛"，实现内外部数据的统一高效管理。风控数据由不同数据生产部门产生，由不同部门进行维护和管理，且数据涉及相关企业的核心利益，所以数据之间并没有进行有效的共享，各主体之间各自为政。为打破"数据孤岛"，首先，政府应加强对数据共享的宣传，推动市场建立起一个透明、开放的风控数据环境，政府不仅要实现政府内各部门之间的信息互通，还要带头推进政府信息的透明化和公开化，在保护数据隐私的前提下推动个人基础信息共享，提高风控数据的可信度；其次，开放央行征信系统的数据资源，为网络借贷平台提供数据支持，使国家数据资源能更大范围地服务于大数据风控平台的建设；最后，突破各个风控机构各自为政的局面，打破各个机构之间的数据禁锢，实现各个机构之间的数据共享，真正推动整个征信风控体系数据透明化。

3. 引入专业人才，提升大数据风控处理能力

不同于传统风控，大数据风控是一个正在发展中的新兴市场，无论是在理论还是技术层面都有新的突破，对专业人才的需求更大，因此为突破数据在风控应用领域中的技术阻碍，必须招引和培养一批既具备金融专业知识又熟练掌握大数据技术的专业人才，构建自己的专业技术团队。为提高整个风控系统的数据分析与处理能力，使数据库中的数据能真正发挥最大的价值，各个风控机构必须高度重视专业人才短缺的挑战。一方面，风控机构应该加大对专业人才培养的财力、物力投入，定期组织技术人员进行技术培训，交流经验，更新技术。同时加强各风控机构之间的技术交流，致力于引进专业人才，打造一支专业、高效、完整的大数据分析团队。另一方面，政府与社会也应高度重视大数据人才的培养，加大对各高校大数据人才培养的支持力度与投入，同时也应加大宣传力度，吸引更多人才加入大数据风控队伍中来，为整个大数据风控体系注入新力量。

4. 加强隐私保护立法工作，统一风控行业标准

风控数据库中的数据大部分都涉及信息主体的个人隐私，为冲破数据安全隐患问题的阻碍，保护信息主体的隐私安全，促进大数据风控市场的健康发展，建议从以下两个方面着手：首先，政府应该明确个人隐私的定义，对其进行详细分类，明晰个人信息与个人隐私的界限，将对个人隐私的保护上升到法律层面，在现有信息保护法律的基础上制定个人信息保护的专门法，从法律层面规定各个风控机构收集与使用个人信息的标准和范围；其次，在加强立法工作的基础上，制定相关奖惩制度。对严格执行法律标准的部门给予合理的奖励，对非法泄露和利用个人信息的个人或机构给予严厉的打击与惩罚。[①]

为促进风控行业更规范的发展，在加强立法工作的基础上，需要进一步统一风控行业标准。各风控机构之间没有形成整体的信用评价准则，导致各机构之间不能对评估结果进行比较分析。因此，整个大数据风控市场应根据可行性、可比性原则，量化相关评判标准，推动风险评价指标化，建立健全风险综合评价指标体系。

5. 加大政府对大数据风控的扶持力度

（1）政府应重视对大数据风控的监管

为保证大数据风控市场持续健康发展，政府应加大对大数据风控行业的监管力度。建议从以下两个方面着手：第一，应调整原有监管制度，制定更

---

① 汪琼：《大数据在互联网金融风控中的应用研究》，《中国高新技术企业》2017年第8期。

适合现状的新制度，即有针对性地改变监管制度使其更适应如今各类新产品的需求；第二，为更全面地对整个风控活动进行监控，应建立事前事中事后监管机制。不仅要对数据收集、数据挖掘和数据分析环节进行严格监管，也要对风险评估结果的得出以及使用进行全程监管，防止违约违法行为的发生，降低风险。

（2）促进政府企业合作，共同构建大数据风控系统

为提高整个大数据风控市场的效率，风控机构可以与政府合作，形成优势互补：一方面，政府可以推动对个人社会基础信息的收集，并致力于数据的透明化与公开化，与各个风控机构实现数据共享，推动大数据风控主体的统一；另一方面，政府与各相关企业可以通过合作建立新的独立的第三方征信风控体系，在不利用数据源参与其他市场活动的前提下，向金融市场提供全面、多维度的数据源，并提供必要的大数据技术支持，这样既能加大政府对整个征信风控市场的监管力度，降低风险，还能为大数据风控市场注入新力量。①

（三）实现"大数据＋风险控制"的战略步骤

随着互联网技术与信息技术的发展与创新，大数据风控已成为金融领域风险控制的发展方向。只有将大数据技术与风控相结合，不断完善与优化风控制度与体系，才能更好地适应金融产品与服务的创新发展，降低风险控制过程中的成本投入，提高风险控制过程的效率，更真实准确地对金融领域进行风险控制与风险评估。实现"大数据＋风险控制"是一个循序渐进的过程，需要综合各个方面，以长远的眼光来看待这一过程。不仅要结合现状对原有风控模式进行改变，也要突破大数据技术在应用过程中的难题，只有这样才能建立起一个全面完善的大数据风控系统。

"大数据＋风险控制"的实现任务主要分为以下几个部分：第一阶段是

---

① 巴曙松、侯畅、唐时达：《大数据风控的现状、问题及优化路径》，《金融理论与实践》2016 年第 2 期。

寻找大数据应用场景，为建立风控模型打好数据基础，这一阶段是进行大数据风控的初始阶段，主要任务在于相关机构完成大数据风控方案的建立与风控数据的收集，预计完成时间段为 2017～2019 年；第二阶段是优化大数据技术与打造大数据风控法律制度环境，这一阶段需要强化或引进大数据技术，以便更好地服务于风控模型，同时建立健全与之相匹配的法律制度，避免风控中的信息安全隐患，预计完成时间段为 2019～2023 年；第三阶段是促使大数据应用场景落地与构建完善的大数据风控系统，这一阶段是最为关键的一部分，需要更多的人力物力，预计完成时间段为 2023～2030 年或更长。具体实现目标和工作内容如表 2 所示。

表 2 "大数据 + 风险控制"战略步骤

实现目标	具体内容	时间
寻找大数据应用场景，为建立风控模型打好数据基础	1. 建立大数据风控方案 2. 打造丰富、多维度的基础数据库 3. 打破"数据孤岛"，促进数据共享	2017～2019 年
优化大数据技术，打造大数据风控法律制度环境	1. 加快引进大数据专业人才 2. 促进企业合作，实现技术交流共享 3. 加快政府立法，统一风控行业标准	2019～2023 年
促使大数据应用场景落地，构建完善的大数据风控系统	1. 建立专业化的技术团队 2. 业务场景数据变现 3. 引入外部咨询与工具 4. 促进政府与企业合作	2023～2030 年

大数据驱动下的资产定价应用研究

杨彦宁*

摘　要：　当前，我国资产定价领域正为金融业持续供能，已然成为市场经济中不可或缺的一部分。但是中国资产定价体系跟发达国家相比还存在较大差距，价格把控不到位、自主化程度低、机制不健全、行为不规范等问题明显。大数据技术出现后，通过大数据资产定价信息采集、大数据信息的挖掘分析"两步走"可实现科学定价，优化传统金融资产定价各环节，带来效率更高、适用性更广的技术优势。在推动大数据资产定价的过程中，应认清现实困境，包括大数据指标的缺陷、"信息孤岛"问题、数据质量保障问题等。为此，国家应加强大数据定价技术的研发、深化创新应用、推进大数据标准定价体系建设、健全大数据定价产业支撑体系。

关键词：　资产定价　大数据　信息孤岛　数据质量

一　我国资产定价领域的现状与不足

（一）我国资产定价领域的发展现状

资产定价指在不确定条件下，用以描述金融资产在未来所能获得收益权

---

*　杨彦宁，湖南大学金融与统计学院，研究方向为金融科技发展与影响。

利的一种价格决定方式，资产定价是经济活动价值评估不可或缺的环节，对保证金融体制改革的顺利进行有着重要意义。经过 20 多年的发展，中国金融资产定价行业日趋成熟，已成为市场经济中必不可少的部分。当前，超过3500 家定价机构，为我国市场经济的发展提供了强有力的支持，也得到了社会各界的广泛关注和认可。

1. 金融资产定价市场从"无序"到"有序"

我国金融资产定价市场的发展，经历了由"无序"过渡到"有序"的阶段，产业格局日渐完整。首先，政府结合市场经济发展的实际情况，通过修正、制定统一的行业法规，夯实定价业法律基础，提升其法律地位。此外，法律法规已颇具普遍性，覆盖了多个业务领域，极大地改善了我国金融资产定价的整体执业环境与行业合法权益。其次，我国金融资产定价行业更加重视从业人员的专业特长，相关配置人员的个人素质不断提高。资产定价行业日趋专业化、智慧化，为行业整体的深化改革、服务领域的拓展、服务质量的提升提供了智力支持。最后，金融机构定价意识不断增强。以商业银行为首的金融机构开始关注定价模型的适用性与科学性，建立完善的定价系统，配以相关管理制度，实现了自主定价、科学定价的目标。

2. 金融资产定价业务不断纵深发展

金融资产定价行业已有 20 多年的发展进程，经济环境经历了利率市场化、金融国际化的形势变化。日益激烈的同业竞争环境与财富管理需求、通货膨胀的抬高以及金融脱媒正推动传统信贷市场、债券市场、股票市场、基金及衍生产品市场提高业务水平，并已形成全新的组合式业务即一站式综合金融服务，差异化定价水平不断提高。一方面，许多银行优先完善定价体系以发掘细分市场，实现有效盈利与市场的灵活把控。花旗银行凭借独特的风险定价模型，对中小企业贷款定价进行科学的评估，以企业违约损失上限、资本成本、净收益率等要素为基点，形成了合理的贷款价格，拓展了市场规模。另一方面，运用大数据、云计算等新兴科技对传统风险评估定价体系进行革新，有效降低了风险经营成本。花旗银行基于穆迪 KMV 平台，深入分析顾客财务水平、信用水平等要素，精准衡量客户潜在的违约可能性，极大地提升了评估结果的准确性与时效性，降低了运营成本。资产定价是许多重要经济活动中不可或缺的环节，从发展趋势来看，委托人意愿定价需求正在不断增加，资产定价服务已逐渐科学化、市场化和社会化。

3. 资产定价人员队伍日益壮大

就目前经济形势而言，知识已经成为非常重要的生产要素之一，从业人员所具备的知识水平更是一个行业有效发展的基础。对于定价行业这种智力型行业，人才的重要性更是不言而喻。当前，全国注册资产评估师的数量已经超过了 3 万人，而该行业从业人员的总数也达到 6 万多人，遍布全国各地的 3500 多家从事资产定价业务的金融机构，为我国市场经济定价体系的发展做出了突出贡献。随着定价市场需求的不断拓展、服务空间的不断扩大，定价产业从业人员的社会地位也得到显著的提升，这一点值得我们给予应有的关注和重视。

（二）我国资产定价领域存在的不足

1. 定价行业对价格把控不到位

在实行利率市场化的过程中，中国人民银行已开始放开金融机构的存贷款利率[①]，金融机构逐渐迈向自主、自由定价的新时期。金融资产定价对于金融机构的潜在获利、竞争水平、市场占有率以及未来发展方向等都十分重要。但当定价权开始由商业银行自主控制时，数据、经验、激励约束或投入等一系列要素的欠缺，又让商业银行陷入"定价困境"之中。金融机构的生存与其提供的金融产品息息相关，而定价的合理性直接决定了产品的生命周期，也直接影响到金融机构的未来发展与生存，关系到我国金融业体制改革的实施。如何科学、有效地对金融产品进行定价，是我国金融机构发展亟待解决的瓶颈问题。

2. 定价自主化程度低

在金融资产、服务类别日趋丰富的经济环境下，我国资源配置却并不均

---

① 中国人民银行：《金融稳定发展报告》，2017 年 7 月。

衡。① 自主化权限的放开，使资产、服务的提供手段受到严重的模仿，各金融机构为争夺市场占有率，往往会让以提高技术和服务质量为主的竞争转变为恶意压价竞争，以先行争夺市场占有率。但目前金融机构的定价，常遵循上级机构定价制度，独立自主进行定价的情况很少，对于自主把控且浮动的金融业务，往往也只凭借以往的经验来定价或仿照其他产品的定价体系，对没有价格优势的金融服务进行推广，还需突破已占有市场份额的金融服务的重围，难度可想而知。同时，金融市场形势瞬息万变，服务在投入市场后还需结合经济环境进行价格调整以满足不断变化的客户需求，但受制于各分支机构所能拥有的定价权限，价格调整需要进行上报审批，难以适时反应，从而错过最好的调价时期。

3. 定价机制不健全

其一，组织机构缺失。随着利率市场化进程的加速，许多金融机构已着手于建立完善的价格管理体系，如中国工商银行、中国建设银行及中国农业银行均设立了与资产负债相关的管理部门，或让相关经办部门牵头对金融资产进行合规的定价管理。主要形式都是以"统一管理、分级授权"为主旨，总行统一对下属机构制定价格管理策略，并实行分级授权进行管理，但总行与各级分行之间的衔接部门能力有限，业务分离、资产脱节的情况明显。

其二，决策机制不规范。当前，绝大多数金融机构的价格管理部门没有设立独立岗位，负责价格管理的专项人才配置不足，对金融资产进行定价常会牵扯到数个同时拥有定价决策权的部门，其彼此间缺少完善的协调制度，加之机构高层缺少对价格决策的介入，金融资产的定价缺少对市场角度的考量，市场价格定位极易受干扰。

4. 定价行为不规范

金融资产定价在中国的发展还不算成熟，行业的规章制度并不健全，且由于经济发展的历史背景，金融机构定价往往规模小且业务单一，抵抗风险的能力较弱。而小规模金融机构对产品进行定价，内部规章制度不完

---

① 李文龙：《金融机构亟待提高自主定价能力》，《金融时报》2014 年 2 月 28 日。

善、管理行为不规范的现象更是普遍。与此同时，小规模金融机构对定价质量的把控也很不到位。一些机构为追求利润，无视定价程序及定价的合理性，恶意压价竞争，甚至出具虚假的评估报告以拉拢客户。诸如此类的现象已严重影响到定价结果的真实性，严重阻碍整个金融行业的定价水平。

二 "大数据 + 资产定价" 的解决方案

（一）"大数据 + 资产定价" 的业务流程

大数据技术具有高频率、大容量且数据结构多样化的特点，能够通过领域建模和大数据分析精准预测未来经济形势[①]，以优化传统金融资产定价流程。传统金融机构需通过评估市场上金融产品的需求量，来确定其未来战略目标。在金融机构试点金融产品之时，还需测评产品的价格弹性、面对市场运行敏感与否。在金融产品确认投入市场前，会通过测算产品的成本、考察竞争者的价格水平来确定价格区间。最终结合金融机构自身的各项政策以及行业定价方法与技巧对金融产品进行定价并推向市场。具体流程如图 1 所示。

图 1　金融资产定价流程

---

① 巴曙松、白海峰：《金融科技的发展历程与核心技术应用场景探索》，《清华金融评论》2016 年第 11 期。

大数据金融资产定价将逐步优化传统金融资产定价各环节，通过大数据资产定价信息采集、大数据信息的挖掘分析"两步走"以确定价格。

1."大数据+资产定价"的信息采集

在网络时代，大数据技术能通过网上信息精准预测当前市场状况，且具有实时性。一项金融资产的推出需对市场状况、竞争厂商的价格等多方面进行考量，进而辅助产品定价。市场信息采集作为资产定价的基础环节，将保证后续定价工作的正常进行。大数据信息采集运用数据库采集、网络数据采集以及文件采集三种方法，通过从网络数据库中提取市场信息存放至数据仓库中，并在数据仓库中进行挖掘与分析，以得到机构所需的市场信息。具体流程如图2所示。

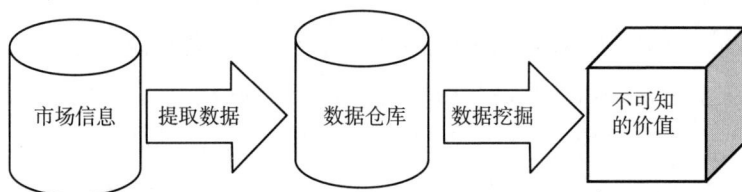

图2　大数据市场信息采集流程

（1）数据库采集

当前数据库采集运用较为广泛的工具有 Sqoop 和结构化数据库间的 ETL 工具。[①] 此外，开源的 Kettle 和 Talend 本身就具备大数据集成内容，能很好地实现 hdfs、hbase 及主流 Nosq 数据库的数据同步与集成。金融机构采集市场信息，再对信息进行存储，存储的数据库被称为"数据仓库"，通常利用传统关系型数据库来实现，例如 MySQL 和 Oracle。通常，这种方法在采集端依赖大量数据库，并对数据库之间的均衡负载以及分片进行深入分析、设计。数据库采集为金融机构提供了市场历史信息等数据，便于机构预测金融市场的未来价格走向。

---

① 赵倩：《一文梳理大数据四大方面十五大关键技术》，http://bigdata.51cto.com/art/201610/519300.htm，2016 年 10 月 21 日。

（2）网络数据采集

金融机构利用网络爬虫或网站公开 API 等工具，从网络上直接获取市场信息。[①] 通过这种途径，金融机构可以将网络上有关于市场信息的非结构化数据、半结构化数据提取出来，并进行结构化包装统一存储为本地数据文件，以供分析决策。其采集格式支持图片、音频、视频或其他形式，附件、正文之间也能实现自动关联。对于网络流量的采集则可使用 DPI 或 DFI 等带宽管理技术进行处理。网络数据采集具有实时性，网络爬虫将快速反馈当前价格水平、价格数量等市场信息，便于金融机构考量产品的市场情况。

（3）文件采集

金融机构在日常运营与业务开展中会产生大量文件数据。文件收集系统要做的事情就是收集业务文件数据供离线和在线的分析系统使用。文件采集通常以三种方式实现：其一，flume 的文件实时采集与处理；其二，ELK（由 Elasticsearch、Logstash 与 Kibana 三个开源工具组成）处理日志[②]；其三，基于模板配置进行的实时文件采集。高可用性、高可靠性、可扩展性是日志收集系统所具有的基本特征，实时文件或历史文件的收集，将辅助金融机构进行产品战略决策。

2．"大数据 + 资产定价"信息的挖掘分析

"大数据 + 资产定价"信息挖掘分析技术，其目的在于对一大批杂乱的市场信息进行汇总，并进行萃取与提炼，用以发掘出有用信息以及预测研究对象的潜在规律。具体流程包括数据源、数据处理、建模评估以及主题应用四个流程，如图 3 所示。

（1）数据源

金融机构可利用远程实时分析访问数据源，深度预测风险。[③] 通过提取

[①] 石磊：《新浪 API 与网络爬虫结合获取数据的研究与应用》，《中国电子商务》2013 年第 22 期。

[②] 《ELK（ElasticSearch，Logstash，Kibana）搭建实时日志分析平台》，http：//www. linuxidc. com/Linux/2017 – 04/142772. htm，2017 年 4 月 14 日。

[③] 普华永道：《跨越行业界线：金融科技重塑金融服务新格局》，全球金融报告，2016 年 3 月。

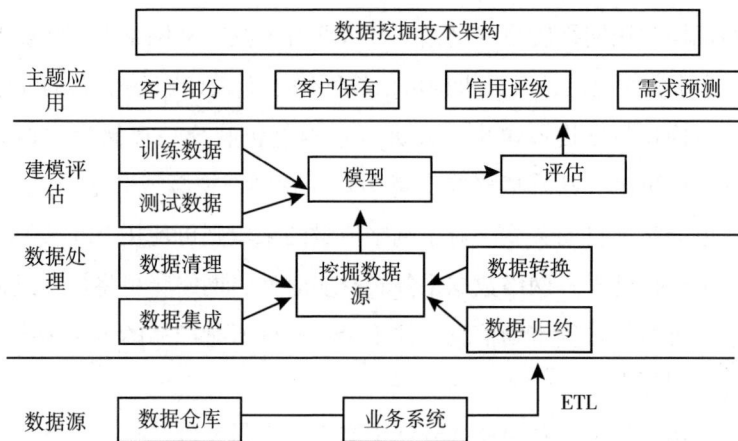

图3　大数据挖掘技术架构

数据源中的市场信息，并经过抽取、转换，最终加载至目的端进行预处理。在 ETL 架构中，数据将通过源数据传输到 ETL 工具中，而 ETL 工具是一种对数据进行独立处理的装置，作用于单独的服务器之中[1]，通过对数据进行转化，加载数据输送到数据仓库，并导入金融机构业务系统的模型中，以对数据进行更深一步的数据处理。

（2）数据处理

运用大数据技术的目标并不是采集数据，或储存数据，数据的处理环节才是大数据产业的核心路径。

如图4所示，金融机构可从业务角度、技术角度与编程模型三个方向对数据进行处理归类。

从业务角度进行分类涉及业务场景确定，同时也会影响技术的规格选择，尤其是数据存储方式的选择。比如搜索中对文本进行的搜索，Elastic Search（一种企业级搜索引擎）适用性最强，而在统计分析之中涉及复杂的运算，很大程度上都是针对一系列数据的，比如对销售量进行求和，正

_____

[1]　张旭峰：《ETL 若干关键技术研究》，复旦大学博士学位论文，2006。

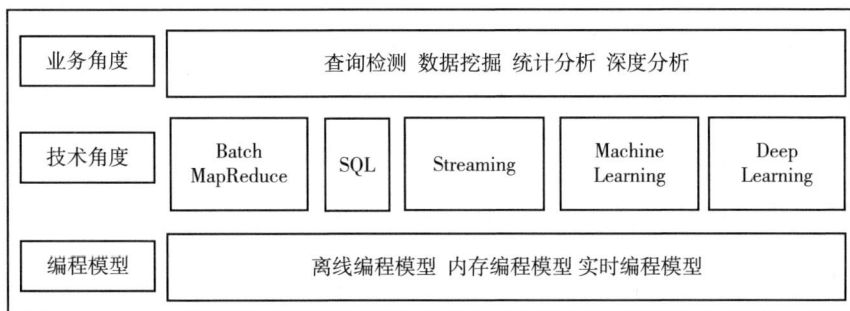

业务角度	查询检测 数据挖掘 统计分析 深度分析				
技术角度	Batch MapReduce	SQL	Streaming	Machine Learning	Deep Learning
编程模型	离线编程模型 内存编程模型 实时编程模型				

图4 大数据处理技术

是针对销售量的一系列数据，那么选择列式存储结构很有可能会更加合适。

从技术角度看，SQL方式严格来说并不能成为独立的类别，其技术实质为对API进行封装，进而极大地降低在数据处理环节所运用的脚本的转移成本。在进入大数据时代之前，多数金融机构内部的数据处理系统通常以SQL方式对数据库中的数据进行访问。总体而言，SQL是一种对MapReduce进行的包装，例如Hive、Impala或者Spark SQL。

Streaming流处理具有随时获取上游数据的能力[1]，且能够将时间细分为很小的时间窗口，在这个基础上对数据进行处理。客户对金融产品进行消费的上游数据凭借的是在网络上传输的字节字符、HDFS读写的数据，或消息队列发送的消息。通常，它对应的正是实时编程模型。

（3）建模评估

当金融机构收集到足够多的市场信息时，就会对这些数据进行深入分析，即通过建模评估以找寻杂乱数据的内在规律，以供定价参考，其基本思路如图5所示。

大数据分析历经多年的发展与完善，已逐渐对分析建模形成了基本概念。CRISP – DM（跨行业数据挖掘标准流程）在业界备受关注，其目的在

---

[1] 夏俊鸾、邵赛赛：《Spark Streaming：大规模流式数据处理的新贵》，《程序员》2014年第2期。

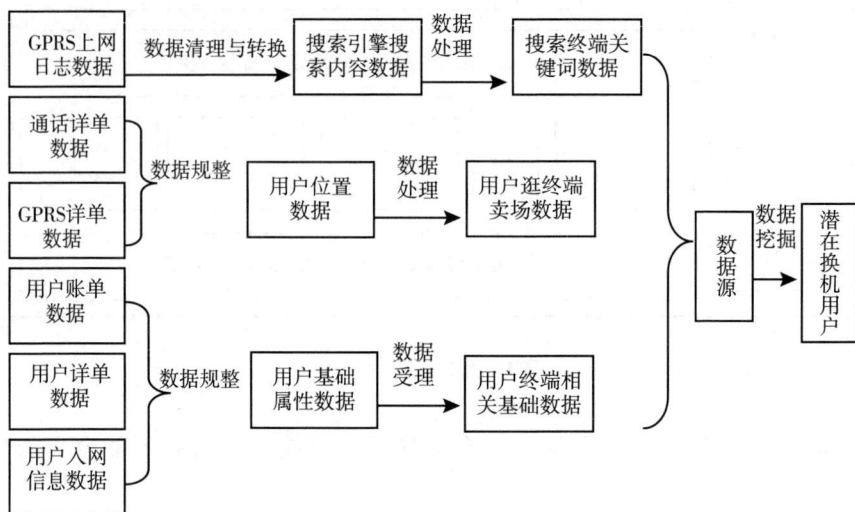

图5　大数据建模评估流程

于对大数据分析挖掘进行指导。该流程认为，大数据的分析与挖掘存在生命周期模型[1]，其流程包含商业情况理解、数据理解、数据准备、模型建立、模型测评以及结果部署与落实六个步骤。

对商业情况进行理解指为实现商品的正常经济流通，深入理解商业业务的类型或业务中涉及的困难。数据理解是通过对初始数据进行收集、描述与质量验证，进而深入分析数据的一种手段。在数据挖掘中，数据准备是最重要的环节之一，通常会让机构付出大量时间。有数据表明，数据准备工作往往会占据50%～70%的项目时间和工作量。

在数据准备方面，对数据集进行合并与记录、对数据子集样本进行选取、记录的汇总、对数据进行排序以用于建模、对空白与缺失的数据进行删除或替换等步骤都是必不可少的，经过完整的数据准备才能建立模型。在建模时，需进行多次迭代运算，运用合适的算法，在利用足够多的模型进行调试的基础上，对参数进行微调来优化模型，最终才能确定出最合适的模型。

---

[1]　赵清俊、马小艳、陈桂兰：《大数据领域生命周期理论研究》，《商》2016年第13期。

而在模型测评阶段，需对项目是否满足业务目的进行测评。而重要之处在于，此阶段必须对金融机构制定的业务目标有着充分的了解，因而前期对商业情况的理解就显得格外重要。在最后的结果部署与落实中，已经处理过的最优模型就将运用于定价，得到最终的报告。

（4）主题应用

金融机构的战略政策，决定了金融产品未来价格的确定。例如金融机构对客户细分、客户保有、信用评级、需求预测等领域侧重点的不同，直接影响到金融产品的定价。大数据技术在收集不同领域的数据信息之后，将细分各领域市场信息并精准分析，实现精准定价与差异化定价。与传统信息收集方式相比更精准，也更具效率。

（二）"大数据＋资产定价"的核心优势

1. 能够让定价方掌握价格变化

对于任何金融资产、服务，金融机构都有能力测算出客户愿意支付的最优价格。大数据分析方式强调客户的支付意愿，而金融服务的定价水平很大程度上直接影响客户的支付意愿，在现实情况下，许多金融资产的供给方往往会忽略这些因素，他们仅仅基于简单因素来定价，比如标准的利润率、相似金融服务的价格等。大数据可以使传统数据的弊端得以避免，扭转过去商业智能的不利而被动的局面。且大数据让数据来源渠道更广，突破了数据仅局限于机构内部的情况，其有能力根据以往市场的历史交易数据，或金融服务机构的信用以及经济能力，实时对其进行细看和分析，并依据历史数据和其他指标体系，形成一个相对合理的价格区间。数据卖方可根据这个价格区间自行拟定资产价格，便于定价方掌握市场动向进而做出定价决策。

2. 金融资产定价的水平更高、适用性更广泛

金融离不开数据，大数据时代的到来为传统金融格局注入新的活力，其核心就在于数据的获取，其分析结果为定价机构提供可参考的定价依据。本质上说，"大数据＋资产定价"就是利用大量网络数据变量，将用户流量引

入金融领域①，对传统金融无法触及的领域进行风险定价。大数据能够让资产评估机构拥有海量的数据源、高效的数据处理能力，且门槛很低，能够为评估机构尤其是中小型评估机构提供服务，其通过网络上的行为信息精准确定当前的市场状况，再拿来与历史交易数据进行比较。因而金融定价机构可根据数据，为金融资产定制有针对性的市场价格。且大数据技术下的自动化技术还能对复制、分析等工作进行简化，因此不需要每次都进行重新分析。针对诚信、失联、关联聚类、信用等多个维度，其还能全方位地判别用户的欺诈和信用风险等级。

3. 提高资产评估效率

资产评估工作十分耗费时间成本以及人力成本，从资产信息的评估、计算参数的搜集，最后到数据的计算需耗费大量时间。当前，数据充斥了日常生活，数据的流量大，数据的权威性和真实性又难以分辨，数据的收集和处理尤为费力。大数据具有得天独厚的"3V"② 优势，即大量（Vast）、多样（Variety）以及高速（Velocity），利用计算机与互联网对金融资产进行数据采集与处理，并应用于资产评估领域，将在很大程度上提高评估效率。

（三）"大数据＋资产定价"的落地案例

1. 车险 UBI 保费定价

UBI 车险工作原理是基于车上自带的设备，对驾驶员、车辆、路况这三方面的数据进行追踪和记录。而收集到的数据主要包括里程数、驾驶时是否存在超速和急刹车的情况、在怎样的道路行驶以及哪些时间对车辆较为频繁地使用等。当设备把这些数据向后台反馈之后，后台会对其进行详细的处理和分析，最终获取驾驶员的行为信息。数据将结合驾驶员的习惯和行为制定健康的出行方式，同时对不同的驾驶人员进行综合性的评分，评分将作为信用考量导入驾驶员的个人信息中，以便对驾驶员的下一次投保进行定价评

---

① 王广宇、何俊妮：《金融科技的未来与责任》，《南方金融》2017 年第 3 期。

② 刘朝阳：《大数据定价问题分析》，《图书情报知识》2016 年第 1 期。

估。UBI 车险的推出和实行，对于车主、保险公司甚至是社会均有着较大的积极作用，其展现出三方获益的新型车险模式。

保险的本质是"大数定律"①，即对于任何一类保险而言，只要风险数量越多，实际损失的结果就会越接近从无限单位数量得出的预期损失的结果。UBI 车险模式正是通过大数据技术收集驾驶人的驾驶信息，合理地厘定出保险费率。自 2015 年车险费率改革以来，诸多公司进入 UBI 市场中，并对 UBI 车险进行试点推行。UBI 车险模式的广泛使用，正推动保险行业不断创新，其优质的服务也给予了其他保险公司可供参考的转型思路。

2. 钱来网风险定价

我国从事房产网贷业务的平台较多，但普遍缺乏房产估价的测度模式。直到 2016 年 3 月，钱来网推出了全口径风险定价，成为该领域首家拥有风险定价模式的贷款平台。早在 2016 年初，钱来网就在官方网站上建立了数据栏目，公布了一系列重要指标，包括代偿金额、不良贷款率、贷款损失率等，是全国首家曝光相关数据的网贷平台。"两会"召开以后，钱来网积极规范自身平台的发展，严格防控平台贷款风险。具体来看，网站推出了细分领域全口径风险定价模式，该模式对风险以及价格的测算更为科学，为投资者理性决策提供了帮助。信誉高的借款者能够获得较低的利率，而信誉较差的借款者意味着更高的风险，需要支付相应的风险溢价，利率更高。

钱来网在微信公众号"易借"中加入了自主开发的风险定价器，该定价器是通过对风险定价模式以及评分卡模型的综合应用来进行设计的。易借拥有专业的估价平台，是由来自全国各地的权威性房地产价格评估机构共同打造的，依托云数据，可以对标的房屋进行模拟估价，给从事房产抵押借款的投资者提供了估价信息。

3. "金电联行"动态资产风险评估

"金电联行"模型实现了对贷款对象、贷款数量、贷款周期、信用风险

---

① 张宁：《大数据背景下寿险产品定价与创新》，《贵州财经大学学报》2014 年第 2 期。

的准确测量与量化定价。首先，公司运用云端技术、智能 AI 以及大数据挖掘技术，从企业着手，对企业日常运转的动态信息进行全自动挖掘，再将收集到的信息导入系统进行筛选，对异常信息做纠偏处理，让数据得以转变为可量化分析的信用数据；其次，在完成了数据采集工作后，"金电联行"结合云信用计算以及自身的客观信用评价体系，将数据以量化指标的形式输出；最后，具有上千项数学指标模型的系统再进一步对数据进行分析计算，以确定出目标公司的评价结果和信用额度。信用额度涵盖了企业整体的额度以及所有交易项目下的单笔额度，将为贷款额度审批提供数据保证。

三 "大数据+资产定价"的实现路径

（一）"大数据+资产定价"的现实困境

1. 大数据资产定价指标存在缺陷

通常而言，数据质量指标与拆分指标分得比较细，但只能利用大数据技术判断出金融资产的价格高低，却不能提供准确的价格区间；数据历史成交价指标具有很重要的参考价值，是市场供需情况的准确反映，但由于交易市场本身的不成熟性、大数据所进行定价的产品自身的复杂性，这种指标也难以有效发挥其作用；数据效用指标指明了大数据定价存在的弊端，但它本身却也并不完善，虽然金融资产的买方利用大数据进行定价，能够较好地确定交易之前的收益水平，但受制于自身能力、潜在风险等要素，大数据定价的资产究竟能否取得收益、取得多少收益都不可预测，那么，数据效用指标就会成为空谈。

2. 资产评估中存在"信息孤岛"问题

在对资产进行有效评估的过程中，"信息孤岛"问题主要存在于横向和纵向两个层面上：首先，从横向层面来看，我国的各级政府、政府各个机构以及政府与私人部门之间信息交流不畅通，存在一定程度的信息割裂。根据《国家发改委重大固定资产投资项目社会稳定风险评估暂行办法》中的具体要求，重大投资项目具有相当大的不确定性，其社会稳定风险必须通过该项目本身的合法性、合理性、可行性以及可控性四个方面进行全面的评估。但是，在对项目进行评估的过程中，由于数据的存储、调用并不是由政府特定部门主导进行的，每个部门都分别建立了各自的数据库，各层级政府之间的信息也不能做到有效交流，最终导致了项目分析数据整合难度的大幅提升。除此之外，政府与企业以及参与项目评估的私人部门之间的信息交流也存在一定的阻碍，难以做到信息的完全共享。企业与资产评估机构对于项目信息资料的掌握并不全面，为了获得项目的信息全貌，必须投入大量人力、物力进行数据的搜集，重复的信息获取工作造成了资源浪费、效率低下等问题。

其次，从纵向层面来看，历史数据的不完整、整合难度大是产生"信息孤岛"问题的主要原因。历史数据是预测项目风险程度、发展趋势的基础，但由于技术因素，比如数据处理软件设置问题、技术人员操作不当等，会造成历史数据的缺失、格式不统一无法集中处理等问题，这给投资项目的评估带来了不必要的麻烦。

3.数据质量难以得到有效保障

我国目前的大数据资产定价工作主要通过平台的方式进行，但相关行业规定并不完善，对于平台建设方、大数据定价参与方的准入资格暂时没有具体要求。除此之外，对于出资人的类别、出资额度也没有做相关规定，过低的准入门槛、不完善的交易规则，会导致数据质量低下，提升了后续分析工作的难度。与此同时，我国采用会员制建设大数据资产定价平台，但由于相关规定尚未完善，对于会员的入会资格并没有做明确规定，全国缺乏统一的资格认证标准。以华中大数据交易所为例，其主要通过会员的身份属性来做出是否认证的判断，而忽略了企业资产规模、资产质量、股权结构等重要指标，因此，交易数据来源的权威性和数据分析的准确性难以保证。

（二）"大数据＋资产定价"的困境解决

目前我国大数据资产定价发展还处于初级阶段，很多地方还不成熟，完善大数据资产定价仍旧需要市场、政府、买卖双方的共同努力。

1.建立全国通行的大数据资产定价指标体系

我国应尽快建立一套全国通行的大数据资产定价指标体系，必须加强行业自律，推动数据的透明化、流程化以及规范化。[①] 这套指标体系包括两个部分：大数据金融资产定价的基本价格指标以及调整价格指标。政府部门、非营利性组织机构、行业协会、高等院校、科研机构、企业应该通力合作，制定科学的价格指标，并结合实际的情况，对不合理指标进行剔除，或加入合理的指标进行替换，对定价指标体系整体进行量化。而基于大数据的金融资产定价指标也属于数据的范围，相关人员还需要通过大数据思维，并结合软件工具进行具化，最终健全全国通行的大数据资产定价指标体系，实现金融资产科学、高效、自动计价。

2.政府积极发挥引导作用，打破"信息孤岛"

大数据时代对信息在各部门之间的交流、共享提出了更高的要求，解决"信息孤岛"问题迫在眉睫。政府应该积极引导，首先，相关部门要树立新观念，明确公民隐私权和知情权的界限，加快完善适合我国数据发展的法律法规，建立一套完善的法律体系，从而保证大数据在建设、使用过程中的可靠性、安全性，避免公民个人信息的非法传递、盗用，保障公民的隐私权。其次，数据产权不明晰的问题也亟待解决，针对数据处理过程中的加工、传递、检索等环节也应该做出统一的规定。厘清数据在搜集、使用、管理中各参与方的权责问题，处理好各方的利益诉求，提高企业、社会组织等构建社会信用体系的积极性、主动性。

3.推动数据的开放以及良性互动

不断提高数据的开放程度以及数据交易的合规性、合法性，促使数据在各个环节之间的良性互动，从而更好地适应大数据时代的发展要求。随着大数据平台的逐步完善，数据来源的可靠性、种类的多样性、历史数据的完整性得到提高，这带来了我国数据开放程度的进一步提升，保障了大数据资产定价的准确性；数据的拥有者在数据变现能力、应用效果得到显著提升的情

---

① 王文平：《大数据交易定价策略研究》，《软件》2016 年第 10 期。

况下，会倾向于开放手中相应的数据，让更多的社会组织获得数据福利。在中国大数据产业峰会上，关于政府在大数据进程中的地位和作用，李克强总理指出，"80%的数据由政府掌控，政府应通过信息的共享来推动大数据发展"。政府拥有大量公共数据，在大数据时代处于核心地位，其在增强数据的开放性、促进数据在各部门之间的流通、创造数据价值上起到了重要的引导和支持作用。

（三）"大数据＋资产定价"的战略步骤

为实现大数据资产定价行业的持续健康发展，更好地为金融业提供服务和保障，大数据在资产定价领域的发展应当围绕加强大数据定价技术的研发、深化大数据定价创新应用、推进大数据标准定价体系建设、完善大数据定价产业支撑体系实现"四步走"。

具体来说，第一，我国应重点加快与大数据资产定价相关的技术研发，培育安全可控的大数据定价体系，创新大数据定价服务模式，强化我国大数据定价技术的研发；第二，加快大数据定价基础设施建设，推进大数据定价全流程应用和培育数据驱动的定价新模式，衔接资产定价相关政策内容；第三，加快大数据金融资产定价指标体系的建设，量化定价指标体系，实现金融资产科学、高效、自动计价；第四，国家应合理布局大数据定价机制的基础设施建设，构建大数据定价行业的公共服务平台，建立与资产定价有关的大数据发展统计评估体系（见表1）。

表1 "大数据＋资产定价"实现进度

具体内容	实现目标	时间节点
培育安全可控的大数据定价体系,创新大数据定价服务模式,强化我国大数据定价技术的研发	加强大数据定价技术的研发	2017～2018 年
加快大数据定价基础设施建设,推进大数据定价全流程应用和培育数据驱动的定价新模式,衔接资产定价相关政策内容	深化大数据定价创新应用	2019～2021 年

具体内容	实现目标	时间节点
建立全国通行的大数据交易定价指标体系，并结合实际工作，将整个指标体系量化	推进大数据标准定价体系建设	2022～2025 年
合理布局大数据定价机制的基础设施建设，构建大数据定价行业的公共服务平台，建立与资产定价有关的大数据发展统计评估体系	完善大数据定价产业支撑体系	2026～2030 年

毋庸置疑，大数据技术能力的不断提高，能够给资产定价机构带来显著的效率提升。但不可忽视的是，大数据也存在相当大的安全隐患，还可能存在大国竞争的情况。目前，我国亟须建立一套大数据定价机制，保障定价数据的安全性、数据处理的有效性以及数据开放程度，只有这样，中国的数据经济才能在世界竞争中立于不败之地。

人工智能篇

Artificial Intelligence

基于机器学习的智能投顾模式探究

雷淑洁*

摘　要： 随着中产阶级群体投资需求的不断扩大，我国传统证券投资顾问规模持续扩大，但仍存在投资门槛高、管理费用高、投资范围窄和服务流程烦琐且时效性差等不足。智能投顾运用一系列技术手段，实现了私人定制投资理财建议的目标。然而，目前智能投顾也面临投资标的关联性强、数据可得性差、技术基础薄弱和长期被动投资模式接受度不高的难题。因此，建议构建多元化投资组合、丰富并开放数据集、创新机器学习技术和宣传多种投资理念以破解当前困境。

关键词： 人工智能　投资顾问　机器学习　标的关联

---

* 雷淑洁，湖南大学金融与统计学院，研究方向为金融科技发展与影响。

一 我国投资顾问领域的现状和不足

随着经济的发展与进步，居民人均收入逐渐增加，私人财富的增长极大地促进了投资者对资产管理的需要。目前，不断扩大的中产阶级群体产生了投资管理的需求，但由于中小投资者在投资标的选择、投资组合构建等方面缺乏相关知识和能力，所以处在帕累托分布长尾的人群迫切需要专业化、定制化的投资顾问服务。[①]

（一）我国传统投资顾问领域的现状

投资顾问是投资咨询的一种模式，是券商、投资咨询机构、第三方投资理财公司受到投资者委托，为投资者提供投资建议，帮助其做出合理的投资判断与决策，并从客户处获取收入的经营行为。[②] 它是投资者从发现价值到实现价值转化的关键步骤（见图1）。目前，从事投资顾问服务的主要有两类机构，一类是券商和正规证券投资咨询公司代表的"正规军"，另一类是第三方投顾机构。由于二者的发展契机不同，所以其发展情况存在较大差异，本文将从各自的特点出发，分别阐述其发展现状。

1. 证券投资顾问领域的现状

随着证券行业的同质化越来越强，佣金水平逐年下降，依靠单一化、低端化的经纪业务已经不能实现盈利。因此，各大券商均在计划通过配套个性化、精细化的投资顾问服务，促进传统经纪业务模式向投资咨询模式的转型，积极寻找加快业务创新、发展投顾服务以进行转型升级的机会。[③]

（1）证券投资顾问规模持续扩大

根据中国证券业协会证券投资咨询专业委员会 2017 年初的统计数

---

① 张颖：《计算机行业：智能投顾，人工智能尚远，但未来可期》，东方证券，2016 年 12 月。
② 李莎：《浅谈证券投资顾问业务》，《经济视角》2012 年第 14 期。
③ 李玲：《证券投资顾问业务发展方向探析》，《新余学院学报》2014 年第 3 期。

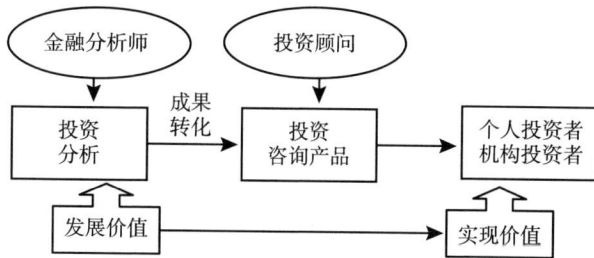

图1 投资过程

资料来源：于菲：《中国证券投资顾问业务发展定位与模式研究》，山东大学硕士学位论文，2013。

据，2016年共有84家拥有牌照的证券投资咨询机构。在这些证券咨询机构中，证券投顾领域占主导地位，其中2015年该领域营业收入占咨询机构总营业收入的69.7%，2016年占比增加至78.76%，上升速度较快。从具体经营情况来看，2016年证券投顾领域的营业收入为48.15亿元，比2015年全年收入增长了43%，净利润为6.88亿元，基本与2015年净利润持平（见表1）。[①]

表1 2015～2016年证券投资投顾领域的经营情况

单位：亿元，%

基本情况	2016年全年	2015年全年	同比增减情况
营业收入合计	48.15	33.57	43.43
净利润	6.88	6.92	-0.57

资料来源：中国证券业协会。

（2）证券投顾领域的规模分化较为明显

在证券投顾领域中，少数大型投资咨询公司承包了大部分投顾业务。在具有相关数据的82家证券投资咨询公司中，有17家机构的注册资本超

[①] 中国证券业协会：《中国证券业发展报告——专题报告之八：2016年中国证券投资咨询公司发展综述》，2017年7月。

过 1 亿元，与之形成鲜明对比的是有 51 家机构注册资本低于 500 万元。在总资产方面，82 家证券投资咨询公司中总资产超过 3 亿元的有 6 家，有 43 家机构的总资产低于 50 万元。[①] 在营业收入方面，规模较大的证券公司掌握了主要收入，2015 年在收入排行榜上排名前 5 家的投资咨询机构收入占行业总收入的 47%，利润占行业总额的 66%。[②] 由此可见，规模较大的机构掌握了市场上大部分资源，该领域中不同规模的公司分化明显。

（3）证券投资顾问行业资质壁垒高

目前证监会对从事投顾服务的公司推行了较为严格的市场准入机制，并对证券投资顾问机构的牌照进行统一管理。根据中国证券业协会 2017 年 7 月公布的数据，在中国证券业协会注册的具备相应资质的投资咨询机构共有 84 家，比 2002 年的 122 家减少了 38 家。由此可见，证监会对于投资管理机构的牌照进行严格审核，对于不满足协会要求的牌照进行没收，对希望进入该行业和已经持有牌照的机构都提出了较高的要求。[③]

2. 第三方机构投资顾问领域的现状

除持有牌照的投资机构以外，近年来第三方民间投顾理财机构不断兴起。这些民间机构在国内一般是以非金融机构的身份进行工商登记的，短期内较难获得正规牌照，也无法取得官方认可的"理财顾问"资质。一般而言，第三方投资顾问机构规模普遍偏小，缺乏足够的资金与人才，不具备清晰、独立的盈利模式，并且各个机构的服务能力参差不齐，所以在满足客户投资要求和服务实体经济方面难以真正发挥作用，其持续发展能力受到质疑。但是，由于这些机构与中小投资者接触密切且了解各投资者的需求，所以通常通过提供"代客理财"和投资咨询服务，获取会员费或咨询费，以会员制或独立工作室的方式开展工作。除此以外，由于这些规模较小的机构

[①] 中国证券业协会：《中国证券业发展报告——专题报告之八：2016 年中国证券投资咨询公司发展综述》，2017 年 7 月。

[②] 中国证券业协会：《中国证券业发展报告——专题报告之五：2015 年中国证券投资咨询公司发展综述》，2016 年 5 月。

[③] 马俊宁：《证券投资咨询行业现状及发展趋势浅析》，国海证券股份有限公司，2016 年 1 月。

往往在一个或几个细分领域具备一定优势与特长，因此机构间深入合作或合并符合双方发展的要求，从而通过强强联合构建了更有吸引力的客户服务模式。①

（二）我国投资顾问领域存在的不足

1. 投资门槛高

传统的投资顾问投资门槛高，大多只服务于大客户即高净值人群。而广大中小散户的定制化需求得不到满足。在我国，有93.75%的用户A股市场账户持仓市值在50万以下②，虽然存在大众财富管理服务，但该服务过于单一，投资者的个性化需要无法被满足。另外，由于传统投顾业务门槛的限制，目前只有大约20%的投资者拥有专业的财富顾问③，可支配收入较低的中产阶级难以找到合适的投资顾问。例如：美林集团等私人银行部门的最低投资门槛是100万美元以上可投资资产，而摩根大通作为美国最大的私人银行则要求最低的准入金额为500万美元④，如图2所示。因此，作为市场的主体，这类中小投资者强烈呼唤专业的投资服务以实现自身资产的保值增值。

2. 投资管理费用高

传统人工投资顾问几乎完全依靠专业人员，随着人工成本的逐渐提高，其管理费普遍高于1%，并且对于不同投资工具一般实行差别收费，高额的管理费减少了投资的实际收益，降低了投资者使用投顾服务的热情。根据表2，除债券和货币型金融产品以外，大部分金融产品都需要收取较高的服务费用，这使得大多数投资者因为投资费用的问题而被迫放弃投资顾问。

---

① 马俊宁：《证券投资咨询行业现状及发展趋势浅析》，国海证券股份有限公司，2016年1月。
② 《机器人管家和普通投资有什么区别?》，掌上基金，http://www.sohu.com/a/124054409_433087，2017年1月。
③ 于潇：《智能投顾：国内尚存发展限制，传统金融机构更具优势》，华创证券，2016年11月。
④ 徐克顺：《以管家银行的思维运筹私人银行发展》，《金融理论与实践》2008年第7期。

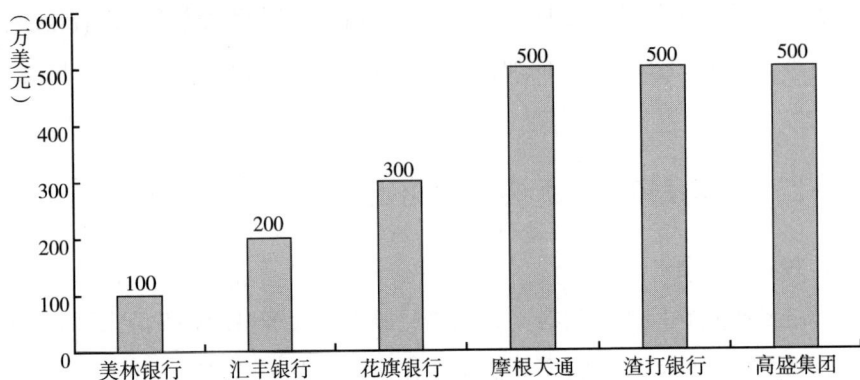

图 2 传统投顾的门槛

资料来源：各公司资料，华创证券。

表 2 股票、混合产品、FOF 基金、债券、货币基金的收费模式

单位：%

产品类别	风险	管理费占比	按业绩报酬产品占比
股　票	高	1.36	33
混合产品	中	1.18	70
FOF基金	中	1.03	69
债　券	低	0.78	32
货币基金	低	0.33	0

资料来源：马达、蔡荣：《券商集合理财产品收费模式研究》，《金融教学与研究》2009 年第 4 期。

3. 投资范围窄

传统的证券投资顾问主要针对股票多头策略，即如何进行择股和择时，业务较为单一。虽然广大投资咨询机构逐步将新型金融产品放入"一篮子"投资组合当中，但学习构建多元化投资组合需要一段时间，因而人工投顾的投资范围仍然较窄。在经济环境不确定的背景下，产品单一会导致投资运行实际状况并不理想，使得人工投资顾问所管理的公募基金很难跑赢指数基金，很难为客户提供有价值的投资建议和有效的投顾增值服务，最终导致传统投顾缺乏吸引力。

4.服务流程烦琐且时效性差

投资顾问从最初客户资料收集，到风险评估、资产配置、配置再平衡、教育培训、客户账户报告等有众多烦琐的流程。但传统的人工投顾主要依靠人员来处理这些繁杂的任务，使得传统的投资咨询公司需要花费大量时间与精力用于与客户沟通和交流。[①] 一方面，这些工作限制了投资顾问的时间和精力，限制了投资顾问服务客户的数量与质量。另一方面，人工投顾烦琐的流程也使客户需要花费大量时间与精力来做沟通，降低了客户整体的理财体验。

二 "智能投顾" 的解决方案

（一）"智能投顾"的业务流程

"智能投顾"（Robo – Advisory，RA）是一个与纯人工投资顾问相对的概念[②]，它是指利用机器的技术和算法模型，依据客户的个性化需求和风险偏好，提供私人定制的投资理财建议，并自动进行股票、债券等各类资产的配置和交易的过程[③]。智能投顾遵循传统的投资流程，提供资产管理全套服务。当客户使用智能投顾进行投资时，首先要分析该目标客户投资偏好与要求，其次根据这些信息有针对性地设计适合该客户的投资结构，最后进行投后管理，自动改善与优化之前的投资策略，其服务流程见图3。

1.目标客户分析

智能投顾本质上是一种在传统理论基础上，通过计算机自动实现客户需求和市场供给之间合理匹配的投资咨询服务，所以准确地衡量客户的需求是

---

① 金海棠：《2017 智能投顾市场展望（之一）》，http：//www.ch – jht.com/index.php/article/index/id/2418/cid/10，2016 年 12 月。
② 徐慧中：《我国智能投顾的监管难点及对策》，《金融发展研究》2016 年第 7 期。
③ 《AI 让投顾都走人？ 特朗普逼制造业回家也没用》，朝钜天下，http：//www.sohu.com/a/124196077_ 509991，2017 年 1 月。

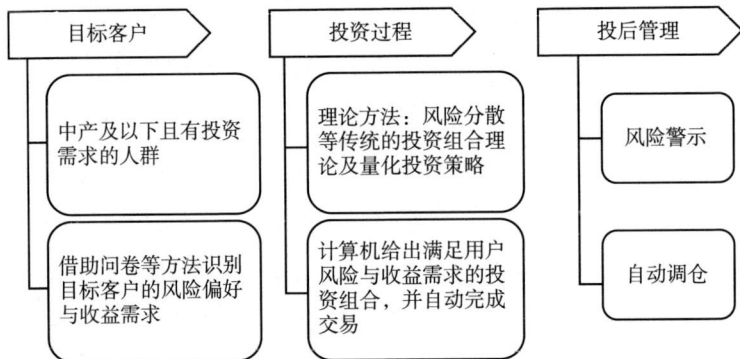

目标客户	投资过程	投后管理
中产及以下且有投资需求的人群	理论方法：风险分散等传统的投资组合理论及量化投资策略	风险警示
借助问卷等方法识别目标客户的风险偏好与收益需求	计算机给出满足用户风险与收益需求的投资组合，并自动完成交易	自动调仓

图3 智能投顾的运行过程

资料来源：东方证券研究所。

第一步。在投资之前，客户需求的衡量有下述三个方面：一是投资期限，它是指投资者从购买到赎回某金融资产之间的时间长度，代表了投资者对于流动性的要求。二是收益要求，投资者对于收益的要求存在差异，收益要求决定了对现金流的期望。三是风险容忍度，即风险承受的能力和意愿，代表了在不会影响投资者正常生活的前提下，投资者能够承担的最大风险。[①] 值得注意的是准确地判断投资者风险偏好，帮助客户找到投资的舒适区域是目标客户分析时最为重要的一步。

在评价目标客户的阶段中，"精准画像"发挥了非常重要的作用。"精准画像"具体来说就是在收集与剖析投资者的生活与消费习惯、社会属性等特点后，通过将上述用户投资信息标签化，大致描绘出一个投资者的形象[②]，以便企业迅速发现投资群体以及投资者需求等广泛的反馈信息，方便将金融产品与投资者偏好进行准确的匹配，实现定制化的特征推荐。客户"精准画像"可以通过下面三个步骤实现，见图4。[③]

[①] 基金从业人员资格考试命题研究组：《证券投资基金基础知识》（第1版），西南财经大学出版社，2016。

[②] 邹婷：《大数据在网络广告中的应用研究》，湘潭大学硕士学位论文，2015。

[③] 《思路＋步骤＋方法，三步教你如何快速构建用户画像》，http://36kr.com/p/5071701.html。

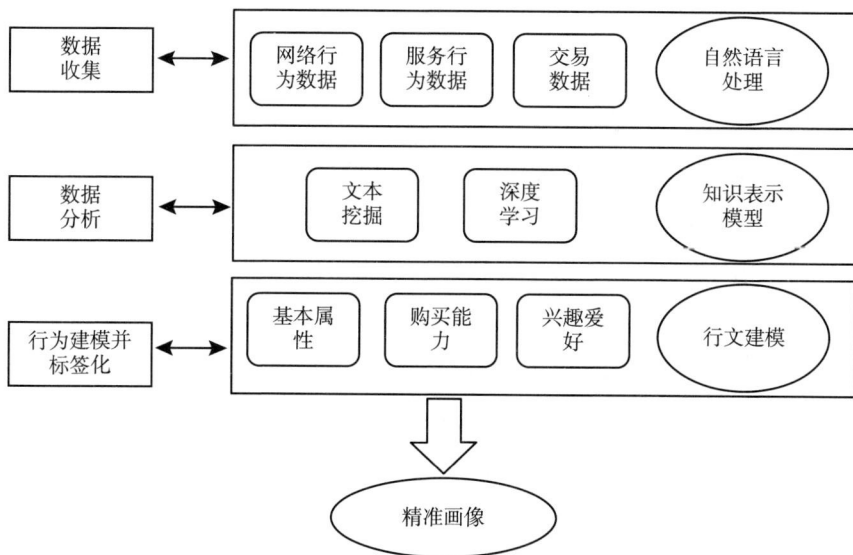

图4　客户精准画像

资料来源：https：//baijiahao. baidu. com/s? id = 1572214280145155&wfr = spider&for = pc。

（1）数据收集

①文本数据的收集与整理。

基础文本数据收集包括客户的基本信息，如基本家庭情况、财产情况、工作情况、历史交易记录、社交数据、生活形态偏好、兴趣爱好等。一方面，这些数据有些是计算机可直接识别的，而有些则需要先进行识别和分析，由于大量不方便机器直接使用的非结构数据的存在，这部分数据只有通过各种方法进行清洗后才可以被机器利用。另一方面，数据的存储会占用大量空间，但通过映射化简技术，大数据的处理任务可以交给云端服务器，并运用分布式数据，把它压缩到可以被处理的规模。①

②语音数据的收集与整理。

在进行客户投资适当性调查时，智能客服是与客户真正直接接触的系

---

① 刘瑶：《智能证券投顾：金融科技有燎原之势，将迎快速爆发》，http：//www. sohu. com/a/158097044_ 620847，2017 年 7 月。

统，所以语音识别和语义识别就显得尤为重要。自然语言处理（Natural Language Processing，NLP）是人与计算机交流的基础，它通过算法对繁复的语言文字信息进行分析、处理和理解（见图5），包含了语音和语义识别这两种技术。语音识别是通过特征提取、模式匹配，将语音转换为文本，以实现让机器识别语音的技术。目前，语音识别技术的成熟度较高，已达到97%的准确度且具备一定的分析能力，智能软件或智能机器人可以加入语境，以实现人与机器的多轮对话。[1] 对于语义识别技术来说，若要识别复杂的语言结构，系统必须对语言有粗略的理解，而自然语言处理主要就是挑战语境和歧义的难关。它借助 Word Embedding 技术，将文字表达转换为以数值表示的向量，再通过建立计算机框架来建立语言模型，并依据该语言模型来设计各种系统。[2]

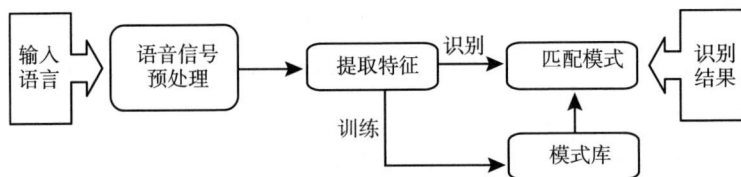

图5　自然语言处理

资料来源：李宏松、苏健民、黄英来、于慧伶：《基于声音信号的特征提取方法的研究》，《信息技术》2006年第30卷第1期。

（2）数据分析

在识别和理解各种信息的基础上，需要将数据转化为计算机可以运用的形式，即知识表示模型。[3] 现今被广泛应用的知识表示模型有元组模型和对象模型两种。对象模型指的是通过将各层次信息加入标签的方法来表示的

---

① 36氪研究院：《人工智能行业研究报告》，2017年2月。

② 邵艳秋：《"计算语言学"及其近义术语详解》，《术语标准化与信息技术》2009年第3期。

③ 姚金武、霍剑青、杨旭、袁泉、王晓蒲：《基于C/S的RBI专家系统的设计与实现》，《中国科学技术大学学报》2010年第6期。

"类 XML 半结构化数据"。① XML 半结构化数据实际上是一种可以被计算机识别的符号，也是一种方便用户定义的源语言。② 通过该语言，计算机可以处理各种各样的信息，并用它来标记数据特征、选择数据类型，使用者可以随心所欲地通过定义符号来描述各种数据信息③，使文档的内容更丰富并组成一个完整的信息系统。

（3）行为建模并标签化

利用上述结构化和量化的数据，将客户所有有关或看似无关但实则相关的行为作为自变量进行建模。由于数据量庞大，单机难以满足要求，所以必须使用分布式计算④，并利用数学算法模型选择出大概率事件，尽可能排除用户的偶然行为。具体来说就是根据消费者的投资期限、收益要求、风险偏好等核心特征抽象出该客户的标签⑤，每个标签都是从不同的角度观察、认识和描述投资者，但各个标签之间却存在着某种联系⑥，从而使用户画像更加精准，以形成对投资者需要最为准确的分析。之后通过多次的训练和检验，逐渐完善投资者信息全貌，并预测出投资者最有可能的投资选择和行为。

2. 投资过程

在用户精准画像形成之后，即投资者投资期限、收益要求、风险偏好既定的情况下⑦，智能投顾可以划定一个适合该投资者的投资范围，即哪些金融标的值得购买，哪些金融标的表现较好，哪些金融标的适合投资者。随后，根据经典的马科维茨资产组合理论，对精挑细选出的金融标的进行组合，计算出不同金融产品投资的百分比，为投资者匹配出最私人化和定制化

① 白硕：《关于智能投顾的技术和业态浅析》，http://www.sohu.com/a/116172422_481758，2016 年 10 月。

② 孔梦荣、韩玉民：《XML 基础教程》，清华大学出版社，2008。

③ 朱凯：《基于 B 方法的 XML 语义描述及其应用研究》，扬州大学硕士学位论文，2009。

④ 张凯：《面向电力分布式计算的任务调度机制研究》，华北电力大学硕士学位论文，2013。

⑤ 徐倩：《投资者适当性制度研究综述》，《合作经济与科技》2016 年第 20 期。

⑥ 《方法论：如何做好用户画像？用户画像的四个阶段和标签模型》，https://baijiahao.baidu.com/s? id=1572214280145155&wfr=spider&for=pc，2017 年 7 月。

⑦ 洪慧河：《我国中小企业板块流动性问题的实证研究》，江西财经大学硕士学位论文，2006。

的投资组合，以帮助其在投资约束下实现最大的投资收益。

（1）选择投资标的

计算机借助传统的投资理论，从数据库的 24 万家上市公司和 84 万投资标的中进行智能筛选，匹配用户的投资理念，选出可投资标的的范围。[①] 随后，在可投范围内，依据量化投资策略等方法，从量化金融的方法中选取中期和短期表现较好的标的。与传统选择投资产品仅考虑单个资产的收益、盈亏等数据不同的是，智能投顾还会分析基金管理人的投资风格、业绩表现等信息，以全方位掌握可投资产品的信息。[②] 为实现上述两个目标，深度学习技术的运用发挥了重要的作用。

深度学习的原理是构建具有很多隐含层的模型，并将前一层的输出结果作为后一层的输入变量，实现对输入信息的分级表达（见图 6）。模型层数越多，该模型的表达能力就越强，以达到拟合复杂函数的目标。[③] 在机器准确分析投资者特征，并提升投资者行为预测的准确性的基础上[④]，经过海量数据训练和算法模型的验证，运用深度学习的技术，可以迅速将客户需求与金融产品进行匹配，并筛选出适合其要求的可投资标的的范围。

（2）确定投资组合

马科维茨的现代资产组合理论（Modern Portfolio Theory）是智能投顾领域应用最广，也是最为重要的理论基础。该理论的主要思想是对投资要求的收益与风险进行匹配，确定了一定的风险水平后，运用该理论模型找出最优的投资收益率和与之对应的投资组合。[⑤] 在构建投资组合时，必须考虑到投资者的风险承受能力，所以应当构建含有多种金融产品的投资组合，而非仅

---

① 温晓桦：《人工智能加持，两位清华学霸想让投资更聪明》，http：//www. sohu. com/a/
109276800_ 114877，2016 年 8 月。

② 陈秀月：《祭出"调仓"功能 公募掘金智能投顾市场》，http：//finance. stockstar. com/
JC2017031300000025. shtml，2017 年 3 月。

③ 张岫、李骥远：《智能投顾：行业现状与展望》，诺亚控股有限公司，2016 年 2 月。

④ 余凯、贾磊、陈雨强、徐伟：《深度学习的昨天、今天和明天》，《计算机研究与发展》
2013 年第 9 期。

⑤ 周煦：《投资决策若干问题的数学模型及应用》，上海交通大学硕士学位论文，2004。

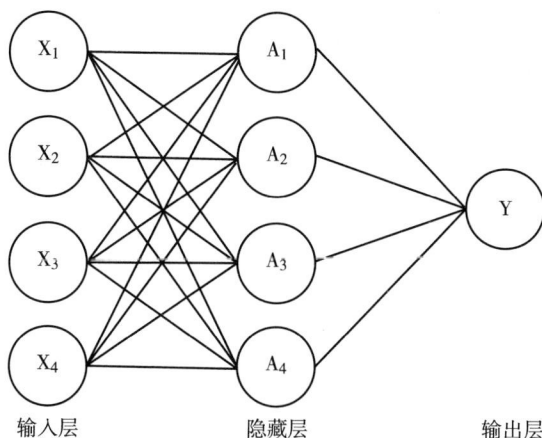

图6 深度学习

资料来源：https：//baike. baidu. com/item/深度学习/
3729729？fr = aladdin。

投资单一的投资标的。而深度学习技术能够从可选投资标的中自动筛选出满足条件的投资组合，并向客户提供清晰的投资方案。

马克维茨投资组合理论成立有如下三个基本假设：一是资产间的收益相关，单个金融资产的价格波动会受到极端个体因素的影响。二是投资者均为风险厌恶者，投资者承担的风险必须有相应的收益作为补偿。三是投资者仅需决定收益与风险，根据收益率估计投资风险。①

若上述假设成立，将参数量化，通过数学上的最优化求解便可得出对特定资产组合的分配方法。因此，选择最佳资产组合的方法是通过均值方差模型（Mean – Variance Optimization）来求解出不同风险等级下可以产生最大收益的投资组合。② 均值方差模型作为量化评估投资组合的重要工具，所求得的最优投资组合可以实现在风险一定的情况下收益最大，或收益一定的情况下风险最小。

假设目前有三类资产，股票、债券和大宗商品，当已知这三种资产各自

① 范良铸：《中国证券市场的最优投资组合选择研究》，武汉大学硕士学位论文，2005。
② 杜辉：《中国证券投资基金组合分析》，对外经济贸易大学硕士学位论文，2001。

的平均收益率、波动率以及关联度，通过最优化求解的方法，可以找到在预期收益下承担最小风险的最优投资组合。在不同风险承受能力下，分别求出其最优化的结果，将这些最优资产组合点连接成一个最优投资曲线，就成为有效边际曲线。在图 7 中，若投资者希望获得 5% 的年化收益率，其最优投资组合为 70% 的资金购买股票，15% 购买债券，15% 购买大宗商品，须承担 12% 的风险敞口（图中 C 点）。①

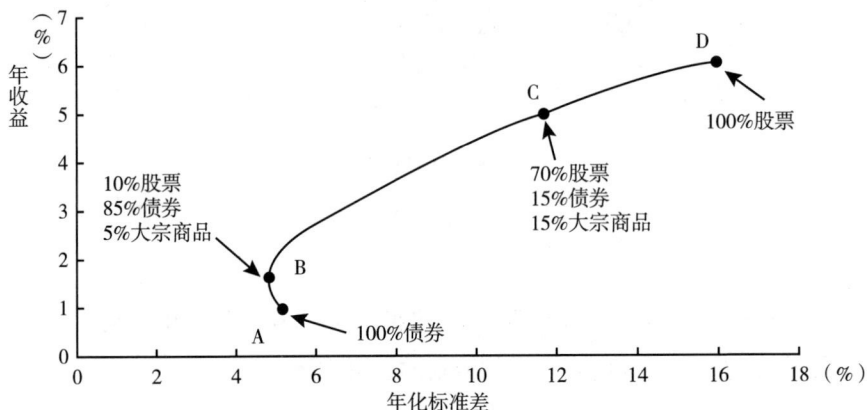

图 7　有效边际理论

资料来源：http：//www. iyiou. com/p/49185。

综上，智能投顾可以根据用户的风险承受力和需求精准策划，按照一定的投资策略，在投资标的和相应权重上进行选择和优化，为用户提供定制化的投资组合（见图 8）。② 如果风险承受能力（年化标准差）较低，则应少投资一些如股票等的高风险产品，更多地加入包括地方债和通货膨胀保值债在内的各种固定收益产品；但如果风险容忍度较高，则应该相应地提高各类股票产品如美股、海外股票、新兴市场股票等的投资比重。

---

① 《智能投顾困局：你以为得到一个阿尔法，错!》，http：//www. iyiou. com/p/49185，2017年 7 月。

② 刘瑶：《智能证券投顾：金融科技有燎原之势，将迎快速爆发》，http：//www. sohu. com/a/158097044_ 620847，2017 年 7 月。

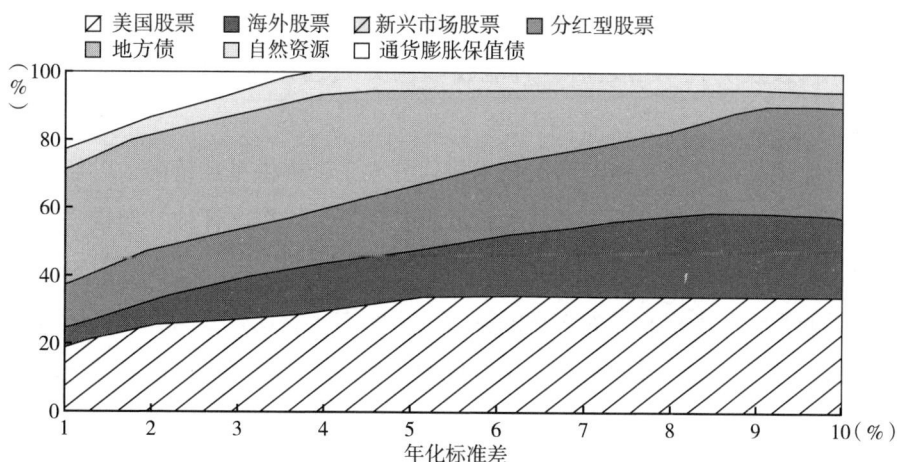

图8　不同风险偏好下的投资组合

资料来源：Wealthfront 官网，华创证券。

3. 投后管理

在投资完成后，实时关注投资组合的变化，并根据环境的变化及时变更投资组合并告知投资者，自动进行投后的调仓、复投等管理也是资本投资的重要组成部分。[①]

（1）优化投资组合

优化投资组合是指跟踪市场环境、投资者偏好和投资组合的变动，向用户提出风险警示[②]，并在得到客户允许后进行自动风控和自动买卖。资本市场风云变幻，投资过程中标的情况一方面会随着市场情况的变化而变化，另一方面也会受各种具体因素的影响而发生改变，所以实时跟踪每个标的的变化是必要的。密切观测潜在可纳入投资范围的标的，剔除不符合投资标准的标的资产，加入新的金融标的。另外，投资者的需求也不是一成不变的，不同的投资者在不同时期会有不同需要，例如继承了一笔财

---

① 《机器人投顾——金融投资领域的新角色》，http：//finance．jrj．com．cn/2016/05/09044020929338．shtml，2016 年 5 月。

② 余凯、贾磊、陈雨强、徐伟：《深度学习的昨天、今天和明天》，《计算机研究与发展》2013 年第 9 期。

产、新添家庭成员等，都会改变其投资期限、风险承受能力等因素。于是，在修改投资说明书之后，智能投顾应为其选择新的投资标的和投资策略。

为优化投资组合，神经网络技术将代替人工，提供更加精确、可靠的检测、预警与改进。神经网络算法的核心就是计算、连接、评估、纠错、疯狂培训，实现不断的自我繁殖和变异。[①] 在每笔交易完成后，机器将识别出表现优异的算法和表现不尽如人意的算法，不断淘汰表现较差的算法，通过不断试错，进行自我改善，最终产生最优的交易策略。神经网络的具体流程见图9，其首先将每日投资结果作为特定输入值，并加入"1"作为调整输出偏向的工具，每条连线都代表赋予输入变量的不同权重[②]，经过激励函数的计算，每一天每个节点都会产生一个新的资产净值，将其计算出来的值视为输出结果。正确值与输出值之间的差距越大，说明收益越高，则反映出该投资策略效果越好。[③] 通过比较每天的投资结果，对不同的投资策略进行奖惩，机器就可以不断进行学习，从而实现投资组合的不断优化。因此，在投后管理中，人工智能可借助大数据，根据客户自身及投资标的的变化，及时给出调整策略，优化投资组合。

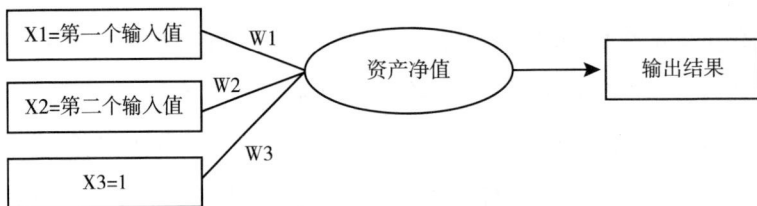

图9　神经网络算法

资料来源：https：//baike. baidu. com/item/人工智能/382460？ fr = aladdin。

[①]　王川：《关于深度学习，看这一篇就够了》，http：//tech. sina. com. cn/i/2016 – 02 – 23/doc - ifxprucu3124795. shtml，2016 年 2 月。

[②]　姚军：《利用神经网络思想优化铁路运营模式》，《铁路采购与物流》2012 年第 12 期。

[③]　张岫、李骥远：《智能投顾：行业现状与展望》，诺亚控股有限公司，2016 年 2 月。

（2）投资组合自动再平衡

投资组合自动再平衡（Portfolio Rebalance），是指根据用户所选投资组合和宏观经济背景，机器自动进行买进或卖出的操作，以维持投资组合比重与目标投资配置比例一致。[①] 自动再平衡技术是自动化投资的重中之重，此项技术可以在一段时间内自动再平衡各金融资产所占比重，在节省用户时间的同时，帮助投资者规避市场风险。例如，某投资者的初始投资比重为80%申购股票、20%申购货币基金，智能投顾将每隔一段时间，进行一次配置占比再平衡。如果这段时间股票大涨，那么期末就需减持部分股票，增持等额的货币市场基金，保证其在调整后比例不变，从而避免由主观判断导致的急于投资。[②]

（3）自动化配置与调仓

相较于传统的投资顾问，智能投顾可以提供更加多样的服务，帮助投资者实现自动税收亏损收割（Tax – Loss Harvesting）。税收亏损收割是指若某金融投资品出现亏损，机器可在自动卖出该产品的同时，挑选与其相关度较高的投资组合作为替代，以实现减少资本利得税的目的，并对节省的税收收益进行再投资，从而得到更高的投资收入[③]。在该领域，智能投顾可以迅速寻找与售出标的资产高度相关的产品进行投资，保证组合在保持一定风险和收益的情况下，将已确认的投资损失用来抵扣投资收益应缴纳的资本利得税，从而减少应缴税费。[④]

（二）"智能投顾"的核心优势

1.投资服务门槛低

智能投顾首先利用"精准画像"技术对目标投资者进行准确分析，然后通过算法自动求出满足条件的投资组合以实现收益和风险尽可能的平衡，

---

① 《智能投顾面面观之行业篇》，http：//www. jianshu. com/p/97b467 354dd7？from = timeline&isappinstalled =0，2017 年 2 月。

② 《傻瓜式交易（50～50 平衡策略）简约而不简单》，https：//xueqiu. com/1091244780/35145823，2016 年 7 月。

③ 陈宝健、邓芳程、庞倩倩：《智能投顾深度：得场景者得天下》，华创证券，2017 年 6 月。

④ 林喜鹏：《财富管理行业新风口，智能投顾开启新篇章》，方正证券，2016 年 7 月。

这个过程几乎完全可以依靠机器进行。因此，它节约了人工投顾的时间，有利于更加高效地为客户端（C端）中低净值客户提供投资建议、资产管理等服务，实现了资产管理从高净值客户专享到中低净值投资者广泛享受的转变，从而使C端客户的规模迅速扩大。[①] 目前，国内部分智能投顾的起投门槛已下降到5万元以下甚至零门槛，吸引了大量中产阶级客户，推动了普惠金融的发展。除了直接服务于非高净值客户，智能投顾也服务于由收入相对较低群体组成的机构端（B端）投资者。一些掌握了部分低端客户的传统金融机构，例如中小型证券公司、银行和资产管理公司等，由于投资实力不足，也会选择与智能投顾2B平台合作，专为B端中小微客户提供投资理财方案。[②]

2. 投资管理费用低廉

借助于互联网金融平台普惠、共享的特点，智能投顾不需要实体经营场所或大量线下理财顾问团队，仅需一台计算机就可以智能服务大量客户，从而解放了人工，节省了大量人力成本，进而降低了运营的费用。目前，智能投顾普遍采用"一费制"的管理费模式，费用种类和计费标准统一且透明，除了交易费和持仓费等中间费用由投资者自主支付以外，智能投顾平台仅收平均0.25%的管理费。另外，由于智能投顾主要投资ETF产品，这种被动投资策略完全参照某指数的权重，具有费率低的特点，一般年化费用率保持在0.55%以下，低于主动型基金1%左右的费率。[③] 假设ETF费用为0.15%，加上管理费用后，智能投顾的年成本普遍可以维持在0.6%以下，与传统投资咨询1%～2%的收费相比较为低廉。[④]

3. 投资范围广

全球资产配置型智能投顾，可以将本国客户资产标的投资范围扩展到全

---

① 《智能投顾面面观之行业篇》，http：//www.jianshu.com/p/97b4673 54dd7？from ＝ timeline&isappinstalled ＝0，2017年2月。
② 张颖：《计算机行业：智能投顾，人工智能尚远，但未来可期》，东方证券，2016年12月。
③ 智研咨询集团：《2016年中国智能投顾行业市场现状及发展前景预测》，2016年10月。
④ 诺亚财富：《智能投顾来了，你的饭碗能保住吗？》，http：//www.sohu.com/a/108343888_263443，2016年7月。

球市场中，分散投资组合的风险。在此过程中，智能投顾通过与国外证券交易平台相连接，在客户远程开户并打款后，凭借其完整的全球化资产配置平台，以购买ETF的方式，将资产配置到各国市场。① 智能投顾可根据不同客户类型，在全球范围内寻求最佳投资组合，这些投资组合包含各种各样的金融工具，涵盖不同期限，既包含境内产品又包含境外投资产品，关联性低，实现风险对冲，足不出户即可实现全球资产配置，能够在长期内获得稳健收益。

4. 服务流程简易且高效

智能投顾依托于互联网，在风险测评环节中，投资者只需回答投资适用性调查的相关问题，机器便能根据投资者的历史行为和简单的对话，评估出投资者的风险容忍度并确定投资方案，迅速了解客户和相关产品，所以客户无需花费大量时间与精力来做沟通。另外，智能投顾可以在 7×24 小时内随时响应客户需求，全天候连轴运转，跨地区和时差严密监控全球金融市场，以实现高效、精准匹配用户资产管理的目标。②

（三）"智能投顾"的落地案例

目前，国内外智能投顾平台迅猛发展，传统金融公司及互联网公司也纷纷进入该领域。2015年美国智能投顾业的融资规模已达2.46亿美元，规模以上公司累计完成30次融资，新设相关公司达44家。③ 另外，中国也是智能投顾发展的沃土，由于我国互联网财富管理拥有较高的渗透率，传统理财市场的服务完全无法满足居民强大的理财需求，这使得智能投顾的创新对于传统市场的变革更有冲击力。④ 下面，本文选取智能投顾领域发展较好且具有代表性的公司或产品进行详细介绍。

---

① 林喜鹏：《财富管理行业新风口，智能投顾开启新篇章》，方正证券，2016年7月。
② 华中炜：《金融科技前瞻系列报告之二——智能投顾：科技为桨，服务为舟》，华创证券，2016年8月。
③ 陆金所投资理财平台：《AI——智能投顾》，http://www.sohu.com/a/151870494_355072，2017年6月。
④ 高建、张经纬：《智能投顾：财富管理行业的新变革即将来临!》，东北证券，2016年12月。

1. Wealthfront（财富前线）

目前，全球发展最好的智能投顾是美国的 Wealthfront（财富前线）公司。该公司的模式在 2015 年获得了重大成功，目前公司总规模超过 10 亿美元，它的优势主要体现在下述几个方面。

一是 Wealthfront 的起投门槛很低，仅为 5000 美元，所以其目标客户群主要是 20~30 岁具有一定创新精神且有经济实力的年轻中产阶级。二是投资范围广，包括十一大类金融产品，除美国股票、发达市场股票、新兴市场股票、股息增长性股票、公司债、新兴市场债券等较高风险的产品以外，还有美国国债、抗通胀国库券、自然资源债券、市政债券等具备低波动率、通货膨胀保护、节税等优点的投资标的进行组合，并根据不同风险配置不同的资产。三是收取的管理费用非常低。Wealthfront 的大类资产全部使用 0.25% 的被动型 ETF 费率，无论投资额度大小均采用单一费率，且收费标准透明保证无灰色费用，所以其管理费仅为传统投顾管理费率的 1/7 左右。四是操作简单，Wealthfront 通过调查问卷的方式分析投资者需求之后，利用马科维茨的现代资产组合理论和回报估算模型等经济学基础理论，自动且智能地为客户选择符合个体需求的投资组合。[①]

2. 天弘"风向篮子"基金

天弘基金于 2017 年推出了基于自身策略的智能投顾产品"风向篮子"。它的主要原理是通过深度挖掘历史数据的规律，剖析和估计资金主力的流动方向，提早下手，以求在投资热点形成初期买入，在热点散去时卖出，并根据市场情况对所有投资组合进行量化智能调仓，以达到控制风险并提高收益的目标。在产品设计方面，"风向篮子"利用的是天弘中证 500 指数基金和天弘现金管家货币基金组合，当市场行情好转时，该基金自动选择持有天弘中证 500 指数基金，而行情不好时则改持货币基金组合。根据天弘基金"风向篮子"的数据，截止到 2017 年 2 月 27 日，"风向篮子"收益率达到 153.33%。与传统的动量策略一般采用"指数基金 + 债券基金"组合不同，

---

① 武超则、程杲：《智能投顾："Fintech + 智能"最前沿》，中信建投，2016 年 9 月。

"风向篮子"采用的是"指数基金 + 货币基金"的动态组合策略①，它能根据市场宏观环境的变化智能调仓，从而很好地解决了"买什么"和"什么时候买"两大主要问题。②

3. 招商银行摩羯智投

2016 年 12 月 6 日，摩羯智投正式上线，它标志着商业银行打开了智能理财的大门。该平台会在确定投资者投资期限和风险容忍度后，根据客户要求的收益率，自动匹配适合该投资者的资产组合，然后客户可以自主决策是否购买。另外，摩羯智投也提供了较为完善的投后管理，为投资者提供不断更新的投资组合调仓建议。比如，摩羯智投会实时跟踪全球市场，并同步计算最优产品组合比例，如果客户所持组合偏离最优状态，机器可以自主向客户发送"一键优化"的建议。③ 现阶段，虽然人工智能技术中的深度学习在摩羯智投中运用广泛，但它并没有完全依赖计算机，而是通过人与机器的智能融合方式，为广大投资者提供智能、便捷且收益稳定的投顾产品。④

三 "智能投顾" 的实现路径

（一）"智能投顾"的现实困境

智能投顾行业仍处于发展萌芽期，颠覆性产品尚未出现，数据使用和技术都需进一步研究和发展。国内智能投顾还处在概念阶段，大量机构共同角逐但仍未出现具有绝对优势的领跑者，且大部分智能投顾公司仍未实现盈

① 天弘基金：《推出"风向篮子" 跟踪"敏感资金"》，《股市动态分析》2017 年第 10 期。
② 《天弘基金入局智能投顾 再度布局金融创新》，网易财经，http：//money. 163. com/17/0512/14/CK89D29500258104. html，2017 年 5 月。
③ 《招商银行 APP5.0、摩羯智投正式上线》，http：//www. cmbchina. com/cmbinfo/news/newsinfo. aspx？guid＝61a802d3－7fcd－4390－8aa0－213899bde228，2016 年 12 月。
④ 廉赵峰：《摩羯智投：开启银行智能理财新时代》，http：//www. sohu. com/a/144753079_694776，2017 年 5 月。

利，处于投资阶段。[1]

1. 投资标的关联性强

分散化投资，即在投资组合构建中，将相关性较弱的金融标的组合在一起。如果可以保证不同产品之间具有较低的相关系数，那么即使某资产出现暴涨暴跌的情况，其他资产也不会随之发生相同方向的变化，从而平滑收益，有效地对抗市场剧烈波动。[2] 然而，由于受到市场的限制，目前市场上可以选择的金融产品数量有限，可投资资产类别不足，所以难以构建合适的投资组合。当遇到系统性风险时，资产波动互相影响，市场上金融产品将普遍呈现"同买同卖，同涨同跌"的态势。另外，投资标的关联性强的问题也可能导致投资产品分散风险的成本提高。

2. 数据可得性差

为实现针对所有客户私人化、定制化的服务，机器必须使用高度丰富和准确的客户数据来对客户风险判定进行高精度的评判。但是对于初创型公司来说，首先其很难源源不断地获得可靠的客户数据来源，因为企业所需要的数据除了传统的消费和社交数据，还包括与投资期限和风险偏好有关的大数据。[3] 然而，这些数据的可得性较差，虽然商业银行平台拥有海量的用户投资理财和财务信息数据，在客户数据上具备强大的优势，但是其余中小投顾公司所拥有的数据量非常有限。其次资产端口的金融数据被钳制。EMC 和 IDC 发布的数字宇宙研究报告显示，2013～2020 年全球数据量将增长 10 倍，并且数据类型、层次、场景更加丰富。但由于用户的行为、消费、投资等数据仍未打通或存在使用门槛，即使存在大量数据，但可用性较差，使得资产端口的数据壁垒仍然较为严重。[4]

---

[1] 姚军：《智能投顾：当量化金融邂逅机器学习》，微众银行，2016 年 12 月。

[2] 华中炜：《金融科技前瞻系列报告之二——智能投顾：科技为桨，服务为舟》，华创证券，2016 年 8 月。

[3] 《传统投顾解决不了的问题，智能投顾也许能起到推动作用》，http://www.tmtpost.com/2558765.html，2017 年 1 月。

[4] 郝彪、丁文韬、朱悦如、王维逸：《智能投顾：开启资产管理新时代》，东吴证券，2016 年 7 月。

3. 技术基础薄弱

目前，智能投顾仍被认为是一项不成熟的技术。人工智能在模型的有效性问题上仍未实现共识，人工智能相关技术的成熟度也未实现突破，其可靠性有待验证。[①] 具体来说，首先，语义分析仍是难点。在目标客户分析阶段，语音识别的准确度已经得到验证，但语义识别的很多目标目前人工智能仍无法实现。例如，机器还不能与投资者进行无障碍的对话沟通，并且无法从社交语言中提取出相关信息等。其次，深度学习能力较弱。在资产配置阶段，机器在投资者"精准画像"、投资标的评估和业绩归因等方面的学习能力有限，无法实现对产品进行全面评估，也无法做到产品较好地匹配客户投资需要，最终无法实现为投资者智能挑选符合其需求与偏好的金融产品的目标。最后，机器学习在新闻热点识别与分析、重大事件跟踪等方面还存在差距，无法实时、具体地评价金融产品在某一时期的情况，无法为投资者选择符合行情发展且有上涨趋势的投资标的。[②] 因此，目前在市场上智能投顾更多的是起辅助性作用，仅用人工智能替代人工进行简单的操作。

4. 长期被动投资模式接受度不高

智能投顾在发展的初期，由于技术限制，大部分主动投资的产品受限于经济的波动很难跟上市场的节奏，最终导致单位资产净值围绕 1 波动，很难获得收益甚至面临亏本的局面。然而，被动投资策略往往可以抓住市场的规律，在长期可以获得较好的收益。但在我国，大部分投资理财客户普遍缺乏长期投资和资产配置的习惯，无论是高净值客户还是中小散户，在金融资产投资上仍是散户的操作模式，这就导致被动投资在我国发展困难。[③] 从全球资产投资规模的角度进行分析，被动投资和指数投资是发展趋势，但是国内资本市场的 ETF 数量很少，且可加入组合的 ETF 品种相对单一，产品结构较为简单，这极大地限制了投资组合的构建。

---

① 姚军：《智能投顾：当量化金融邂逅机器学习》，微众银行，2016 年 12 月。
② 冯钦远、陆婕：《智能投顾发展趋势跟踪报告——中美模式的殊途同归》，川财证券，2017 年 5 月。
③ 于潇：《智能投顾：国内尚存发展限制，传统金融机构更具优势》，华创证券，2016 年 11 月。

（二）"智能投顾"的困境解决

1. 提供多元化投资产品，进一步开放金融市场

在资本市场越来越专业化、多元化的时代，股票不是交易市场柜台可交易的唯一工具，它还包括期权、互换衍等丰富的衍生品。[①] 一方面，政府应当进一步放开证券市场的交易条件，允许多样化的产品运行交易，提升市场活跃度，从而更好地为投资者提供各项服务。另一方面，在开放的同时，必须保证市场的良好运行。[②] 政府应该发挥其职能，主动控制和调节系统性金融风险，运用逆周期调节的方法，加强对金融市场的统筹协调。[③]

2. 丰富并开放数据集

拓宽数据来源，对已有数据进行维护，保障数据库的多元化和准确性。政府可以出台相关政策，开放数据库，在设置好一定的权限后，向该行业相关公司大力推广，企业配合政府建设行业数据库。对于某些行业的非机密性信息和数据，政府和监管机构可以制定出台企业和政府信息披露的意见与建议，该行业上市公司年报等相关数据的披露可以使用由机器直接识别的语言，从而方便相关机构对各企业经营情况进行汇总，并进行共享。除了企业数据以外，政府也掌握了大量行业数据，政府可以开放更多数据，并带领企业共同建设共享数据库。

3. 创新机器学习技术

面对语义识别和深度学习的困境，增强机器的学习能力是重中之重。一方面，对已有的深度学习技术进行改善，尝试新的算法，例如引入包括逻辑回归和线性判别在内的线性回归以及 CART、随机森林等树模型，从而改变深度学习的效果，提高深度学习的能力。另一方面，引入新的学习方式——

---

① 天弘基金：《推出"风向篮子" 跟踪"敏感资金"》，《股市动态分析》2017 年第 10 期。

② 吕志强：《推进我国场外市场的法制构建：以新三板扩容与产权市场整合为背景》，华东政法大学硕士学位论文，2013。

③ 杨文悦、上官发清、付秋虹：《宏观审慎管理框架下系统性金融风险的测度与防范》，《海南金融》2012 年第 9 期。

强化学习，为智能投顾打开新的大门。强化学习是机器学习中的一个领域，它运用序列决策（Sequential Decision Making），基于环境反馈，通过逐步试错并得到相应的奖惩，来不断加强对趋利决策的选择。具体来说，强化学习可以在深度学习分析和预判客户投资行为的基础上，再利用增强学习的方式对每一次投资结果进行剖析后得到准确的反馈，并利用此来不断调整之前的投资行为，不断进行回测，以追求与投资者投资目标偏差最小的方案。[①]

4. 宣传多种投资理念

中国存在大量中小散户且该群体对不同投资策略的方法了解甚微，面对这种情况金融从业人员在对投资者进行金融产品宣传时，应全面披露产品的风险。力求做到客观阐述主动投资产品和被动投资产品业绩的真实情况，尽量做到产品信息对称，让投资者充分认识到主动投资面临的潜在风险，帮助其选择与自身投资偏好和要求相匹配的投资产品。与此同时，为投资者介绍新的投资理念，介绍被动投资策略的投资逻辑和优势，让投资者了解被动投资在分散风险、长期获得较为稳定回报等方面的优势，同时说明被动投资自身的不足。

（三）"智能投顾"的战略步骤

智能投顾能够为拥有不同财富情况的用户提供自动化、智能化、个性化的资产配置建议，满足了广大投资者的需要，势必会成为未来的发展趋势。另外，随着经济的不断发展和人民收入的不断提高，中小散户的投资需求日益扩大，智能投顾作为一种由人工智能、大数据技术与传统财富管理完美结合的行业，满足了中小投资者的资产管理要求，市场需求也将进一步扩大。[②] 在短期，它或将成为资管产品销售的方式之一，为非传统资管公司提供进入该领域的通道。但在可以预见的未来，智能投顾将成为金融机构

---

① 刘威志：《深度增强学习：走向通用人工智能之路》，http：//www.sohu.com/a/125019663_297710，2017年1月。

② 陈宝健、邓芳程、庞倩倩：《智能投顾深度：得场景者得天下》，华创证券，2017年6月。

实行普惠金融的重要工具，成为金融产品优化和投顾服务降低成本的必要手段。[①]

"人工智能＋投资顾问"未来的发展应当分为如下四个阶段，见表3。第一阶段到2020年，技术创新和人才储备使人工智能的各项底层技术得以完善，在成熟的技术支持下，智能投顾的可行应用场景得以预见；第二阶段从2020年到2023年，开放与共享数据，在大数据的基础上对社交数据等各种形式的数据进行分析，实现为投资者"精准画像"；第三阶段截止到2027年，随着金融市场不断的开放与发展，智能投顾相关配套措施全面完善，监管机制健全，各智能投顾机构可以在法律允许的范围内，发挥其自主性与创造性，寻找合适的投资模式；第四阶段到2030年，智能投顾将引领投资新风尚，在促进人工智能成果向应用转化的基础上，寻找新的投资策略，为广大投资者提供多样化、个性化的服务。

表3　智能投顾的战略步骤

实现目标	具体内容	时间
技术创新与人才储备	1. 机器学习、神经网络等基础核心技术取得重大突破 2. 建设人工智能创新基地，加快该领域人才培训和储备 3. 不断推动人工智能领域的大众创业	2017～2020年
数据开放	1. 推动投资者相关数据共享开放 2. 形成对投资者投资需求的精准评估	2020～2023年
智能投顾的配套设施完善	1. 完善智能化基础设施建设 2. 逐步开放金融市场，创新金融产品种类 3. 根据相关法律，发展监管科技，规范智能投顾的行为	2023～2027年
引领投资新风尚	1. 推动人工智能的技术成果和配套设施相互融合，加快技术转化应用的步伐 2. 加强官方或非官方等各种形式的国际合作，谋求人工智能在全球发展共赢	2027～2030年

---

① 慧辰资讯：《中国智能投顾市场发展趋势研究报告》，慧辰资讯，2017年2月。

人工智能在金融交易领域的创新突破

洪悦崧 *

摘　要：　现阶段我国金融交易方式逐渐多样化，量化交易和高频交易体系尚有较大提升空间，金融交易存在人为因素干扰、算法模型创新不足、数据处理能力不强等痛点。把人工智能运用到金融交易，利用人工智能的自然语音处理、知识图谱和深度学习等技术可以有效避免人为因素干扰交易，提高数据提取与处理效率，有效创新算法模型。"人工智能＋金融交易"目前处于发展前期阶段，技术尚未成熟，基础设施环境有待完善，潜在风险增加以及故障排解成本提高，针对此，政府要出台相关政策，加大资金投入和人才引进力度，金融机构要积极参与研发创新，高校配合培养人才，不断推进"人工智能＋金融交易"实现"四步走"战略。

关键词：　人工智能　金融交易　量化交易　高频交易

一　我国金融交易领域的现状与不足

（一）我国金融交易领域的发展现状

金融的本质是资本价值跨时空配置，凡涉及价值跨时空的交易都属于金

＊ 洪悦崧，湖南大学金融与统计学院，研究方向为金融科技发展与影响。

融交易。① 目前国内金融交易领域的基本情况为：商业银行既保留网点柜面交易，同时也致力于运营线上平台；证券行业交易基本依托于线上平台；互联网金融出现的目的是构建一个基于互联网、云计算和大数据等技术的平台方便客户交易，因而其交易都是线上进行的。由于金融交易涵盖很多方面，本部分以量化交易和高频交易为例，简要介绍这两种金融交易方式的发展现状。

1. 我国量化交易发展现状

量化交易充分利用计算机技术，综合数学和统计学思想，通过学习分析大量数据，制定相关投资策略，并对其进行验证，然后严格依照策略交易，目标是获取持久且波动幅度小的超额收益。② 国内量化交易发展较晚，其发展现状如下。

（1）量化交易市场策略工具逐渐多样化

国内量化交易逐步进入量化 2.0 时代，量化交易市场工具和策略开始呈现多样化趋势，人才资金不断往综合实力强的公司企业汇集，行业竞争日趋白热化。在交易工具方面，目前有商品期货和股指期货等，国内相关机构还致力于推出商品期权等交易工具。在量化策略方面，量化工具可选择的策略范围外拓，包括量化选股和指数增强等策略，相关的产品品种日渐丰富多样③。根据统计数据，2016 年量化交易中采用相对价值复合策略的占比95.02%，管理期货占比 1.42%，股票量化占比 0.54%，复合策略占比2.31%，具体如图 1 所示。④

（2）不同策略收益存在较大差别

不同量化投资策略在各自基础市场上的收益存在较大差别，2016 年管

① 刘斌：《我国传统金融企业开展互联网金融产品创新的研究》，天津大学硕士学位论文，2014。
② 蓝志青：《经济数据公布对外汇市场的冲击效应研究》，厦门大学硕士学位论文，2014。
③ 徐文擎：《抢占速度高地，私募量化交易进入 2.0 时代》，http://www.cs.com.cn/tzjj/00/201703/t20170321_5214025.html，2017 年 3 月 21 日。
④ CCTV 证券资讯频道金融研究院：《量化投资的前世今生：多元化策略或是国内发展趋势》，http://money.163.com/17/0508/14/CJU1KC790025817L.html#from=relevant，2017 年 5 月 8 日。

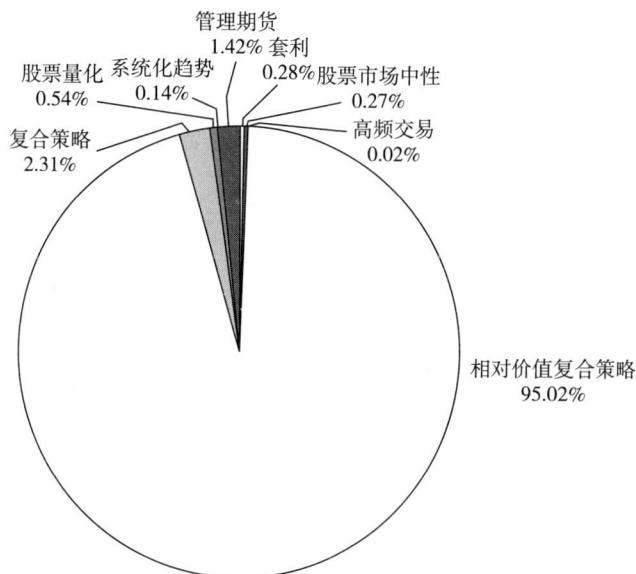

图1　2016 年国内存续量化策略分布

资料来源：网易财经，http：//money. 163. com/17/0508/14/
CJU1KC790025817L html。

理期货和股票策略私募产品收益率呈现相反态势，股票私募局限于产品，而期货私募规模却不断扩张。私募的八大策略产品业绩表现也不尽相同，据私募排排网统计，净值日期为 2016 年 11、12 月，债券策略产品的平均收益率为 5. 54%；宏观策略收益尚可，截至净值日期已公布的产品平均收益率为 4. 95%；相对价值表现差强人意，截至净值日期已公布的产品平均收益率为 1. 33%，具体如图 2 所示。[①]

（3）量化投资市场环境不稳定

国内量化投资从 2008 年至 2016 年整体呈现向上姿态，目前小盘效应处于回撤状态，尤其体现于量化基金的行情走势。在 2016 年整体震荡的市场环境下，量化基金表现出较强的抗跌性，相关数据显示，90% 以上量化基金

---

① 吴君：《2016 收益最好的私募基金名单出炉：最牛赚 7100%，股票、期货上演冰与火之歌》，《中国基金报》2016 年 12 月 22 日。

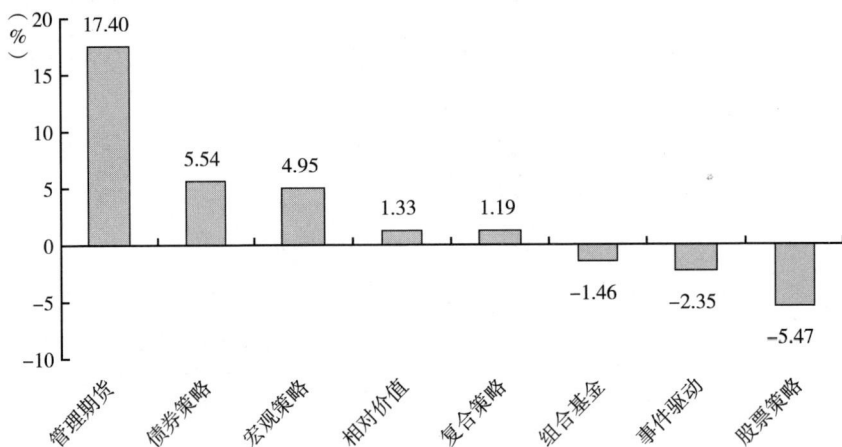

图2　2016年量化投资不同策略收益表现

资料来源：私募排排网，http：//fund. eastmoney. com/news/1590，20161223696385698.
html。

跌幅小于同期沪深300指数。但是2017年市场行情突然逆转，据同花顺iFinD不完全统计，截至2017年6月末，半数以上主动型量化基金业绩为负，市场呈现不稳定态势。[①] 国内目前量化交易机构中采用简单程序化交易的占多数，计算机还较难自主学习建模，部分技术算法尚未与时俱进。[②] 此外，国内市场存在限制，有限空间使得量化策略难以有效实施，而且国内投资者偏好于在一定期限内获得回报，与部分更适用于长期投资的量化交易存在出入，进一步导致投资环境不稳定。

2. 我国高频交易发展现状

高频交易是指发挥速度方面的优势，抓住普通投资者没有能力觉察操作且转瞬即逝的市场变化，凭借小差价、大批量策略赚取收益的计算机化交

[①] 赵君：《量化基金大逆转》，http：//finance. sina. com. cn/manage/mroll/2017 – 07 – 07/doc –
ifyhwehx5335441. shtml，2017年7月7日。

[②] 简越：《王一鸣：解码中国的量化投资现在与未来》，http：//www. 7hcn. com/article/210975 –
1. html，2015年11月10日。

易，交易系统延迟越低获得的收益可能性越高。[1] 高频交易在国内起步晚，整个发展过程步履蹒跚，其发展现状如下。

（1）交易市场存在限制

国内 A 股市场实行"T + 1"结算机制，在此情况下投资者难以进行量化交易。金融期货交易所采用实时结算的"T + 0"机制，目前高频交易只能够在股指期货和 ETF 市场开展。同时，保证金的存在也限制了高频交易。高频交易者每日的交易频率非常高，使得现金资产快速流动，难以避免会发生某一标的资产盈利瞬间变现以填补另一标的物保证金亏空部分，进而影响高频交易策略的实施。[2] 此外，为维护市场实行的差异化交易费用的存在，市场一定程度上也限制高频交易。

（2）中国监管机构严格监管

中国监管机构对高频交易监管严格，部分准许在其他市场开展的交易在我国均可能被界定为违法操作，导致高频交易施展空间小。[3] 据中国金融期货交易所相关规定，单一合约的撤单次数限制为 400 次，沪深 300 等合约限价指令每次最大下单数量为 20 手，市价指令则为 10 手。大量或者多次进行高买低卖交易、快速下单影响交易所正常交易秩序或系统安全等行为都被中金所列为异常交易行为。

（3）软硬件设备尚有提升空间

我国现阶段的高频交易软硬件设备尚有一定的提升空间。目前国内机构少有为了争取极短的时间优势投资将设备移至距离交易所服务器更近地方的案例。同时，我国在计算机性能和高频交易报价系统方面还有较大完善空间，交易所报价系统不提供每笔交易信息立马传送给客户的服务，而是隔一定时间再将某一期间发生的交易信息整合发给客户，目前间隔时间为 500 毫秒，此单位级别的延迟对于高频交易者具有非常大

---

① 李颖越：《证券广播节目传播效果研究的三条路径》，《中国广电视学刊》2014 年第 2 期。

② 岳重洋：《期货市场相关政策对高频交易的影响》，《期货日报》2013 年 12 月 18 日。

③ 吴佳柏：《高频已退出历史舞台》，http：//futures. hexun. com/2017 - 07 - 10/189971525. html？from = rss，2017 年 7 月 10 日。

的影响。[1] 此外，国内算法与国外相比存在一定差距，现今国内完善性特别好的算法不多。

综上，人工智能在金融交易领域的运用处于初级阶段，属于弱人工智能时代，交易中更常使用的为人工智能较强的数据处理能力，应用主要集中在证券期货基金方面，特别是量化交易，其他金融交易领域对人工智能的应用还有较大的发展空间。

（二）我国金融交易存在的不足

1. 人为因素干扰交易决策

在金融交易的过程中，人为因素（包括人性弱点和生理极限）会对交易决策的准确性产生影响。一方面，人性弱点——贪婪、犹豫和好赌等，会使交易过程中或决策犹豫，或不按计划行事，出现更多的不确定性，进而影响交易。比如，投资者在交易时真正做到亏损不补仓、浮赢再补仓有一定难度，在市价低于成本时，投资者容易贪婪补仓，当市价高于成本时，不愿意追加，正是这样的误区把投资者的交易陷入永远为保住本钱而努力的困境。[2] 另一方面，生理极限限制部分操作行为。首先，人的精力和学识有限，无法长期持续高效做出准确无误的分析判断；其次，人的生理构造限制了对快速信息的捕捉，从眼睛获取信息，到大脑分析决策，再到手工输入下单，该过程需要一定的时间，而部分信息转瞬即逝；最后，人的操作能力有局限，如果一个分析师同时盯住多只股票，还需研读公司财报和以往业绩，一旦行情激烈，多只股票同时产生交易信号，分析师很难全面迅速完成每只股票的交易，而且偶尔难以避免因为紧张或者疏忽而产生失误决策或者键盘输入错误指令，进而导致错误的交易。[3] 目前比较普遍的做法是雇用大量分析师，但此举会提

---

① 梁正：《对冲基金专题：高频交易海外普及，国内发展仍显蹒跚》，http：//gold. hexun. com/2014 - 10 - 31/169923112. html，2014 年 10 月。

② 老莫：《阿尔法狗会否成为股市终结者？》，http：//m. 21jingji. com/article/2016 0315/herald/80d39f9c69ee6b2f449136e11423e346. html，2016 年 3 月。

③ 王晓易：《什么是程序化交易？》，http：//money. 163. com/15/0803/17/B0419 M5B00253B0H. html，2015 年 8 月。

高成本，鉴于人口红利逐渐消失，需要着重考虑该成本占总成本的比重。

2. 数据处理能力有待提高

根据半强势有效市场假说，市场只能依靠非公开信息来获得超额收益。但是获得非公开信息的方式并非仅局限于"道听途说"，数据挖掘一样可以获取具有同等效用的"非公开信息"。金融数据量大而庞杂，目前金融行业每 24 小时便会产生约 2.5 亿字节的数据，极短时间内利用人力在数据海洋中提取出有用的信息根本不可能。[1] 虽然现今程序化交易发展比较成熟，但是计算机的数据处理能力并非无限，其只能处理结构化数据，而且难以避免出现伪回归，这都会影响模型预测的准确性。

3. 算法模型创新不足

我国的量化交易、高频交易等起步比国外晚，而且国内对该领域监管限制比较严格，发展并不顺利，在关键技术方面同发展较好的国家相比还存在差距，特别是基础算法模型方面，部分算法借鉴国外市场，但是由于两国市场环境不一样，直接引进再改良也不一定适合本土市场。此外，目前的模型算法不够创新独立，基于纯数据分析和依靠人工设定的算法比较多，机器很少能够独立生成相关算法模型。

4. 风险监管不到位

近年来市场不断推出新的金融交易方式，对金融机构和服务产生深远的影响，但相关的监管还未全方位到位。一方面，金融交易数据种类多，要进行具体详细监管，逐一核对账目是很困难的，而且现今很多金融风险更具隐蔽性，增加了金融的系统性风险。另一方面，存在一些不合规操作，每笔交易单独审核合规，但是所有的交易整合起来可能存在问题。比如，目前有一些金融交易能够直接为需求方和融资者输送资金，避开体系，单独审核每一笔交易可能都是合法的，但是把全部交易结合起来，却是类似于庞氏骗局结构，这种情况事前难以监管，往往等到资金链断裂了，才露出端倪。[2]

---

[1] Chinapex 创略：《人工智能＋，解锁金融行业营销新模式》，http：//news. 163. com/17/0527/20/CLFIEFJU000187VE. html，2017 年 5 月。

[2] 柳小娟：《论中国式金融脱媒的风险及对策》，《经济视野》2014 年第 20 期。

二 "人工智能+金融交易"的解决方案

（一）"人工智能+金融交易"的技术架构

在传统的金融交易中，投资者必须接收行情信息，分析判断，通过经纪商下达交易指令，最后交易所竞价，如图3所示。如果把人工智能运用到金融交易中，则接收分析行情信息、做出决策、下达指令等都将通过计算机完成。目前人工智能在金融量化交易、高频交易中比较出彩，下文分别介绍"人工智能+量化交易"和"人工智能+高频交易"具体情况。

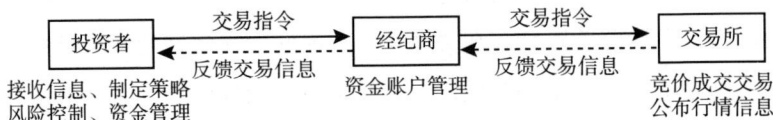

图3 传统金融交易流程

1. "人工智能+量化交易"

量化交易发展早期便已借助计算机进行交易，分析师主要工作内容为规划函数，设计指标，再利用计算机计算庞大数据，分析师仍旧是整个交易的重心。如果把人工智能运用到量化交易，则有效信息的收集提取、数据挖掘、逻辑关系分析、做出判断、进行交易等一系列步骤都可以有较大改进，海量数据可以被快速分析、拟合、判断。整体的技术架构如图4所示。

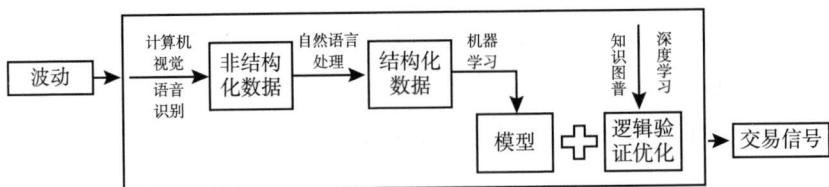

图4 "人工智能+量化交易"整体技术架构

资料来源：吴妙芸：《亿欧智库：人工智能产业综述报告》，亿欧智库，2017年4月。

量化交易运用人工智能技术的整个交易流程通常可以分为五个步骤，如图 5 所示，下文具体介绍每个步骤内容。

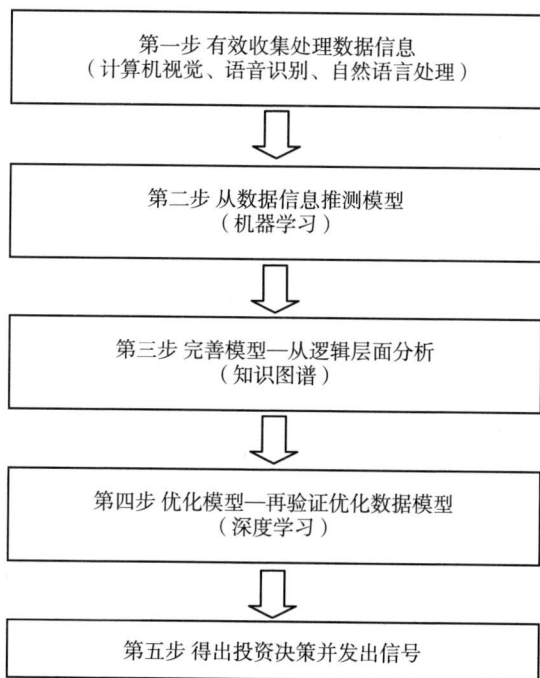

图 5　"人工智能 + 量化交易"基本步骤

（1）有效收集处理数据信息

利用人工智能进行量化投资时，完备的数据信息很关键。结合计算机视觉、语音识别以及自然语言处理技术，可以广泛收集处理信息，包括市场数据、报价信息等结构化数据和研报、政策等非结构化数据，有助于机器分析判断，让量化模型更好地把握市场动态。

①数据收集。

市场数据、报价信息等结构化数据可以直接从数据端获取，非结构化数据的收集可以运用计算机视觉和语音识别技术。

A. 利用计算机视觉收集图像等非结构化数据信息。

计算机视觉技术可以识别、跟踪和测量目标，并能对图像进行处理，使电脑能够更好地分析图像所包含的信息。[①] 比如，系统接收到从卫星拍摄的港口集装箱图像后计算机视觉处理流程如图6所示。

a. 目标检测和图像分割，对照片中无关事物海水等进行切除；b. 目标识别，识别出图中的目标为集装箱，进一步推测出集装箱数量范围和猜测属于哪个上市航运公司的航运；c. 行为识别，结合以往数据，判断得出该上市航运公司近阶段的集装箱运输情况信息，记为S1。

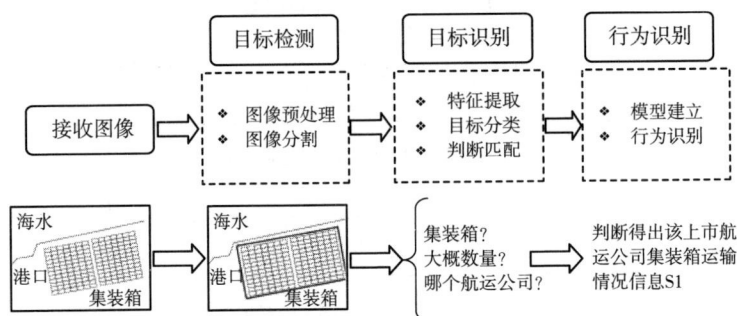

图6　计算机视觉处理流程

资料来源：36氪研究院：《人工智能行业研究报告》，2017年2月。

B. 利用语音识别收集语音等非结构化数据信息。

语音识别的主要功能在于可以使机器自主认识鉴别和理解口头表达的措辞，同时能将口头格式转变成文本格式。比如，国家领导人发表重要讲话，此类信息对市场相关板块具有较大影响力，而且通常官方文本发布存在一定滞后，可以利用该技术让机器识别，及时得出文本内容信息，具体技术流程如图7所示。

a. 重要讲话语音经处理成语音信号后输送到识别系统前台；b. 在前台对电信号进行预处理——端点检测，VAD静音切除操作，使用移动窗函数来实现声音分帧，进一步提取该语音信号特征；c. 转入后台，比较该特征

---

① 段汝娇、赵伟、黄松岭等：《计算机视觉技术在铁路检测领域的应用》，《中国铁路》2010年第1期。

与机器存放的语音模板异同程度，依据相关匹配原则筛选出最优模板；d. 根据此模板，采用相关模型将向量变成文本，输出识别结果 S2。

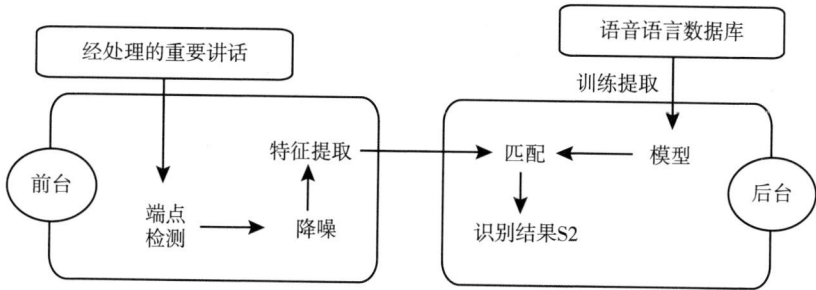

图 7　语言识别流程

资料来源：36 氪研究院：《人工智能行业研究报告》，2017 年 2 月。

②数据处理。

机器可以直接学习结构化数据，非结构化数据则需应用自然语言处理技术，让机器理解并解释人类写作说话的内容方可进行学习，以下简要介绍自然语言处理技术基本流程。①

a. 机器接收到非结构化信息 S1、S2；b. 启用词法分析技术，把句子拆分成单词，找出词素，确定词义；c. 启用句法分析技术，对词汇短语进行分析，识别出句法结构；d. 启用语义分析技术，把拆散的词素组合起来，理解整个句子的含义，得出系统可以理解的结构化信息，记为 S。

（2）从数据信息推测模型

量化交易的一个假设是认为市场历史会重复，可以通过研究挖掘历史的数据信息来构建模型，并以此为预测交易的基础。因此，收集处理数据信息后，此步骤可以利用机器学习技术，进行分析和构建模型。图 8 为机器学习技术基本步骤。

---

① 袁里驰：《融合语言知识的统计句法分析》，《中南大学学报》（自然科学版）2012 年第 3 期。

a. 前期准备，利用历史数据信息，不断训练系统，建立相关模型 M1；
b. 在前台接收最新的交易数据和经自然语言处理后得出的结构化信息 S；
c. 根据先前建立的模型，拟合分析得出预测的投资策略。

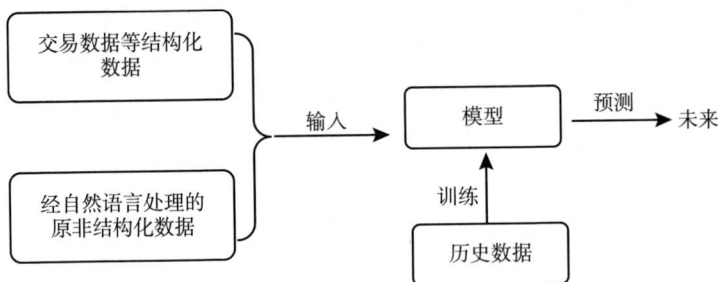

图8 机器学习流程

（3）完善模型——从逻辑层面分析

通过前两步得出的模型 M1 是基于数据关系直接构建的模型，难以避免会出现不能反映变量之间实际关系的伪回归。此外，模型 M1 基于历史数据信息，对于之前没有发生过的事件，模型可能无法正确判断，进而造成预测失误。对此可以利用知识图谱——基于逻辑关系的分析，减少意外事件的干扰。

①知识图谱三要素。

知识图谱必备三要素——标识符，属性值，关系。在知识图谱中，每个实体或概念用唯一确定的标识符进行标记；属性值刻画实体内在特性；关系用于描述实体之间的关联。[1] 知识图谱实质上是一种语义网络，根据一定的逻辑规则将不同实体通过关系组合成网络。在金融交易中，这个规则可以是投资逻辑、行业理解等；关系可以是企业上下游、子母公司等；实体可以是投资机构、企业等。[2]

---

[1] 胡芳槐：《基于多种数据源的中文知识图谱构建方法研究》，华东理工大学博士学位论文，2015。

[2] 36氪研究院：《科技炼金，融汇未来——金融科技行业研究报告》，2016 年 7 月。

②主要应用之从逻辑分析预测事件影响。

建立模型 M1 后，需要根据知识图谱，从逻辑上进一步分析某一事件发生对模型预测的影响。假设青岛海尔或其战略合作伙伴某上市公司 1 在本次策略考虑范围内，海尔收购通用家电事件发生后，相关知识图谱的一小部分见图 9。

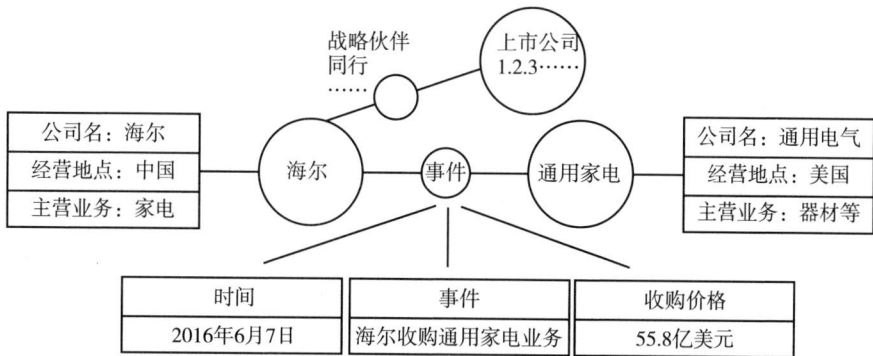

图 9　知识图谱

资料来源：尼克、陈利人：《知识图谱驱动投资》，https：//www.iwuzhen.org/c170406.html。

a. 前期建立知识图谱，尽可能涵盖到投资交易相关的所有实体；b. 发生事件，2016 年 6 月海尔收购通用家电；c. 根据知识图谱，分析该事件会对海尔和通用家电两家公司股价产生的影响，依据知识图谱，进一步推测此事件同时也会对与海尔是战略合作伙伴的公司 1 股价产生的某种影响；d. 对现有模型 M1 进行优化。

实体：海尔公司（公司名：海尔；营业地点：中国；主营业务：家电），通用电气（公司名：通用电气；营业地点：美国；主营业务：器材等）。事件：公司收购。关系：海尔收购了通用家电，通用家电被海尔收购了。

根据上例原理，利用知识图谱对黑天鹅等意料之外事件所产生的影响进行分析预测也比较有利。如中国 2015 年的熔断机制，机器可以利用知识图谱分析和熔断机制相关联的实体，然后从这些实体顺藤摸瓜地推测出其对被解释变量的影响。

③主要应用之检验模型是否有逻辑错误。

利用知识图谱可以检验所构建的模型是否存在逻辑上的错误，比如，构建的显著性水平高的一个模型中含有解释变量 A 和被解释变量 B，通过知识图谱，得到两者之间不存在关系，那么这个模型可能就存在伪回归现象，使用该模型进行预测可能导致错误判断。

（4）优化模型——再验证优化数据模型

此步骤利用深度学习技术对已经建立完成的合理模型不断进行训练，发现更多有效因子并进行回测，自动优化模型，让投资策略更好地应对多变的市场。深度学习本质上是神经网络的进化版本，增加了隐层数量，通常含有两个及以上隐层。① Alpha 策略是一种深度学习策略，该策略主要依据 Alpha 因子得分进行预测。Alpha 因子的选取标准比较宽泛，通常如果某因子与证券资产未来投资收益有一定关系，则可列为 Alpha 因子，该策略的一般流程如图 10 所示。

a. 前台输入当前 T 时刻及此前时刻市场数据信息 AT；b. 后台利用深度学习模型，利用数据信息 AT 预测 T 时刻后股票价格的变化 YT，探究两者关系，预测得分作为 Alpha 策略的因子；c. 根据得出的因子不断修改验证优化模型，使其更好地适应市场的变化。

（5）得出投资决策并发出信号

通过实行上述步骤，完成符合实际并且适应市场环境变化的模型构建，一旦市场数据开始变动，机器便开始不断预测分析判断，不断得出投资决策，依照模型算法发出指令信号。

2."人工智能 + 高频交易"

高频交易通过对庞大的实时数据进行分析，发现其中套利机会，快速自动进行交易，其交易策略有很多，如做市交易策略、统计套利策略等。一般

---

① 郑义：《深度学习进阶之路》，http：//rdcqii. hundsun. com/portal/article/549. html，2016 年 7 月 8 日。

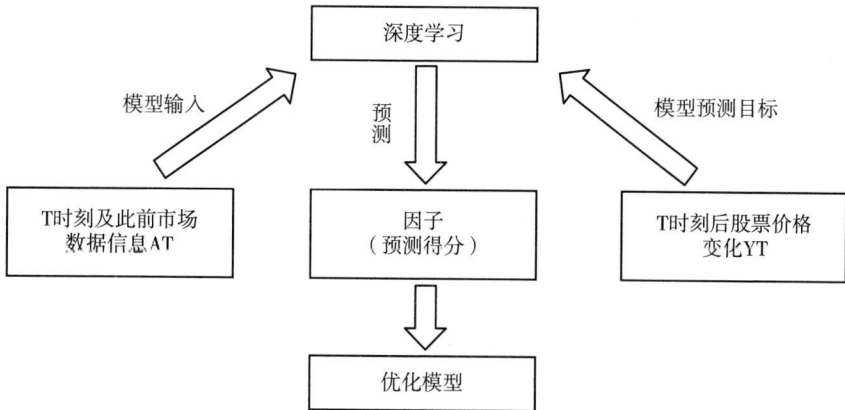

图 10　深度学习 Alpha 策略一般流程

资料来源：《解密 AlphaGo：深度学习投资策略研究》，广发金融工程研究，http：//
www. 360d oc. com/content/17/0111/19/35919193_ 621826375. shtml。

高频交易流程如图 11 所示。人工智能辅助高频交易是今后的发展趋势，由
于"人工智能＋高频交易"的技术架构和将人工智能运用到量化交易类似，
此处结合高频交易流程进行简略介绍。

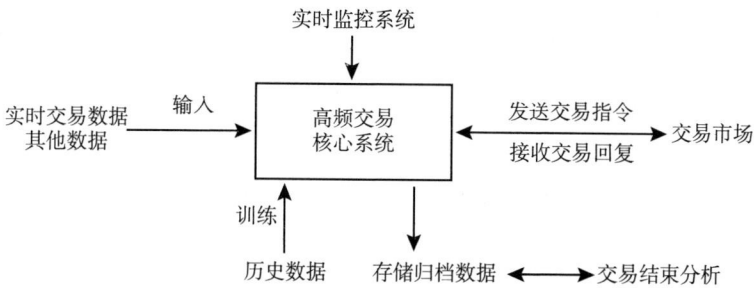

图 11　高频交易一般流程

资料来源：胡天福：《高频交易在中国证券市场的应用研究》，上海交通大学
硕士学位论文，2012。

（1）快速接收处理数据并输入核心系统

高频交易流程第一步需要快速接收并输入实时数据，根据不同的交易
策略，高频交易需要的信息并不一致，部分交易策略只需价格数据信息，

通常可以依靠接入实时市场报价系统获取数据。部分交易策略还需新闻政策等非结构化信息，此时可以利用人工智能的自然语言处理技术。比如，计算机接收到新闻信息，可以通过自然语言处理技术把非结构化数据信息转换为结构化信息，该过程的一般流程如图 12 所示。获取结构化的数据信息后，需要对数据进行降噪，去除冗余部分，并将数据信息输入核心系统。

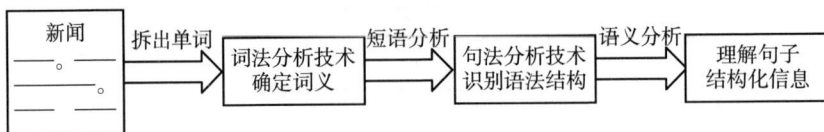

图 12　基本自然语言处理一般流程

资料来源：袁里驰：《融合语言知识的统计句法分析》，《中南大学学报》（自然科学版）2012 年第 3 期。

（2）高频交易核心系统接收处理信息并发出指令

高频交易核心系统前期需要利用历史数据不断进行训练，其具备强大的数据快速处理分析能力，能够在极短的时间内根据市场实时报价及其他输入的信息，进行分析和生成交易指令，并将其快速送达市场，同时做好风险防控。其中，部分交易策略凭借在不同市场间信息获取的速度优势，发现不同市场的不同定价，快速发出指令；部分交易策略需搭建复杂模型，分析预测未来行情走势，确定价格和仓位，此过程中可以利用人工智能基本技术来分析预测。

首先，机器学习，使用历史数据信息训练系统，进而构建多种策略模型，接收到最新数据后，用模型去预测未来的走势，确定仓位和价格。

其次，为避免存在伪回归现象，搭建知识图谱。知识图谱需要整合专家思维逻辑，并且在前期构建完成，在交易过程中直接利用其进行逻辑分析，有效提高模型预测的准确性。

最后，深度学习，测试影响因子的得分。通常来说得分越高，因素对价格的影响越明显，方向越确定，进一步修改完善模型，最后发出交易指令。

高频交易的策略很多，不同策略需要的分析过程不尽相同，以上人工智能技术在每一个高频交易中可以有选择地搭配使用，但是无论如何搭配技术，整个交易过程都需要在极短的时间内完成。

（3）接收交易回复并进行相关操作

发出交易指令后，核心系统要静待市场回复，并根据回复内容进一步操作。通常来说，如果市场回复的内容为订单成交，反馈给核心系统，系统可以据此推出目前市场上更深层次的价格信息，并在新信息的基础上再做分析判断。如果回复的内容为订单没有成交，反馈回核心系统，系统需要快速发出撤单指令并且做进一步分析。

（4）实时监控系统全程监控

在实行高频交易的过程中，实时监控系统全程监督检测所有指令交易，通常监控系统后台有人工监督，避免出现系统错误，确保系统正常运行，一旦产生错误，可以快速停止系统，有效减少损失。

（5）交易数据存储归档并分析

每个交易指令发出后，系统会对交易数据进行存储归档，并在每日交易结束后进行分析，主要分析的内容是当日交易执行盈亏与模型设计预期达到的效果之间的差距，并据此分析如何改进系统。[1]

为了更好地说明进行步骤3（接收交易回复并进行相关操作）的必要性，以自动做市商策略为例，简要说明。[2]

例子背景：当前时间发出的交易指令中，有投资者Q发出系列买单，希望能够在30.1元至30.4元的价格区间买入某一股票。

第一，高频交易能快于普通交易者接收到市场上的信息，但是目前信息没有全部透明公开，自动做市商为探明投资者Q的这条购买信息，先通过高频交易核心系统生成一笔30.6元的小额卖出订单，并将指令发出去。

第二，市场快速撮合，生成交易结果。

① 胡天福：《高频交易在中国证券市场的应用研究》，上海交通大学硕士学位论文，2012。
② 翰程、马卫华：《高频交易与金融市场安全》，http：//www.xcf.cn/tt2/201610/t20161017_777177.htm，2016年10月。

第三，系统接收回复——由于价格高于当前市场上所有投资者价格，不能立即成交。此时，核心系统需要迅速进行撤单操作，如果没有迅速做处理，市场上可能会出现愿意按30.6元价格买入的订单，那么订单便立即成交，与自动做市商的操作本意相违背。

第四，成功撤单后，系统再次分析，为进一步探明市场最低价格，发出卖价为30.5元的小额卖出订单指令，没有成交，立即撤单，继续发出30.4元的小额卖出订单指令。

第五，订单成交，系统分析得出市场价格上限是30.4元的买单。因此，在投资者Q订单到达市场之前，自动做市商先发出30.2元的买单指令，再以30.4元的价格卖给投资者Q，赚取0.2元差价。

（二）"人工智能＋金融交易"的核心优势

1. 有效避免人为因素干扰交易

人工智能运用到金融交易最核心的优点是使交易不受人性弱点和情绪干扰。系统前期学习大量数据信息，筛选模型，并根据当前具体环境完善模型，在交易中计算机根据接收的数据信息，严格依据模型规则执行，一旦触发某种交易信号，机器马上自动进行对应操作，无需人工参与，避免人们在决策操作时可能的犹豫、贪婪等心理，有效攻克人性弱点，使得交易决策和执行更具理性和独立性。机器可以24小时不间断工作，能够在适当时机和点位自动进出场，工作稳定性强。同时，人工智能技术能够有效捕捉处理转瞬即逝的信息，并快速进行准确操作，突破了人无法长时间高效工作的局限和生理结构上的极限。在金融交易领域利用人工智能技术，可以解放很多脑力、体力劳动者，如证券交易所，过去需要很多交易员进行交易，如今只需少数交易员监控防止系统出现故障，有效节省了一部分人力成本。

2. 提高数据提取与处理效率

在数据提取方面，利用人工智能的计算机视觉和自然语言处理等技术，可以快速将非结构化信息转换成结构化数据信息，不仅增加数据采集面，而且统一数据格式，有效节省非结构化数据独立存储多占用的空间。[①] 在数据处理方面，人工智能的机器学习、神经网络和深度学习等技术可以快速处理数据。在电脑设备性能良好的情况下，计算机对于数据处理的能力很强大高效。把人工智能运用到金融交易，不同于以往交易员日夜沉浸在数据库中研究处理数据的枯燥和冗长，利用人工智能技术可以快速进行数据处理，而且精确度和全面性高于人工或普通的计算机处理水平。

3. 自主建模有效创新算法模型

将人工智能运用到金融交易领域，利用机器学习、知识图谱和深度学习等技术，可以自主学习历史数据和实时数据信息，并在此基础上自主归纳建模，根据当前环境不断修改完善所构建的模型，使得模型更加符合当前市场。通常，在将人工智能运用到金融交易的初始阶段，需要学习过去或者现在很多投资专家的投资逻辑和思维，综合众多交易高手的智慧和经验，再加上人工智能的技术，机器可以自主建模，自主发现和适应新的规则，所构建的模型与时俱进兼具创新性，人类也无需因新的市场行情出现而在算法编写中费尽心思。

4. 协助进行市场监管

将人工智能运用到金融交易领域，可以在业务链条上嵌入监管探针，在交易或者数据分析处理过程中，实行穿透式监管，追根溯源，强化自我学习，有效防控风险。[②] 人工智能通常具有两种自我学习方法：一为规则推理法，可以在反事实条件下，模拟不同场景可能产生的金融风险，有利于识别系统性风险。二为案例推理法，人工智能机器前期学习历史上所有的监管案例，再综合先前案例对当下金融监管进行核查，对有关错误实施预防。[③]

---

① 杨涛：《对人工智能在金融领域应用的思考》，《国际金融》2016 年第 12 期。

② 孙国峰：《从 FinTech 到 RegTech》，http://mini.eastday.com/a/170517061358113 - 7.html，2017 年 5 月 17 日。

③ 侯玉梅、许成媛：《基于案例推理法研究综述》，《燕山大学学报》（哲学社会科学版）2011 年第 4 期。

（三）"人工智能＋金融交易"的落地案例

1. Kensho 公司

Kensho 公司由 Nadler 在 2013 年 5 月创立，主要从事高频数据分析和投资交易决策。[①] 公司在量化交易和高频交易上的基本思路是通过分析事件与资产之间的关系以及事件对价格的影响来预测未来资产价格走势，进而据此进行相关交易。Kensho 对市场信息数据的提取利用了机器学习技术，对事件的抽取则充分应用知识图谱技术，提供国际事件实时画像，其中，实体主要为上市公司及其相关数据信息，事件主要是对股价可能产生影响的行为，通过关系将两者连接起来，因此，一个事件产生的影响可能是连锁反应，分析师便可借助知识图谱来验证假设或预测风险收益。[②]

2. Bridgewater Asspcoates 桥水联合基金公司

全球最大的对冲基金公司是 1975 年成立的桥水联合基金公司 Bridgewater Asspcoates。公司在 2013 年就曾创建一个由 David Ferrucci 领导的人工智能团队，该团队设计的交易算法能通过历史数据和统计概率预测未来，跟随市场变化不断适应新的环境，公司利用该与时俱进的程序，以人工智能的方式考虑投资组合进行量化投资。[③] 目前公司旗下基金持仓组合有 100 多种，投资于 120 多种市场。[④] 据新浪科技 2016 年 12 月 28 日报道，该基金公司的高端产品"绝对阿尔法"获得了不错的表现，最初使用宏观经济方法紧盯一项对冲基金指数，但是后来的表现常常优于该指数，具体如图 13 所示。

3. 同花顺 MindGo 平台

同花顺是国内第一家互联网金融信息服务行业的上市公司，主要从事金

---

① 叶青：《叶青看数据｜人工智能理财，让机器人决定你的钱往哪投，靠谱吗?》，http：// www.qyysc.org/dz/742.html，2017 年 7 月 28 日。

② 尼克、陈利人：《知识图谱驱动投资》，乌镇智库，https：//www.iwuzhen.org/c170406.html.2017 年 4 月。

③ 亿欧智库：《人工智能下一站：颠覆式进军"大资管"，智能投顾春天将至》，http：// news.hiapk.com/mip/s59349cab8c01.html，2017 年 6 月 5 日。

④ 《人工智能步入金融领域深度专题报告》，《对冲研投》2016 年 10 月 8 日。

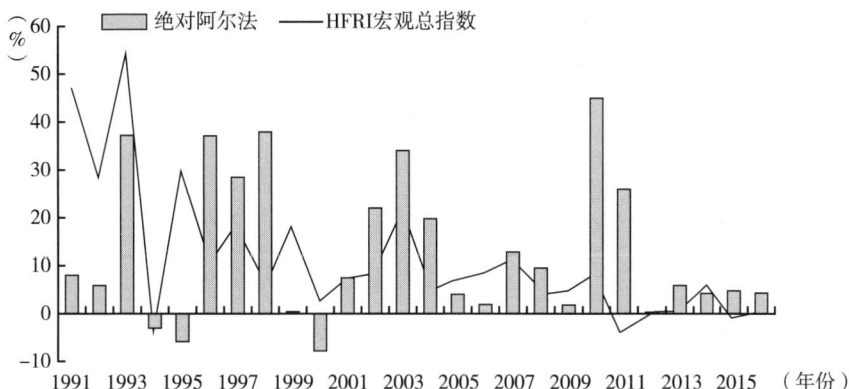

图 13   桥水基金公司高端产品"绝对阿尔法"战胜 HFRI 指数

注：2016 年"绝对阿尔法"的数据截至 12 月 16 日，HFRI 则为 11 月 30 日。

资料来源："绝对阿尔法"投资者数据，对冲基金研究公司，《华尔街日报》，http：//www. toutiao. com/i6375389859846029825/？ tt_ from = android_ share&iid = 7351389665&app = news_ article&utm_ medium = toutiao_ android&utm_ campaign = client_ share。

融大数据处理和金融信息云服务，其高度重视金融科技，推出 MindGo 人工智能量化交易平台。依托于同花顺数据库，该平台数据质量较高，属于国内一级标准数据供应商，提供沪深 A 股市场日分钟级别的行情相关数据，数据准确完整。同时平台提供策略创建、智能选股功能，以及较为完善的云端回测平台，支持精准 tick 回测，历史数据加载零延迟；此外，还提供仿真交易，快速有效跟踪策略表现，投资者可以通过这个平台进行量化交易。① 这是目前国内比较先进的量化投资平台，投资者对其认可程度逐渐提高。

三   "人工智能 + 金融交易"的实现路径

（1）"人工智能 + 金融交易"的现实困境

1. 人工智能技术尚未成熟

目前，人工智能技术尚有较大提升空间，亟须有所突破。一方面，

---

① 《MindGo：同花顺旗下人工智能量化投资平台》，同花顺财经，https：//news. uc. cn/a_ 6754529716871012943/，2017 年 7 月 30 日。

深度学习、语音识别等技术都还没有很成熟。比如，语音识别技术存在较多局限性，噪音、口音混合等都会影响准确性。深度学习，目前还主要局限在面向某一具体问题，较难做到迁移至其他领域。此外，这些技术的自我学习能力、自动更新适应能力和对事件的判别能力还需进一步提高，例如互联网出现转瞬虚假新闻，人工智能是否能在瞬间进行甄别或直接进行交易。另一方面，目前将人工智能运用到金融交易还停留在从感知层面向认知层面攀爬的过程，还未实现真正智慧化。比如，人工智能可以依据资产过去行情走势预测未来，但是对于资产价值具体体现可能无法理解。

2. 潜在风险增加及故障排解成本提高

将人工智能运用到金融领域有助于检测和排查部分现实已存在的风险，但是其本身也会造成一定的潜在风险，而且一旦出现问题，在庞大的数据和算法中进行故障排解，需要花费较高成本。首先，将人工智能运用到金融交易基于互联网，而互联网正常运作会受到很多不确定因素影响，如果大面积普及人工智能，除了可能遭受的黑客攻击，互联网设备发生故障等都会导致金融交易出现失误。[1] 同时，人工智能系统通过前期学习大量用户数据来提高系统智能性，如果有黑客侵入，用户的隐私很可能遭遇泄漏。[2] 其次，当前人工智能还处于弱人工智能时代，机器要实现完全自主学习和建模预测存在一定难度，如果同一个智能代理程序被大量投资者使用，那么对市场的预期相似的概率很大，进一步导致出现大量一致的投资交易，影响市场正常运作。[3] 最后，人工智能可以在短时间自动进行大量大额交易，一旦系统出现故障会造成严重损失，对市场稳定性造成影响。

---

[1] 《人工智能在金融创新中的应用逻辑》，安华信达，http://www.sohu.com/a/160068361_481676，2017年7月26日。

[2] 程东亮：《人工智能在金融领域应用现状及安全风险探析》，《金融科技时代》2016年第9期。

[3] 韩飚、胡德：《人工智能在金融领域的应用及应对》，《武汉金融》2016年第7期。

3. 基础设施环境有待完善

人工智能技术运用到金融交易领域，相关的基础设施和环境有待完善和营造。首先，数据库存在不完善、共享性差的缺陷。目前有一些数据没有开放，而且不同机构基于自身利益不可能对其他机构完全开放自有数据库，但若每个机构为了研究都建立一个完善的数据库又需要耗费较高的成本。其次，人们对于人工智能交易的信赖程度还有待进一步提高，而且国内投资者比较热衷短期投资，但部分人工智能交易适合长线投资。最后，国内人工智能氛围还有待加强，相关专业人才比较匮乏，国内每年培养的人工智能方向的专业人才仅百人左右，其中高精尖人才更是少数，"人工智能＋金融交易"的复合型人才市场供不应求。

（二）"人工智能＋金融交易"的困境解决

1. 强化学习研发推动技术突破发展

人工智能在金融交易领域的运用给市场带来的优势显而易见，但技术是其进一步拓展应用的瓶颈，因此要大力加强相关技术的研发，完善和发展相关的理论和方法，逐一攻破技术难题。国家要给予更多政策和资金支持，营造良好的"人工智能＋金融交易"环境，大力支持对于人工智能的金融应用研究。相关企业、金融行业、互联网行业等也要重视人工智能，可以成立相关实验室和创新工地，汇聚人才，结合 IT 部门、风控部门等，形成人工智能头脑风暴，研发技术，创新产品。同时，积极探索学习借鉴国内外最新科技进展，不断研究攻克技术难题。

2. 多举措建设部署风险防范机制

人工智能在金融领域应用产生的风险涉及多方面，需要多渠道建设风险防范机制。首先，人工智能研发团队要与互联网进行深度合作研究，不断提高网络的安全性、稳定性，实时监控网络，及时修补漏洞。同时团队要不断强化加密技术，更新密钥，防止信息泄露。其次，可以进行行为监管，比如强制要求金融公司将其交易行为主动报告给监管部门。同时可以增设保险机制，当系统产生错误时，有效减少投资者的损失。再次，可以根据宏观审慎原则，观察是否存在大量协同行为，有效防范部分风险。[1] 最后，在故障排解能力方面，需要对系统进行定期核查，提前发现问题，提前排解未来故障。

3. 各方发力完善基础设施建设

基础设施完备能够较好地推进人工智能运用到金融交易领域。首先，国家可以带头开放共享数据库，符合准入机制的企业可以接入数据库，补充数据库，共享数据库。其次，要适当普及人工智能，让人们意识到将人工智能运用到金融交易可能会有风险，但是风险更多是可控的。同时，推进人工智能的应用不可避免会对就业情况产生影响，政府要进行正确引导，鼓励金融从业人员从单纯的人工操作向科技金融服务方向转型。[2] 最后，针对人才匮乏情况，政府要积极引进全球高精尖人才，国内有能力的高校也要制订相关的培养方案，培养本土专业知识扎实且具有实践能力的人才，直接为国内智囊团输送新鲜血液。此外，相关企业也要积极介入人工智能，完善人工智能金融交易的各个环节，营造良好的金融科技研发氛围。

（三）"人工智能＋金融交易"的战略步骤

为提高金融交易效率，有效减少人为因素干扰以及数据处理不高效等现有金融交易的缺陷，以让人工智能技术更好地服务于金融交易为出发点，在推动人工智能应用到金融交易领域的过程中遵守"技术逐个攻破，从局部到整体，技术监管协调发展"的原则，有序建设完整高效的"人工智能＋金融交易"系统。

结合当前人工智能技术发展现状及其在金融领域的运用程度，本报告推测，在未来 13 年内，"人工智能＋金融交易"将会实施"四步走"战略，逐一完成既定目标。第一步，"人工智能＋金融交易"1.0 阶段，时间跨度为从当前至 2019 年，金融交易各个领域积极探索人工智能，全面部署人工

---

[1] 张家林：《人工智能投顾：21 世纪的技术对应 21 世纪的监管》，《证券日报》2017 年 1 月 21 日。

[2] 韩飚、胡德：《人工智能在金融领域的应用及应对》，《武汉金融》2016 年第 7 期。

智能基础设施建设。第二步，"人工智能＋金融交易"2.0阶段，截止到2025年，数据库达到有效共享，人工智能关键技术实现有效突破，可以自主进行准确度较高的金融交易。第三步，"人工智能＋金融交易"3.0阶段，截止到2027年，相关法律监管得到完善，相关交易市场政策放宽。第四步，"人工智能＋金融交易"4.0阶段，截止到2030年，金融交易机构全面大规模利用人工智能技术进行交易，达到高度智能化，准确度大大提高，技术达到认知层面，充分发挥人工智能在金融交易领域的优势。具体如表1所示。

表1 "人工智能＋金融交易"的实现进度

实现目标	具体内容	时间
"人工智能＋金融交易"1.0阶段	金融各个领域积极探索人工智能，全面部署人工智能基础设施建设	2017～2019年
"人工智能＋金融交易"2.0阶段	数据库达到有效共享，人工智能关键技术实现有效突破，可以自主进行准确度较高的金融交易	2019～2025年
"人工智能＋金融交易"3.0阶段	相关法律监管得到完善，相关交易市场政策放宽	2025～2027年
"人工智能＋金融交易"4.0阶段	金融交易机构全面大规模利用人工智能技术进行交易，达到高度智能化，准确度大大提高，技术达到认知层面，充分发挥人工智能在金融交易领域的优势	2027～2030年

管理与战略篇

Management and Strategic

金融科技的监管研究

乔海曙　杨宇珊*

摘　要：　金融科技的发展创新为市场注入了活力，同时带来的风险也需谨慎防范。美国、英国和澳大利亚等金融科技领先发展的国家近期纷纷采取包容性监管政策以鼓励金融科技创新的同时实现风险防范的目标，同时中国也陆续发布了涉及金融科技各部分监管的政策和指导意见。已有的监管法规的经验启示包括实施对口监管、关注主体实质、采用创新机制、注重信息披露等，同时还需加强对业务发展的关注、构建良好的金融环境和做好分类监管。金融科技还可用于武装监管，以监管科技为技术应用、政策改进为制度保障的智慧监管体系能够给监管带来能力和效率的提升。

---

* 乔海曙，湖南大学金融与统计学院教授，博士生导师，研究方向为金融科技发展与影响；杨宇珊，湖南大学金融与统计学院，研究方向为金融科技发展与影响。

关键词： 金融科技　监管创新　监管科技　智慧监管

一　金融科技现有监管法规说明

金融科技的定义尚未统一，分类方式也各有不同。目前沿用较多的分类方式由巴塞尔银行监管委员会提出，其将金融科技分为以下四类：支付结算类、存贷款与资本筹集类、投资管理类和市场设施类。这四类金融科技业务的发展情况和市场规模等各有不同，业务对金融市场产生影响的方式和角度也存在差异。[①] 本部分将对金融科技中各个类型代表业务的现有监管法规进行简要说明。

（一）支付结算类

在四类金融科技中，支付结算领域的互联网和移动支付起步较早，服务发展较为成熟，监管框架也相对完善。从各国已有的监管措施来看，互联网和移动支付服务方面的监管者关注点可分为两个方面：一类涉及资金安全，包括客户备付金安全、反洗钱等问题；另一类涉及技术安全，包括消费者隐私保护、网络信息技术安全和信息保密等问题。

1. 国外对第三方支付业务的监管

在第三方支付服务起步较早的国家，如美国，监管制度随着支付服务发展的需要逐渐规范完善。第三方支付最初受电子支付相关法律条规的管辖，之后随业务规模扩大逐渐被独立出来，非银行类金融机构及金融服务相关法律法规也开始涉及对第三方支付的监管，与以第三方支付为对象的法律相互补充。[②]

1978 年的《电子资金转移法案》为美国提供了电子支付交易的基本法

---

① 李文红、蒋则沈：《金融科技（FinTech）发展与监管：一个监管者的视角》，《金融监管研究》2017 年第 3 期。

② 姜婷：《互联网金融第三方支付法律监管制度研究》，西南财经大学硕士学位论文，2014。

律框架；1999 年由总统签署并颁布的《金融服务现代化法案》对从事第三方支付服务的机构下了定义，认定其本质为非银行金融机构，应将其纳入现有的金融监管整体框架进行监管。此外，其他法律如 2000 年的《国际与国内商务电子签章法》、2001 年的《爱国者法案》和 2010 年的《多德——弗兰克华尔街改革与消费者保护法案》等多项法律也涉及对第三方支付的监管，从不同角度加强规范支付清算活动以促进第三方支付发展和消费者权益保护。美国对第三方支付采用分管制的监管体制，即联邦存款保险公司作为牵头负责机构，但下属的各州监管部门在遵守本地区上位法律规定的基础上也有自己根据实际制定规则的权利。

欧盟对第三方机构的监管模式与美国有所不同，并非采用功能性监管模式，而是将第三方支付机构明确定义为金融类企业后采用机构监管模式来对其进行监管。1998 年，欧盟将第三方支付中所使用的媒介界定为商业银行货币或电子货币。之后欧盟在《关于电子货币机构业务开办、经营与审慎监管的 2000/46/EC 指令》中又重新明确了定义以及业务主体的相关概念和监管标准，制定了审慎监管的全面监管框架。随着第三方支付的发展，欧盟在 2009 年的《关于电子货币机构业务开办、经营和审慎监管的指令》中对机构主体的相关规定，如初始资本金等变得相对宽松。欧盟还通过其他法律法规进一步贯彻审慎监管原则，如 2000 年发布的包括《电子签名共同框架指引》在内的一系列指引以及 2007 年发布的《境内市场支付服务指令》均对电子货币以及支付机构的准入资格做出规定，以此对第三方支付业务进行监管。[①]

2. 国内对第三方支付业务的监管

第三方支付在我国兴起之前，我国金融监管方面的立法着重关注传统金融机构，电子业务方面的相关法律包括 2004 年颁布、于 2005 年起施行的《电子签名法》以及由银监会 2005 年通过并于次年施行的《电子银行业务

---

① 马雪彬、王绍琴：《非金融机构支付服务中的金融监管问题》，《合作经济与科技》2011 年第 14 期。

管理办法》等。2005 年颁布的非强制性法规《电子支付指引（第一号）》虽然对电子支付做出定义且确定了从事相关行业的申请条件从而提供了法律依据，但根本上看存在对支付行业约束力不足的问题。

我国首次对第三方支付的法律地位做出明确规定是在 2010 年由央行颁布的《非金融机构支付服务管理办法》中，随后有关第三方支付的部门规章和规范性文件数量显著上升，标志着政府开始正式着手对第三方支付进行监管。监管文件涉及第三方支付的各个方面，例如有关支付系统的《非金融机构支付服务业务系统检测认证管理规定》（2011）、有关具体业务的《支付机构预付卡业务管理办法》（2012）和《关于进一步加强预付卡业务管理的通知》（2012）以及对备付金做出规定的《支付机构客户备付金存管办法》（2013）等。2016 年，央行通过《非银行支付机构风险专项整治工作实施方案》针对支付机构备付金风险、跨机构清算业务风险和无证经营的第三方支付等问题采取措施，对风险进行全面整治。

（二）存贷款与资本筹集类

与支付结算类相似，以 P2P 网络借贷和股权众筹为代表的存贷款与资本筹集类业务也是金融科技当前发展的中坚力量。与传统债务或股权融资不同，P2P 和股权众筹的融资方利用互联网构建自己的融资平台，以债券或股权形式从某个固定范围内向资质得到检验的投资者筹集小额资金。从已有的监管规定来看，各国通常将存贷款与资本筹集类金融科技视作与传统形式融资风险特征类似的业务，应同样适用现有的风险管理和审慎监管等监管措施。此外，各国在 P2P 监管上通常将信息披露、投资者管理和技术安全等视作重点。

1. 国外对 P2P 业务的监管

（1）美国

美国对 P2P 业务的监管方式是先对其进行性质界定，再根据定性结果兼并入现有的监管框架中进行管控，这样就省去了专门制定针对 P2P 借贷法律法规的烦琐程序，也规避了设立特定监管机构可能耗费的成本，同时还保持了金融监管的一致性。从监管角度来看，美国从证券监管、电子商务监管和消费者保护三个方面入手对 P2P 业务进行监管。从监管主体来看，美国的 P2P 借贷业务不仅受证券交易委员会（SEC）监管，同时还要接受机构所在州政府的监管。除 SEC 外，联邦贸易委员会（FTC）、消费者金融保护局（CFPB）和联邦存款保险公司（FDIC）也涉及对 P2P 中消费者权益的保护。[①]

（2）英国

与美国不同，英国在 P2P 方面的监管更加依靠严格的行业自律，监管机构由担负大部分监管职责的英国金融行为监管局（FCA）和作为重要补充部分的 P2P 行业自律协会（P2PFA）组成。FCA 成立于 2013 年 4 月，主要职责是监管包括 P2P 借贷行业在内的英国金融服务业，承担消费者保护责任，致力于实现确保市场良好运行的目标。同时，根据《消费者信贷法》，英国将 P2P 借贷定义为消费信贷，认为其同样在消费信贷许可证制度的适用范围中。2014 年 3 月，FCA 发布了《关于网络众筹和通过其他方式推介不易变现证券的监管规则》，该规则对 P2P 借贷的最低资本要求和信息披露等标准做出了明确规定，为行业发展奠定了坚实的基础，是全球第一部针对 P2P 监管的法律法规。英美 P2P 监管对比如表 1 所示。

表 1 英美 P2P 监管对比

国别	监管机构构成	共性	特点
美国	证券交易委员会（SEC） 联邦贸易委员会（FTC） 消费者金融保护局（CFPB） 联邦存款保险公司（FDIC）	重视对金融消费者的保护	1. 监管体制庞大且复杂，各部门间交叉监管较为明显； 2. 监管较为严格，缺乏灵活性，对行业打击过重； 3. 将 P2P 纳入证券业监管，强调市场准入和信息披露
英国	金融行为监管局（FCA） P2P 行业自律协会（P2PFA）		1. P2P 行业受到的制约相对较少； 2. P2PFA 发挥行业自律作用，关注 P2P 公司； 3. FCA 发挥主要监管职能，关注 P2P 全行业

---

① 王珂：《论互联网金融 P2P 借贷的法律监管》，长安大学硕士学位论文，2015。

2. 国内对 P2P 业务的监管

我国对 P2P 业务的监管始终以风险控制为主。2011 年 8 月，中国银监会发布了关于网贷平台人人贷的风险提示，并要求银行业金融机构建立风险防控的隔离带，对相关风险采取措施进行检测预警，防范系统性风险的发生；2014 年 4 月，银监会等多部委召开的处置非法集资部际联席会议提出了包括"明确平台类中介本质"等要求在内的 P2P 网络借贷四条底线；2015 年 7 月，出于鼓励创新、防范风险的目的，中国人民银行等联合下发《关于促进互联网金融健康发展的指导意见》，对 P2P 平台提出了不得提供增信服务、不得非法集资等要求，并明确银监会负责对 P2P 业务的监管；2016 年 8 月，银监会等联合制定并发布了《网络借贷信息中介机构业务活动管理暂行办法》，对 P2P 监管采用"适度监管、协同监管"原则并将网贷机构定义为信息中介，对外部监管和行业内部自律都做了明确规定。

（三）投资管理类

投资管理类金融科技主要由两类业务组成，即智能投资顾问和电子交易服务。智能投资顾问，即智能投顾，由于实际应用对市场交易的标准化程度要求较高，目前仅在少数发达国家金融市场有所使用。针对目前应用范围有限的智能投顾业务，各国监管机构采取的措施与现有资产管理业务大致相同，监管重心为信息披露和投资者保护等。

1. 国外对智能投顾业务的监管

（1）美国

美国是首个颁布智能投顾监管相关文件的国家。与传统投资顾问相比，智能投顾虽然在运行方式上显著不同，但为用户提供投资建议的主要功能变化不大，因此在美国，智能投顾接受美国证券交易委员会（SEC）的监管并与传统投资顾问一起接受《投资顾问法》的监管，这部法律规定仅在网络上开展投资顾问业务的公司，资产规模无论大小都必须在 SEC 进行注册。从另一角度来看，美国通过发放牌照的形式对投资顾问业务进行管理，且该牌照不仅涵盖了资产管理，还包括理财服务，因此只要智能投顾提供的服务在牌照所允许的范围内，公司就可以在获取单一牌照的前提下同时给用户提供不同方面的服务。投资者保护同样是美国智能投顾监管的重心，2015年5月SEC与金融业监管局（FINRA）共同发布了文件《投资者预警：自动投资工具》，提醒投资者在选择智能投顾时应对工具的条款、条件及其建议的局限性有所了解。此外，2016年3月FINRA还发布了另一份提示投资者风险的报告《关于数字化投顾工具报告》。[①]

（2）澳大利亚

澳大利亚证券和投资委员会（ASIC）的监管领域包括消费信贷、金融市场和金融服务，智能投顾被划归入金融服务领域，同样接受ASIC的监管。ASIC不仅拥有覆盖最广泛的监管框架和最全面的监管方案，还成立了创新中心，致力于在法律方面为以智能投顾为代表的金融科技创新发展提供便利。除机构设置外，ASIC还通过书面形式对智能投顾监管的各个方面做出了详细规定，如2016年8月发布的专门针对智能投顾的监管指导：《向零售客户提供数字金融产品建议（即智能投顾）监管指南》（以下简称《指南》）。《指南》由117条建议组成，涉及智能投顾的监管范围、框架和指导，智能投顾AFS许可证，授权从业主体的一般义务，给客户最佳资产配置比例建议等几个方面。《指南》被公认为是目前金融业监管者中公布的关于智能投顾的最详细监管细则。

2. 国内对智能投顾业务的监管

我国目前尚未出台针对智能投顾的专项法律法规，且缺乏具有足够法律约束力的监管或指导性文件，只有部分其他领域的法律条例涉及智能投顾的监管要求。2015年6月，证监会发布《证券公司外部接入信息系统评估认证规范》，以此对证券公司与外部信息系统之间的介入行为做出限制，智能投顾相关的条例包括第一条，即有关智能投顾的证券交易只能在发起交易的投资者与证券公司之间进行，以及对第三方运营的客户端和证

[①] 李晴：《互联网证券智能化方向：智能投顾的法律关系、风险与监管》，《上海金融》2016年第11期。

券公司之间的关系做出规定的第六条。2015 年 7 月，《场外证券业务备案管理办法》对场外证券业务的种类做出了明确界定，因此智能投顾公司无论是作为中介主体还是持牌经营都需要按照要求向监管机构申请备案。2016 年 8 月，证监会在发布会上表明态度，认为智能投顾业务在我国需遵守《证券投资基金法》和《证券投资基金销售管理办法》等规定，严抓相关无照互联网平台以智能投顾的名义进行证券基金产品销售的违法行为。

（四）市场设施类

与前三类金融科技相比，市场设施类金融属性相对不太显著，通常得到的定义是第三方为金融类机构提供的服务，一般包括客户身份认证、多维数据归集处理等基础技术支持和大数据、云计算等技术基础设施。分布式账户是市场设施类金融科技中的代表性技术，也是目前公认最具发展潜力的技术之一，其主要技术区块链极有可能对现行金融业务甚至金融市场运行模式产生巨大影响甚至颠覆性作用。从监管方面来看，由于大部分市场设施类金融科技尚处于小范围应用中，目前各国主要针对应用较广、影响较大的数字货币采取监管措施，且具体措施存在较大差异、缺乏统一标准，监管总体呈现不稳定的孤立状态。

1. 国外对区块链的监管

美国中央政府及各州对区块链监管的进度并不统一。2016 年 3 月，美国货币监理署（OCC）发布了白皮书《支持联邦银行系统中负责任的创新：货币监理署的观点》以阐述在银行领域中"负责任的创新"并提出了一种对银行机构创新性的管理方法。[①] 白皮书中不仅引用了区块链技术，还提及了在点对点的借贷业务和移动支付中的具体应用。2017 年 3 月，OCC 再次

---

① Office of Comptroller of Currency. *Supporting Responsible Innovation in the Federal Banking System：An OCC Perspective*，Office of Comptroller of Currency，2016 – 03.

发布金融科技相关草案《金融科技企业申请评估章程》①，草案称向金融科技公司发放特许经营国家银行牌照（SPNB Charter）可以促进合理竞争和增长，并且能使其依法提供产品和服务。通过 SPNB 牌照统一标准后将金融科技公司纳入监管框架，使公司为消费者和企业提供更加高效和安全的服务。同时，美国各州政府也分别开始研究并监管区块链技术。近期两位夏威夷立法者提交国会法案 1481 以促进对数字货币加密和区块链技术的研究。除夏威夷之外，美国的北达科他州和亚利桑那州也分别公开揭露关于数字货币和区块链的立法计划。美国北达科他州议会制定了 Bill 2100 以监管比特币，而亚利桑那州提出的 Bill 2417 则希望能将区块链技术中的智能合约框架加入其法院系统中。公共档案显示，该法案的立法者试图在法律中添加区块链签名和智能合约的相关信息，且法案规定了区块链中的签名合法性，还将区块链中保存的信息，包括记录和合约等，都视作"以电子形式存储的内容或记录"。

在欧洲国家中，英国对金融科学技术的态度是最为宽容的，并且英国央行和监管机构对区块链在金融监管中的应用持乐观态度，认为区块链技术对监管的正面影响要远大于负面影响。2016 年 1 月，英国政府发布《分布式账本技术：超越区块链》，这份报告表明了英国政府对区块链在传统金融行业应用前景的积极态度，并提到政府将会通过对区块链技术的投资来具体分析区块链应用的潜力。2017 年 2 月，英国金融行为监管局（FCA）对伦敦区块链公司 Tramonex 进行授权，使其成为第一家能够在英国地区推出基于区块链的货币的金融科技公司。

俄罗斯政府同样看好区块链的应用及监管。2017 年 1 月，金融创新协会（AFI）向俄罗斯国家杜马联邦议会、财政部以及联邦金融监测局提交了一份关于国家支付系统监管改进的草案，其中包括利用区块链技术建立用户识别系统以实现储存数据的透明化和不可更改。2017 年 5 月，

---

① Office of Comptroller of Currency. *Evaluating Charter Applications From Financial Technology Companies*. Office of Comptroller of Currency，2017 – 03.

俄罗斯通信部宣布将在 2019 年之前实现区块链技术合法化。当地通讯社 TASS 引用了一份含有区块链监管制度重要信息，包括监管框架的具体制定及出台时间的文件，该文件与俄罗斯数字经济项目相关并指出对区块链的监管会使其在身份登记和证书管理等方面更好地发挥去中心化的作用。

2. 国内对区块链的监管

2017 年 4 月，上海市互联网金融行业协会技术专业委员会成立并发布了《关于互联网金融从业机构区块链技术应用自律规则》（以下简称《自律规则》）。《自律规则》共 12 条，涉及互联网金融机构对区块链技术应用的注意事项、信息披露规则、行业自律管理规则和人才培养等各个方面，致力于促进互联网金融机构对区块链技术的正确使用，增强其对实体经济发展的推动作用，切实保护社会公众权益。《自律规则》还着重指出，互联网金融机构在使用区块链技术时不能享受任何对现有法律法规的豁免权，应同样通过监管部门的风险管控和合规评估措施进行风险的把控和排查，也应遵守行业的自律管理规则。

2017 年 5 月，中国信息通信研究院发布了国内首个"可信区块链"标准，认为区块链要达到"可信"需要满足以下三个条件：区块链厂商的基本和业务信息真实有效；区块链的产品符合其技术特征；区块链产品能达到厂商承诺或用户期望的指标。此外，信息通信研究院还指出在现阶段区块链的发展中不应对其技术框架和发展路线做出过多限制，而应该将重心放在统一区块链的术语解释和参数指标等方面。工信部信息化和软件服务业司同样在 5 月公布了《区块链和分布式账本技术参考架构》（以下简称《参考架构》），这也是国内首个由政府指导制定发布的区块链基础标准。《参考架构》对区块链相关概念的重要术语做出了明确定义，补充了国内国外区块链研究中参考架构标准方面的空白。具体来看，《参考架构》的内容包括对区块链和分布式账本技术的架构、特征和模式的表述并描述了区块链的整体发展环境，对区块链的建设及其在各行业中的应用都具有重要意义。

二 金融科技监管应用研究

金融科技仍处于发展阶段，安全性和稳定性还有待完善，在这两项标准尚不达标的情况下，监管者应该对推广使用金融科技持谨慎态度，对金融科技发展可能带来的风险有整体的把握和较全面的风险应对措施。以金融科技为基础的产品和服务需要满足现行的法律规范、履行反洗钱和反恐融资等义务，因此金融科技监管的主要目标是在维护金融体系安全性的前提下，在理论上和实践中证明其安全性，推动金融科技为公众带来更多的便利和实惠。[①]

（一）现有金融科技监管法规的经验启示

1. 基于现有监管框架实施对口监管

金融科技现有的主要运用形式对现行市场运行模式和整体结构影响不大，因此目前并没有国家大幅改变金融监管框架以适应金融科技的发展。同时也很少有国家为互联网金融建立专属监管机构，较为常见的做法是采取对口监管策略，即根据互联网金融中各业态不同的功能或属性相应分配给现有的监管部门。以 P2P 借贷为例，美国将 P2P 机构界定为销售"附有投资说明的借贷凭证"的机构，规定美国证券交易委员会（SEC）为主要监管机构；其他国家如英国将 P2P 借贷定义为消费信贷，P2P 平台定义为金融中介机构，认为其适用消费信贷许可证制度，应符合相应的准入门槛。[②]

2. 关注市场主体实质行为

目前，各国对金融科技的监管重点在于关注从事相关业务的主体是否存在不定项筹资、公开发行证券以及从事金融资产交易等涉及资产管理的行

---

① 赵岳：《区块链技术的发展前景与监管应对》，《金融会计》2016 年第 8 期。
② 朱太辉、陈璐：《Fintech 的潜在风险与监管应对研究》，《金融监管研究》2016 年第 7 期。

为。就各国现有的金融监管体系来看，监管部门均对募集公众资金、通过向不特定群体发行证券的方式筹资等行为以及从事资产管理和债权拆分转让等业务的主体采取了严格标准限制准入等措施，体现出各国监管部门对金融科技监管态度较为一致：对运行新业务的市场主体应重点关注其业务本质，主体实际上是否存在募集公众资金或吸收公众存款以及是否存在从事发行证券及其他资产交易管理业务，以便进一步判断是否需要对该主体通过发放金融牌照的方式进行监管。

3. 建立以监管沙盒为代表的创新机制

对于金融科技监管的总体态度，目前国外的主流观点是在特定范围内通过对金融科技放松管制来鼓励其发展创新，具体实践措施包括监管沙盒、创新中心和创新加速器等。沙盒机制的核心思想在于将不稳定的金融创新放入严格限制的范围内让其自由发展，直到金融创新发展到一定规模之后再加大监管力度，以此在降低金融创新初期准入门槛、鼓励竞争发展的同时防止给金融大环境带来不稳定因素，例如英国金融行为监管局（FCA）采用"包容性监管"和"分级监管"的理念来支持金融科技发展，避免一刀切的监管方式对金融创新造成阻碍。[1] 此外，金融生态系统也是促进金融科技发展的重要推力，政府监管部门的沟通对象既包括金融科技企业也包括传统金融机构，各方通过合作交流等方式激发金融创新、推动产业发展，进一步以此吸引高素质人才进入金融科技行业、提高市场运行效率，最终形成金融科技行业与金融市场之间的良性循环。

4. 注重信息披露和消费者保护

在对金融科技进行监管时，监管者应对信息披露和投资者保护多加关注。金融科技的服务对象多为金融专业知识不足或缺乏业务经验的小微企业以及中低收入人群，这类人群在面临风险时很难准确识别风险类型和大小，对风险的承受能力也较低，再加上金融科技相关交易大多利用网络平台进行，真正的面对面交易较少，进一步加重信息不对称问题。因此，各国对金

---

① 黄锐：《金融区块链技术的监管研究》，《学术论坛》2016 年第 10 期。

融科技行业的信息披露标准和投资者权益保护问题普遍做出了严格规定，如美国的 P2P 监管，从事网络借贷行业的企业或网络平台在接受美国证券交易委员会（SEC）监管的同时还受到其他几个相关机构的监督，如消费者金融保护局（CFPB）处理并收集消费者投诉，联邦贸易委员会（FTC）对P2P 企业的欺诈行为和不公平竞争进行监督并处理后续执法问题。

（二）金融科技监管的政策建议

1. 确定监管对象和监管部门

要基于现有监管框架对金融科技实施对口监管，就必须辨别金融科技业务本质和类别，再对金融活动实施监管。[①] 因此在金融科技监管中，首要任务就是对监管对象进行准确识别以便掌握其业务实质，明确实质之后监管部门才能据此确定监管对象。由于监管对象的确定是监管标准对口制定和其他监管措施精准实施的前提，因此识别监管对象并据此明确监管职责的分配是在金融科技发展初期就必须进行的一项重要任务，而并非等金融科技发展成熟之后才进行。对监管对象完成识别后还需根据业务实质进行监管分类，进而划归给中央或地方政府部门、央行或下属监管机构，在目前没有统一监管方法的情况下各国需根据自身金融科技发展实际情况灵活处理，其关键在于实现金融科技与现有监管框架的合理兼容。[②]

2. 密切关注金融科技业务发展

金融科技的监管难点主要在于两方面。一方面即监管对象演变过快：金融科技本身依托信息科技的发展，因此产品、服务和业务模式都在不断更新换代，市场参与主体不断增加、参与方式也在持续演变，很难对其实行一步到位的监管，即监管对象变化过快。另一方面即风险难以评估：初生的金融科技风险难以估量，对金融体系运行的影响大小和具体影响也尚未暴露，用以测定风险的历史数据不足、已有的量化分析方法也难以直接套用，因此尚

① 周昆平：《金融科技发展对监管提出新挑战》，《经济参考报》2016 年 12 月 9 日，第 2 版。
② 廖岷：《全球金融科技监管的现状与未来走向》，《新金融》2016 年第 10 期。

未形成完备的风险监测体系。加之金融科技发展迅速、影响逐渐扩散，监管机构在进行金融科技监管时应格外关注区块链等可能对现有金融机构如银行的业务模式和风险特征产生重大作用的技术，加强与金融科技企业之间的交流沟通，促进机构与企业之间的良好互动，进而有效分配监管资源，为建设金融科技监管体系打好基础。此外，国际组织如金融稳定理事会和巴塞尔委员会等也对金融科技发展及其监管投以密切关注，我国监管机构应积极参与相关讨论和研究，吸收国际先进组织的经验，共同探索改进金融科技监管方式及建立体系，确保实行有效率的监管。

3.构建金融科技良好的生态系统

通过创新监管机制构建良好的金融生态系统是促进金融科技发展的重要助力，既能防范大范围系统风险的发生也能为金融科技创新发展预留足够空间，是实现创新发展与风险防范之间平衡的必要前提。金融科技发展所需的生态系统既包括监管机构与企业之间的双向互动，也包括传统金融机构以及各金融科技企业之间的沟通交流。监管机构与企业之间的良好沟通有助于监管者提前了解金融科技业务种类及其实质，做好风险防范及政策引导并帮助建立企业与金融市场其他参与者之间的沟通渠道；此外，监管机构还需促进传统金融机构与金融科技公司之间的交流合作，帮助金融与科技快速融合。

4.根据金融科技用途分类监管

目前金融科技仍在发展之中，其应用领域和范围都尚未定型，因此监管部门必须根据现有的金融科技应用实例来判别未来可能存在的应用场景及市场的发展趋势，探索不同类别金融科技应用的监管方式。以相同的监管方式及监管力度去应对不同种类的金融科技应用或同一应用在不同行业中的应用是不恰当的，因此监管部门应根据金融科技所属行业的不同情况相应地改变监管方式或力度。需要严密监管的一个金融科技典型例子是货币转移的区块链应用，相较于其他应用如智能合约或信用记录分享，前者势必需要更严格的政策和更大的监管力度。涉及业务流程或技术手段创新的金融科技则需要较宽松的监管政策和措施，如监管沙盒，以鼓励其大力创新。

三　基于监管科技的智慧监管体系

（一）智慧监管体系架构设计

1. 以监管科技为先行基础

监管科技（RegTech）最初的定义是金融机构利用新技术来提高监管合规问题的解决效率，如减少法定报告、反洗钱和用户风险等法律问题产生的合规费用方面的成本。除了帮助金融机构更有效地解决监管合规问题外，监管科技还能够在机器学习和人工智能等技术的基础上对金融机构其他方面的决策和降低成本提出有效建议，如银行可以采用人工智能来减少在反洗钱或检测员工不当行为等方面支出的高昂人工成本。[1]

随着监管科技逐渐发展，金融机构运用监管科技的范围有所扩大且比例必然随之上升，此时如果监管机构不及时跟进，与金融企业间的信息不对称问题不仅无法得到解决还有可能恶化，监管套利和系统性风险等其他问题也将接踵而至，因此监管科技是利用金融科技建立智慧监管体系的基础。监管科技能够结合大数据的数据分析建立风险模型，加入人工智能技术进行情景分析，最终完成模型计算并对风险进行预测，从而为金融机构面临的问题提供建议和解决方案。监管科技的其他具体应用还包括实现监管资料的数字化储存、利用预测编码进行风险模式分析等方面。未来实现监管机构技术系统与金融机构后台系统的连通后，金融机构的相关风险数据能够实时传递到监管机构手中，相关部门再利用数据可视化等技术手段进行建模、监测、完成监管报告等工作。随着监管科技应用的推广，监管滞后的问题将得到极大程度地改善，基于大数据、云计算和人工智能等技术的智慧监管体系将帮助监管机构实现实时、动态而全面的监管。

---

[1] 孙国峰：《从 FinTech 到 RegTech》，http：//mini. eastday. com/a/170517061358113 – 7. html，2017 年 5 月 17 日。

2. 以监管制度为后续跟进

金融创新层出不穷，新技术不断应用于金融市场，监管新技术实现突破后必须伴随着制度的跟进。使用技术手段对金融科技进行合理的风险预测和估算之后，后续跟进的监管政策能够对目前以互联网金融为代表的金融科技形成有效规制。同时，作为技术手段的监管科技也需要监管机构提供相应的政策指导，例如建立相关网站、成立跨部门合作的工作组等。确定哪些法律文件适用于监管新产生的产品和业务，需要更多的人员投入；为进入监管沙盒的金融创新定制监管政策，确定可放宽的监管规制，也需要更多精通金融监管和金融科技的高素质人才。一方面，目前金融科技领域中支付结算类的互联网和移动支付领先发展，而现有的相关监管政策规范在局部调整之后依然有良好效果；另一方面，为维护市场稳定，涉及信息安全等基础规范的政策修改可能推迟实现，金融科技制度总体在近期不会做出大的变更，因此制度跟进需在金融科技的技术发展站稳脚跟后再实施。

3. 智慧监管体系具体构成

围绕监管科技建立的智慧监管体系应把消费者权益保护作为核心思想，突出行业自律管理在监管体系中的作用，实现监管模式由审慎监管向行为监管和功能监管的转变，建立事前监管预警体系，充分发挥监管科技的作用。

从技术方面来看，大数据技术可以用于建立事前监管预警体系，通过与数据挖掘技术相结合构建风险预测模型，使监测体系能够及时做出预警并实时处理与风险相关的信息；云计算主要应用于 IT 资源的技术设施建设，通过在多个不同物理位置建立 IT 资源点使金融机构所需要的 IT 资源扩展性得到延伸，进而规避 IT 资源分配效率低或机构内部 IT 资源不足的问题，同时也降低了金融机构内部 IT 资源故障时数据丢失的可能性，使机构的损失降到最低；人工智能在提高信息检索和筛选效率方面有极大的优势，通过合理使用人工智能，监管机构能够自动从用户提供的大量信息中收取到由人工智能筛选出的有用部分和反馈结果。除此之外，各类金融科技工具组合使用还能满足监管方面更多需求。

从政策方面来看，智慧监管体系需要的政策支持如下：深化监管体制改革，通过穿透性监管进一步明确监管主体和适用规则，将金融科技的资金来源、中转情况与最终投向连接起来实施全流程监管；转变监管理念，推动监管科技发展，采用包容性监管对应金融科技在试错阶段可能出现的错误；创新监管机制，加强监管者对金融科技的认识研究，鼓励金融科技中已成熟技术和产品在金融领域的使用推广；注重权益保护，为金融科技企业提供相应法律服务和保护，进一步完善知识产权保护和消费者保护机制；强化信息披露，提升机构透明度，促进金融科技行业各主体之间的良性互动；深化行业自律，提升专家学者在金融科技监管中的参与度，通过加强行业自身的协调促进金融生态体系净化（见图1）。①

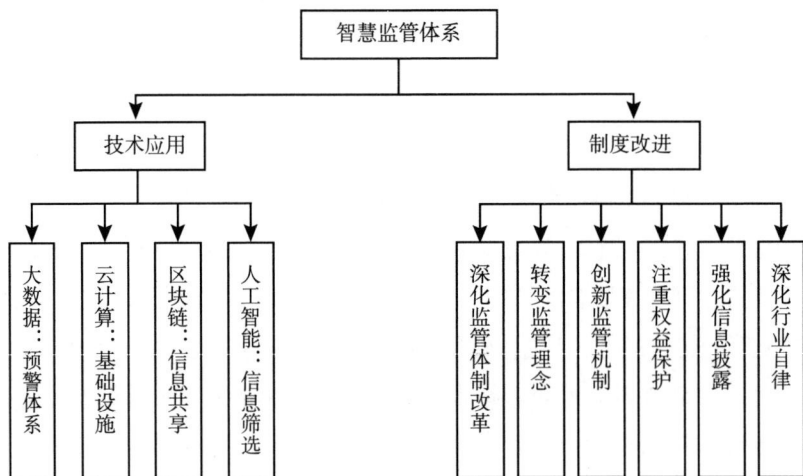

图1　智慧监管体系构成

（二）监管科技的具体应用形式

1. 以大数据建立预警体系

大数据分析能够通过对数据流中蕴含的人流、物流和资金流等信息进行

---

① BR 互联网金融研究院：《互联网金融报告2017》，中国经济出版社，2017。

梳理，进而与数据库中的历史数据进行分析对比，从中筛选出能够预警风险的要素，结合各行业特点建立风险预警模型。风险预警模型具有实时分析动态信息的功能，能够提前发现异常数据流，对潜在的异常经济活动起到有效的监测预警作用，实现对金融市场中风险的预先防治和及时处理。此外，风险预警模型还能够通过加入数据和历史风险时间信息的方法进行不断完善，进一步提高预警精度和效率。除了建立预警模型外，大数据分析还具有保障金融信息系统安全的功能，通过数据定位异常表现对信息系统的潜在异常情况、可能存在的入侵或攻击系统以及数据泄露的行为进行锁定并发出警报。大数据分析在征信方面也能起到反欺诈和信用评估的作用，结合行业信息对客户行为进行检测并拒绝信用评估较差或可能成为欺诈方的用户。[①]

2. 以云计算搭建基础设施

目前金融机构中存在着"金融业上云"的趋势，即金融企业通过借助互联网平台将高成本的外围系统或重复劳动的基础金融服务外包给云计算企业，将自身资源集中于核心的金融业务以及企业管理，因此金融机构与云计算的结合给金融行业的持续增长及创新转型带来了新的强大动力。从监管角度看，金融监管也能够借助云计算平台的能力将监管系统置身于开放的生态环境中，既节约了自身在硬件系统方面的成本支出，又改善了监管系统封闭的问题，用于监管的各种模型更易从互联网上获得更新所需的数据信息和其他各种云服务资源。[②] 此外，云计算在信息化集合方面也有较强的助推作用。由于云计算能够将各种服务器的基础设施应用通过集成方式形成强大的资源池，使监管机构在调用数据时能够从对接企业的网站进一步采集到包括存管银行和支付机构等相关对接机构的数据，进而建立基础数据库，因此只要通过云计算搭建 IT 平台基础设施、建立金融行业大数据资源库，监管部门的基础信息支撑就有了可靠来源。

---

① 杨东、文诚公：《互联网金融风险与安全治理》，机械工业出版社，2016。

② 《专注于互联网时代的金融云服务》，和讯网，http://iof. hexun. com/2014 - 12 - 08/171209430. html，2014 年 12 月 8 日。

3. 以区块链促进信息共享

除了能简化金融交易过程、提高交易效率之外，其安全性和可追溯性等特性使区块链能够有效提高信息共享速度并保证信息的安全性和透明度，因此区块链及其应用在监管领域方面的用途也十分广泛。在传统金融的技术条件下，对金融交易运行过程中的可疑或不当行为只能通过频繁审查来逐一排查、监管，不仅降低了运行效率还大大提高了成本。在金融交易中引入区块链技术能够简化数据审核过程，同时由于区块链上的交易发生之后交易信息将立即发送至全网进行审核，一旦发生不当行为监管人员将立即获知。[1] 智能合约技术通过与区块链的结合可以将法律规范和监管规则转化成数字代码，进而作为前置条件放入电子交易合同中，在交易时能够提升监管的渗透度，实现穿透式监管。目前已有将区块链运用到金融监管中的成功例子，如北京市金融工作局以区块链为底层技术，利用区块链的分布式存储和加密计算等技术特点，构建了能够实时验证数据真实性和完整性的网络借贷信息中介机构业务监管系统，实现了产品信息与银行存管数据的对接。同时，与其他金融科技的结合让区块链在金融监管方面的应用更广。将区块链与云计算、大数据等信息技术手段结合起来，可使使用大数据的各金融市场参与者接收到公开透明的信息，避免出现"数据孤岛"问题。监管部门也可成为区块链上的一个数据节点，实现对其他用户节点信息的实时监控而无需等到风险问题发生后通过用户申报再进行处理。

4. 以人工智能完成信息筛选

人工智能具有更高水平的全局优化计算能力，能够从大量信息中筛选出有效信息进而自我学习。人工智能的自我学习主要通过规则推理和案例推理，其中前者能够让人工智能反复模拟不同情况下的金融风险，进而提高对系统性金融风险的识别程度；后者通过机器学习的方法将历史案例输入人工智能，使其用过去的监管案例来识别新的监管问题并提出解决方案，同时预防历史案例中出现过的处理失误，与现实中危机处理的方式相符。如果金融

---

① 杨东、文诚公：《互联网金融风险与安全治理》，机械工业出版社，2016。

市场出现超出正常范围的波动，人工智能可以查看历史案例中是否出现过类似情况以及当时的处理措施和效果评价，以此为依据提出管理此次金融市场波动的建议。监管系统也能利用人工智能强大的计算能力进行全面审查，弥补人工监管盲点处的监管漏洞。

（三）智慧监管休系战略步骤

依据"技术先行，制度跟进"的原则，智慧监管体系的建立与金融科技发展紧密相连。结合国际经验和新生事物发展逻辑，金融科技在监管方面的运用大致可分为四个层次，从浅入深逐渐实现：首先是监管相关业务处理的电子化，未来可能在风险报告自动化和信息传递等方面率先取得突破，这是金融科技在监管应用上最基本的层次；其次是业务风险技术治理，金融科技不仅可以为监管机构提供区块链和人工智能等工具、构建事前预警监管体系，还能促进机构与同样使用金融科技的企业之间交流沟通，进而搭建对话平台、提高信息传递效率；再次是在前一个层次的基础上进一步利用金融科技工具解决行业痛点，如反欺诈、反洗钱等需要公共基础设施的行业问题，给影响信用创造体系和货币形成机制的下一层次打下基础；最后是区块链、电子货币的全面应用，这也是央行目前重点关注的领域，然而区块链等技术目前只在小范围内讨论应用，对金融市场运行产生颠覆性影响的可能暂时还只存在于预测中。①

金融科技与监管结合的第一个步骤即监管业务处理过程的全面电子化，目前具备良好的现实基础，预计两到三年实现；第二个步骤即业务风险的技术治理，涉及大数据和人工智能等较为复杂的金融科技工具与监管的结合，以目前的技术水平暂时还无法实现，预计该层次将从工具的设计、改造开始，后接监管沙箱式小范围试验，确保技术成熟后才进行全面实施，这一阶段需要四到五年时间；第三个步骤涉及防范风险的公共基础设施，所需时间

---

① 《专注于互联网时代的金融云服务》，和讯网，http：//iof. hexun. com/2014－12－08/171209430. html，2014 年 12 月 8 日。

更长，预计七到八年；最后，区块链的应用将影响到我国现行金融体系运行的基础，预计花费时间需要十年甚至以上（见表2）。

表2　智慧监管体系实现步骤

实现目标	具体内容	时间
监管业务电子化	从信息报送、风险调查、报告自动化等方面开始实现监管业务全面电子化	2017~2020年
业务风险技术治理	利用大数据、人工智能等工具提高信息传递效率、构建事前预警体系	2020~2025年
解决行业痛点	为反欺诈、反洗钱等提供数据交流、技术交流的公共基础设施	2025~2033年
区块链全面应用	影响现行货币形成机制和基础设施、对金融市场运行产生巨大作用	2033~2045年

推动金融科技发展的相关建议

乔海曙　王　鹏*

摘　要： 金融科技正驱动金融业向智能化发展，区块链跨境支付、大数据风控、智能投顾等新金融业态层出不穷。与国外技术驱动金融科技发展的模式不同，我国金融科技依靠巨大的市场需求快速发展，缺乏内在创新动力。为促进我国金融科技健康稳定发展，当前应树立"创新驱动发展"的思路，从制度层面支持发展，从立法层面保障运行，从应用层面推动升级，从技术层面防范风险，从监管层面规范秩序，切实补齐我国金融科技发展的短板。

关键词： 金融科技　创新驱动　风险防范　智慧监管

当前我国在全球金融科技领域已处于领先地位，多家行业巨头的发展令人振奋。从目前的应用领域来看，国际大型金融机构主要致力于研究如何运用金融科技颠覆原有业务架构，构建全新的支付、信用评级、信贷等金融服务体系；而我国金融机构对金融科技的探索多数仍停留于提升客户金融服务体验与优化系统流程、提高效率等层面。为适应新形势下金融科技驱动的新金融模式，迎接金融科技带来的革新与挑战，渐进稳妥地推动我国金融科技发展，应该遵循的总体思路是：坚持创新驱动发展，构建有利于金融科技应

---

* 乔海曙，湖南大学金融与统计学院教授，博士生导师，研究方向为金融科技发展与影响；王鹏，湖南大学金融与统计学院，研究方向为金融科技发展与影响。

用研发和市场运行的生态环境。具体而言，应从制度层面、立法层面、应用层面、技术层面、监管层面入手，促进金融科技长期、健康、稳定发展。

一　从制度层面支持金融科技快速发展

"十三五"时期是金融科技引领全面创新、构筑国家竞争新优势的重要战略机遇期，要主动顺应和引领新一轮金融科技革命浪潮，需要制度的保障与支持。要充分发挥政府作用，创新宏观调控，破除影响金融科技创新发展的体制机制障碍，完善顶层设计和决策体系。并加快研究建立适应金融智能化趋势的基础性制度和长效机制，加强统筹协调与法治保障，充分调动地方和基层推动改革的积极性和主动性，激发微观主体内生动力与创新活力，形成推动金融科技发展的合力，充分释放金融智能化的科技红利。

（一）将金融科技上升为国家战略

我国《"十三五"国家信息化规划》明确指出要深化信息化技术在金融领域的集成应用，研究并应对金融科技等新兴信息技术给金融业带来的变化具有战略性意义，将发展金融科技上升为国家战略既可行又必要。首先，从金融科技当前的发展状况来看，其具有广阔的成长空间并将对金融业乃至全社会产生深远影响。我国在金融科技领域优势突出，《2016 全球金融科技100》显示，在全球 100 家最佳金融科技公司中，我国有 8 家公司上榜，其中蚂蚁金服居榜首，趣店、陆金所、众安保险以及京东金融也位列前十。同时，2016 年中国金融科技领域融资总额占全球的 77%。其次，金融是一国经济发展的血液和重要支撑。Mckinnon（1973）和 Shaw（1969）的金融发展理论已经证实了这一观点，Romer（1996）、Lucas（1988）等人关于经济增长理论与模型的研究同样得出了金融发展对技术进步乃至经济增长至关重要的结论。金融科技驱动的金融智能化是金融业发展的大势所趋，其能够提升金融体系的效率、降低交易成本，基于该逻辑，有必要从国家层面重视金融科技的发展。建议从国家层面提出促进金融科技发展的总体要求，坚持市场导向的发展原则，遵循回归服务实体经济、优化金融资源配置和防控金融风险的总体目标，创造健康有序的金融生态环境，以优质高效的金融服务推动经济增长。成立联合中国人民银行、工业和信息化部、中国银行业监督管理委员会、中国证券监督管理委员会、中国保险监督管理委员会等部门的金融科技发展与监管联席会议制度，建立促进金融科技健康发展的合作协调机制。

（二）为创新主体提供政策和资金支持

各级政府应抓住金融科技的发展机遇，结合区域特点优势，有针对性地加大对区域优势金融、潜力金融的支持力度，推进金融创新发展。一是应加大对金融科技领域的资金支持力度，支持金融科技领域发展所急需的金融基础设施建设，包括基础性标准制定、金融风险管理、跨部门业务系统协同和信息共享工程、信用信息基础设施建设。保障对基础性标准制定、系统软硬件、关键应用软件等的投入比例。加大对区块链支付结算、供应链金融、大数据征信等创新领域的资金支持力度，支持金融科技应用的创新发展。二是应加快培育金融科技龙头企业，鼓励金融科技公司开展科技、互联网与金融相融合的技术创新和商业模式创新，鼓励和推动金融机构运用金融科技开展业务创新。三是加大对重点金融科技业态的补贴和奖励支持力度。结合政府财政实力，对重点金融科技企业给予一次性注册资金补贴、购租房补贴、财政贡献补贴、技术业务创新奖励等。四是发起设立金融科技产业投资引导基金，引导天使投资、风险投资、股权投资等加大对金融科技的投资支持力度。

（三）加强金融科技人才队伍的建设

适应金融科技发展的金融人才是金融机构智能化转型的中流砥柱，金融科技的三大技术发展对传统金融构成挑战，智能机器在各行各业的广泛应用正在加速推进，智能分析、智能交易、智能投顾等智能化金融业态正加速到来，金融从业者若不能适应金融科技的发展潮流，就会被市场淘汰。我国金融科技的发展迫切需要既懂技术又懂金融原理的复合型人才，加强金融科技人才队伍建设已成为学术界与金融业界的共识。应系统规划高素质金融科技人才队伍的建设，并将其纳入金融科技发展长期战略；加大金融科技专业人才的培养力度，引进海内外优秀金融人才，建立健全科学的人才培养体系，打造层次合理、技术过硬、专业化程度高、适应新形势新技术发展要求的金融科技人才队伍。要充分发挥高校的作用，为金融科技的发展注入"新鲜血液"。应设计明确的金融科技人才培养体系、培养模式及规范，确立体系化的课程设置。例如，在基础理论课程中加大计算机和数学课程的开设比重，设置大数据技术、数据挖掘、量化投资策略等课程。在专业课程中相应增加金融科技相关的课程，如区块链金融理论、大数据与互联网金融等。

二 从立法层面保障金融科技平稳运行

金融科技的发展离不开法律制度的保驾护航，用法制的思维去监管金融创新和金融科技，使金融科技监管的工作有章可循，成为制度化、常态化的工作，使金融科技从业机构能够在确定的法律框架下更好地实现创新，更好地为实体经济服务。我国应尽快从立法层面对金融科技的内涵外延、监管分工与合作及法律责任等进行界定，制定专门的金融科技法规，明确金融科技的标准定义、市场准入规则、交易行为规范和监督管理主体等，并在此基础上进一步制定与金融科技相配套的规章制度和行业标准，最终形成协同合作的金融科技监管立法体系。在专项法律和法规尚未出台之时，金融监督管理部门要依据现有法律法规如中国人民银行法、商业银行法、合同法、公司法等，本着鼓励创新、包容审慎的态度对金融科技实施有效监管。

（一）明确监管主体和监管规则

机构定位方面，应在金融科技立法时明确相关机构的法律属性，对从事金融科技的金融机构和公司的资质、组织形式、经营模式等做出规范。监管主体方面，应在当前分业监管的背景下实现监管的全覆盖，升级现有的金融监管部际联席会议制度，明确协调机制的权利范围和相应职责，增强协调的权威性和有效性。机构监管方面，建议建立完备的市场准入和退出制度，用备案的方式适度提高金融科技机构的准入门槛，并将金融科技机构纳入金融监管体系中来。同时，对违法违规经营以及出现较大风险事件的金融科技公司与机构，应采取严格的惩治措施直至其退出金融市场。行为监管方面，应注意对相关机构进行风险监测和管理，加强对金融科技公司与机构资金流向的动态监测，合理引导社会资金的有效流动，将区块链支付结算平台纳入反洗钱监管，并尽快将各类金融科技公司与机构纳入征信体系，提高管理水平。①

（二）加强金融科技知识产权保护

金融科技之所以能够颠覆传统金融的地位，是因为金融科技的技术创新解决了传统金融业高成本、低效率的痛点，大大提高了金融服务的便利性和可得性。金融科技产业具有无限的创新能力，立法部门应该加强对金融科技领域知识产权的保护。鉴于我国金融领域知识产权体系的滞后和不完善，应当积极借鉴国外金融领域知识产权保护的先进经验，明确保护职责、强化保护责任，逐步建立起涵盖金融科技专利、金融产品与服务及金融机构商标和金融科技著作权的知识产权管理机制，全面提升金融科技领域知识产权的管理保护水平。全面研究金融科技服务与产品的发展已经或将要给知识产权带来的新问题，密切跟踪国际金融领域知识产权保护的发展变化，与时俱进，逐步完善我国金融科技领域的知识产权保护法律法规体系，使之成为金融科技服务与产品发展创新的有力支撑和制度保障。

（三）注重消费者权益保护

从当前立法状况来看，关于各类投资者的权益保护还局限在部门规章的层面，立法领域也仅有《消费者权益保护法》有所提及，但由于一般商品

---

① 郭斐、马静：《互联网金融立法的价值取向及逻辑理路——基于典型业态法律问题分析的视角》，《金融与经济》2014 年第 12 期。

的买卖和金融资产交易存在较大差别，因此金融消费者的权益保护难以得到较为有效的执行和落实。建议从以下几个方面入手保护金融科技发展过程中金融消费者的权益。首先，应尽快出台符合金融科技发展特点的专门立法，以此保护各类投资者的合法权益，从法律层面界定金融科技产品与服务消费者权益的相关问题，规范市场参与主体的各项行为。其次，注意各类投资者的隐私保护和信息安全等问题。由于网络化、智能化金融交易的特殊性，投资者的交易行为十分容易"留痕"。因此，金融机构和企业应将普通金融消费者的隐私安全作为风险防范的红线，加强对客户的基本身份、财产状况、投资偏好等重要信息的储存管理工作，对于因客户信息泄露造成严重影响与后果的，金融监管部门要对涉事机构从严、从重处罚并限制其后续经营范围，切实保障广大金融消费者的合法权益不受侵犯。最后，强化金融科技机构的信息披露，畅通金融消费者投诉处理渠道。应尽快出台金融科技机构信息披露相关办法，建议参照现有《上市公司信息披露管理办法》及《商业银行信息披露办法》，规定金融科技机构与公司应对其提供的业务及运营情况等信息进行详尽的披露，确保消费者与金融机构双方信息对称，帮助消费者做出理性选择，降低消费者面临风险的概率。同时应针对金融科技产品与服务设立专门的维权机构，建立健全金融消费投诉处理工作机制，使金融科技产品与服务消费者能够投诉有门，主管部门也要根据投诉情况开展定期与不定期的监督检查。

三　从应用层面推动金融科技服务升级

金融科技目前的发展势头非常迅猛，但若要将这种势头保持下去并实现长期健康发展，还需对适应金融科技发展的产品和服务进行升级。目前国外很多金融科技公司的服务流程已十分人性化、专业化，国际领先银行业也正在加大金融科技的应用力度。与之相比，我国的金融科技在这些方面还有很大的进步空间，建议推动金融产品和服务的升级，加强金融科技应用的自主创新并对接多层次的金融需求。

（一）推动金融产品和服务的升级

首先，金融科技的发展必然要求金融服务不断差异化和精准化。在互联网信息资源日益丰富的今天，金融科技服务机构必须能够在短时间内尽可能多地搜集有效的经济金融信息，分类并深度挖掘所拥有的信息资源，从而为客户提供可增值的金融服务。其次，传统标准化、单一化的服务已不能满足客户差异化、多样化的需求，取而代之的将是注重特色和个性化的金融科技产品和服务。具体来说，可以根据客户的行为数据生成用户信息数据库，深入了解并挖掘用户需求，根据用户需求偏好进行有针对性的服务。在互联网和金融科技服务碎片化发展的今天，只有不断针对不同类型客户提供差异化、个性化的金融产品和服务，才能赢得客户的关注和青睐。最后，由于数字化信息的庞大规模与人们获取所需信息的有限能力之间的矛盾日益凸显，智能化的金融信息搜索引擎也是突破发展瓶颈所亟待解决的问题。

（二）加强金融科技应用自主创新

加强金融科技应用的自主创新，应紧随金融科技发展步伐、紧跟金融业改革方向，加强基础性研究并尽快掌握金融科技发展的核心技术，鼓励和支持自主创新，有效提高金融机构研发智能化金融产品与服务的能力。探索新型研发模式并创新管理机制，推进金融科技领域产学研一体化发展。加大基础性研发投入，加强金融科技专业队伍建设，紧跟区块链、大数据、人工智能等金融科技的发展趋势，积极探索新兴技术在金融服务与产品中的应用。建议积极参与国际上金融科技产品与应用的研究开发，推动国内传统金融机构和金融科技企业加大在相关研究领域的投入。一方面，推动国内金融机构和金融科技公司联合学术界、产业界加强语言学、算法学、密码学等学科的发展战略研究，在加密技术和网络安全等相关领域集体发力，争取尽快在相关技术上取得突破，推动价值互联网时代的快速到来。另一方面，应当适度增加对光纤等网络基础设施的投入，构建一个稳定、安全的主干信息网络，提升网络带宽以满足区块链技术分布式记账方式、海量金融交易数据存储可能带来的网络容量需求。①

（三）充分利用金融科技对接多层次金融需求

金融科技虽然具有普惠金融的特征，其应用和服务在一定程度上属于准公共物品，但是从金融科技目前服务的客群来看，其又具有特定范围内产品和服务的性质。金融科技产品和服务具有一定的排他性，接受和使用金融科技服务与产品的客群需要掌握一定的金融知识、计算机与互联网使用能力和风险承受能力，这使得偏远地区的客群接受使用金融服务存生较大的困难。从目前的状况来看，金融科技的受众范围仍相对较小，但金融科技本质上具有外部经济性和规模经济性，其具有为更广范围客群提供金融服务的潜力。因此，金融科技的发展应对接多层次的金融需求，而不仅仅局限于针对长尾客户开发金融产品或服务。未来金融科技的发展方向应是针对客户的多样化、差异化需求打造不同层次的平台，同一平台能够囊括多种金融业务满足多样化的需求。②

四　从技术层面防控金融科技潜在风险

金融行业处于社会各种利益的集结点，"牵一发而动全身"，在短期内进行"伤筋动骨"的技术变革与产业升级会出现较大的"替代"震荡，因此积极稳妥地推进金融智能化渐进式嬗变是我国金融行业改革的必然选择。应主动防范和化解新技术应用带来的潜在风险，加大对金融科技的研究力度并提升利用程度，充分预见、及时反应、有效解决在智能化应用中可能出现的问题，从技术层面防控金融科技带来的风险。

---

① 霍学文：《区块链的开发应走在规范化轨道上》，《清华金融评论》2016年第10期。
② 王馨：《互联网金融助解"长尾"小微企业融资难问题研究》，《金融研究》2015年第9期。

（一）打造金融网络安全保障体系

金融科技除了需要应对传统金融行业的业务风险，应对网络安全的风险也是重中之重。开展金融科技业务必须依托互联网络，金融网络的安全直接关系到金融科技业务的安全。随着金融科技的蓬勃发展，金融网络运行安全的问题日益严峻，引起了社会各界的广泛关注。在区块链、大数据、人工智能等新兴信息技术的强劲增长驱动下，网络安全的影响范围正不断扩大。金融网络安全意味着对金融网络整体的全面保护，必须综合运用多种可控可信安全技术，构建全方位、多层次、宽领域的网络安全保障体系。政府部门要做好顶层设计，加强金融行业跨部门之间的合作交流，提高网络安全体系核心技术的研发和管理能力，强化全覆盖的信息科技风险管理，多措并举完善金融科技网络安全保障体系。[①] 金融网络安全体系的构建可从以下两个方面进行，一是金融科技运行环境的安全管理。维护运行环境安全不仅要在基础设施方面加大对互联网、区块链等物理安全措施的投入，增强系统的防攻击、防病毒能力，还要通过应用身份验证和分级授权等登录方式限制非法用户登录，保护金融科技系统及门户信息和数据的安全存储与使用。此外，还要不断采用新的安全技术确保金融业务信息在客户和金融科技企业与机构之间及时准确传递，从而营造一个健康的金融科技运行环境。二是要尽可能多地掌握具有自主知识产权的信息技术，大力开发网络加密、密钥管理、数字签名等能够提高计算机系统安全性的关键技术，加强关键基础设施的风险防御能力，进而降低我国金融科技发展所面临的技术风险，保护国家的金融网络安全。

（二）有力保障金融数据的安全

金融行业作为数据密集型行业，海量的金融交易数据、客户数据、运营

---

① 吴晓光、辛路、单剑锋：《互联网金融领域基础设施发展趋势研判》，《武汉金融》2016年第9期。

数据、监管数据等各类数据在提供了巨大的利用价值的同时，也给管理带来严峻挑战。建立在数据基础上的金融科技，正改造着金融交易方式和金融基础设施，其潜在的数据安全问题不容小觑，因此要从多方面夯实金融数据安全基础，防范技术风险。[1] 在制定金融数据使用与发展规划时，要从战略高度认识到当前金融数据安全形势不容乐观，按照数据价值或数据保密程度的不同来对数据进行分类，明确重点保障对象，加强对重要敏感数据的保护、监控与管理。[2] 应从维护我国金融发展核心利益、构建我国金融业核心竞争力的高度，强调建设金融数据安全体系的重要性。金融数据安全体系的建设是一项周期长、风险高的系统性工程，我国要以国家力量整合国内相关技术资源，建设金融大数据基础设施。针对金融行业的特点，应加大对重点数据安全加密技术的研究力度，并加大对大数据安全的资金投入，提高中国金融大数据安全技术的级别与水平。重点研究基于大数据、可控云计算等技术的网络攻击追踪方法，及多层次数据存储、分类数据检索、实时数据处理、分级数据管理和安全防护等方面的技术，加强数据加密等密码学技术的研究和推广，夺得大数据安全技术发展的前沿阵地。[3] 同时，应加大宣传金融数据安全形势的力度，明确需要重点保障的数据类型，加快大数据背景下金融数据安全技术的研究，大力培养金融数据安全领域的专业人才，建立完备的金融数据安全体系。[4]

（三）防范金融科技的长尾信用风险

金融科技并没有改变金融的本质，金融科技所覆盖的长尾客户仍存在信用风险。由于各金融科技企业之间存在"信息孤岛"，由此造成的沟通不畅使得事后惩戒机制无法发挥作用。因此，加强信用体系建设是保证金融科技可持续健康发展的外部条件之一，应将分散在金融领域各行业的信用信息整

[1] 丁小希：《敲响大数据时代金融安全警钟》，《人民日报》2013年5月17日，第22版。
[2] 路舰：《金融大数据安全隐患与对策》，《金融科技时代》2015年第1期。
[3] 王硕：《区块链技术在金融领域的研究现状及创新趋势分析》，《上海金融》2016年第2期。
[4] 辜明安、王彦：《大数据时代金融机构的安全保障义务与金融数据的资源配置》，《社会科学研究》2016年第3期。

合起来，有效缓解金融供需双方信息不对称问题。此外，金融科技企业还应注重自身的风险控制和管理，建议不同类型的金融科技企业开发适合自身业务与产品特征的信用风险识别、评估和预测全套机制，通过对风险形成与影响因素进行定量分析，来预测借款人的违约概率，从而为金融科技的稳健发展提供依据。在信用风险的预警方面，以信用风险识别和度量技术为基础，及时跟踪和确定客户实时风险状况，在客户的信用状况突破红线出现异常后，根据信用风险的严重程度，相机实施信用风险管理决策。①

五　从监管层面规范金融科技市场秩序

区块链、大数据及人工智能在金融领域的兴起及应用将给现有监管框架带来一系列挑战。然而，仍然可以借鉴互联网的监管经验对金融科技进行监管。各国政府最初针对全球分散的互联网络开展的监管工作也遇到了极大的挑战，之后政府抓住互联网的源头——出入口进行监管，通过对各类网络服务提供商和运营商进行监管，使监管效率得到大幅提升。在金融科技这个以分散数据和组织为主导的新金融领域，强大的中心化组织仍将继续存在。监管机构可以利用区块链、大数据等技术开发强大的监测和监管工具，优化金融科技生态系统。因此，金融科技应用监管可以遵循互联网监管的发展经验与路径。为了引导金融科技健康发展，建议从建设监管类基础设施、统一金融科技应用标准、进行分类监管、实施包容性穿透式监管等方面构建我国金融科技监管体系。

（一）重视监管类基础设施建设

通过建设运用新技术的监管类基础设施，适应金融科技的发展趋势。监管机构需要改变传统监管思维，运用区块链、大数据、可控云计算等信息技术开展经济金融统计、反洗钱和风险预警系统等监管基础设施建设，搜集全

---

① 王馨：《互联网金融助解"长尾"小微企业融资难问题研究》，《金融研究》2015 年第 9 期。

行业、多层次、宽领域的业务数据，实时监测掌握金融业的发展变化，掌握金融市场的整体运行和风险状况，为国家经济宏观决策做好数据支撑。同时应加强统筹与协调，明确金融宏观审慎监管架构这一监管设施建设目标，进一步加强中国人民银行对各类支付系统、证券存管与结算系统、中央对手方和交易报告库建设的指导和监管作用；发挥中国人民银行宏观审慎监管的职能，协调各部委的监管、信息收集和共享行为，发挥监管类基础设施在防控系统性风险方面的重要作用，保障金融市场健康稳定运行。

（二）统一金融科技应用的核心标准

区块链、大数据及人工智能对金融基础设施及应用具有重要影响，但相关技术标准与监管规则尚不明确，行业自行发展可能会产生无序性和盲目性。以区块链为例，美国存管清算公司（DTCC）首席执行官认为，各家机构单独开发区块链应用技术必将造成标准冲突，因此，行业的首要任务就是就核心标准达成共识。[1] 我国目前尚未出台金融科技总体规划，建议由监管部门牵头，加强行业机构合作，开展对金融科技应用场景的研究，并同步建立监管规则和技术应用标准，明确监管态度和规范。[2] 建议广泛听取行业意见，吸收基层经验，加强顶层设计，形成统一的金融科技技术标准、行业规范和法制框架，减少不统一、不规范和不合规所导致的冲突与摩擦，为行业发展提供正确指引。

（三）根据不同业态进行分类监管

监管部门应持续跟踪并借鉴先进的金融科技应用案例，分析金融市场的最新发展趋势，并探索可操作性强的监管方式。区块链、大数据、人工智能等金融科技仍属于新兴技术，监管部门对此应该持包容态度。针对其当前及未来可能出现的应用场景，监管部门应以金融科技应用的发展动态、影响程

---

[1] Bodson, M., Absorbing Today's Fintech Wave, Working Paper, February 2017.
[2] 林晓轩：《区块链技术在金融业的应用》，《中国金融》2016 年第 8 期。

度和风险水平为基础，结合市场使用情况及应用合规情况，对金融科技应用进行分类，并定期评估不同金融科技业态对金融市场乃至经济社会的影响程度和风险水平，根据最终的评估结果确定应用的监管范围、方式和强度，进行分类监管。① 有些金融科技应用场景涉及货币转移，其他应用包括智能合约、资产确权、信用记录分享等应用场景则不涉及。监管机构必须对支付结算服务商和其他金融服务商进行不同模式的监管，对于涉及数字货币转移的机构或应用，应加大监管力度。②

（四）实施包容性穿透式智慧监管

我国在互联网金融领域取得了令人瞩目的成绩，促进了实体经济和小微企业的发展，使普惠金融、绿色金融等金融发展理念深入人心。这与政府部门前期的政策支持以及监管机构在风险可控前提下支持金融创新的监管态度密不可分。所以，在互联网金融发展升级向金融科技迈进的大背景下，应继续遵循包容性监管原则，为金融创新发展预留一定空间，在防范系统性风险和信息科技风险的同时，更好地促进普惠金融和绿色金融的发展。与此同时，以区块链为代表的金融科技创新的速度和影响力要求监管部门创新监管机制。③ 第一，监管部门应深化信息技术在金融体系治理中的应用，建设基于大数据模型的金融风险实时监测处置平台，实现智能监管、自动预警、快速响应。第二，充分考虑区块链等技术对金融行业发展的影响和颠覆，以及各部门在技术革新情境下行为可能发生的变化，坚持积极引导和依法管理并举的理念，推出具有前瞻性的监管措施。对于复杂的新型业务要进行"穿透式"监管，透过业务的表象探其本质，用业务的本质属性来确定监管要求和监管分工，实现全覆盖式监管，不留监管空白和套利空间。

---

① 张晓朴：《互联网金融监管的原则：探索新金融监管范式》，《金融监管研究》2014 年第 2 期。

② 黄锐：《金融区块链技术的监管研究》，《学术论坛》2016 年第 10 期。

③ 乔海曙、王鹏、谢姗姗：《金融智能化发展：动因、挑战与对策》，《南方金融》2017 年第 6 期。

附　　录
Appendix

中国金融科技大事记

刘佩芝 *

2016年7月

1. 中国金融科技类公司筹资总额首超美国

我国科技中心深圳和杭州的融资总额首次超过硅谷。根据埃森哲数据，截至 2016 年 7 月亚洲地区金融科技类公司共筹得 96 亿美元，同期比北美地区的 46 亿美元高出一倍以上，且亚洲地区 96 亿美元有 90% 以上来自中国企业。而 2010 年金融科技类公司在北美筹得的资金是亚洲的 15 倍以上，2015 年达到 148 亿美元的高峰，是亚洲的 3 倍多。

2. 百度投资海外金融科技企业

2016 年 7 月 18 日，百度表示将投资美国金融科技公司 ZestFinance，该科技公司具有模型开发和数据分析等能力，擅长分析和解读多维复杂数据，

---

* 刘佩芝，湖南大学金融与统计学院，研究方向为金融科技发展与影响。

最终做出精确的信贷决策，京东也拥有该公司的股份。同时，百度还与FICO达成合作关系，将在风控、智能评分、大数据等领域进行协作并共同开拓新场景。

3. 国务院印发《新一代人工智能发展规划》

2017 年 7 月 20 日，国务院印发了《新一代人工智能发展规划》。规划中提到分三步走，第一步，到 2020 年人工智能总体技术和应用与世界先进水平同步，人工智能产业成为新的重要经济增长点，人工智能技术应用成为改善民生的新途径，有力支撑进入创新型国家行列和实现全面建成小康社会的奋斗目标。第二步，到 2025 年人工智能基础理论实现重大突破，部分技术与应用达到世界领先水平，人工智能成为带动我国产业升级和经济转型的主要动力，智能社会建设取得积极进展。第三步，到 2030 年人工智能理论、技术与应用总体达到世界领先水平，成为世界主要人工智能创新中心，智能经济、智能社会取得明显成效，为跻身创新型国家前列和建设经济强国奠定重要基础。

2016年8月

1. 金融科技列入"十三五"规划

2016 年 8 月 8 日，国务院发布《"十三五"国家科技创新规划》，规划中明确提出促进科技金融产品和服务创新，建设国家科技金融创新中心；加强创新创业综合载体建设，发展众创空间，支持众创众包众扶众筹，服务实体经济转型升级；深入实施知识产权和技术标准战略；完善科技与金融结合机制，大力发展创业投资和多层次资本市场。金融科技产业正式成为国家政策引导方向。

2. 微众银行联合上海华瑞银行推出联合贷款备付金管理及对账平台

2016 年 8 月，联合贷款备付金管理及对账平台是微众银行联合上海华瑞银行在 BCOS 平台早期版本的基础上推出的，该平台是国内首个在生产环境中运营的银行间联盟链应用场景，它通过区块链技术优化联合贷款业务中的备付金管理及对账流程，从而缩短对账周期、优化运营效率、减少运营成本。

3.微众银行携手腾讯云推出面对金融业的区块链 BaaS 云服务

2016 年 8 月，微众银行联合腾讯云发布了国内第一个面向金融业的联盟链云服务 BaaS，它能够很好地提升区块链交易性能，降低对计算资源的损耗，大幅简化跨金融机构的业务结算和账务清算流程，让金融机构间的交易更迅速、成本更低。

2016年9月

1.中国银联与 IBM 联合使用区块链技术开发积分交易平台

2016 年 9 月，IBM 与中国银联合作创办一项基于区块链技术的银行卡积分交换平台。在线上，消费者可以与他人交易自己通过购物和其他奖励措施所获得的积分，而在线下，他们可以去任何一家配备智能 POS 机的商户通过奖励积分兑换商品。

2.百度金融开启了金融科技的全面布局

2016 年 9 月 1 日，百度高级副总裁朱光在百度世界大会上表示他们将把身份识别认证、大数据风控、智能投顾、量化投资、金融云等作为百度接下来的重点发展方向。同时百度金融宣布正式对业界开放金融云，向金融机构输出包括人工智能、安全防护、智能获客、大数据风控、IT 系统和支付技术的金融解决方案，并开启金融科技领域的全方位布局。

3.小蚁项目完成国内区块链项目最大规模 ICO

2016 年 9 月 7 日，国内标杆性区块链项目小蚁的全球 ICO 众筹在持续一个月后结束。众筹参与者以比特币形式出资，众筹标的为小蚁区块链协议的权益和代币"小蚁股"，共筹集 6000 多个比特币，约合人民币 2200 万元，累计参与人数近 1500 人，已成为国内区块链项目最大规模 ICO。

4.第二届区块链全球峰会在上海举行

2016 年 9 月 22 日到 24 日，由万向区块链实验室主办的第二届区块链全球峰会在上海举行，峰会主题为"区块链：新经济地平线"。800 多名全球与会代表、10 多家监管机构、逾 38 名著名机构演讲嘉宾等参与了峰会，是全球规模最大的区块链盛会。万向区块链实验室提出将与多家跨国巨头及众多区块链创新企业和机构合作，共同开发和建设 10 平方公里的杭州萧山万向创新聚能城。

5. 安信证券 A 股机器人打败 98％投资人

2016 年 9 月 28 日，安信证券开发的 A 股机器人大战 5 万投资者的结局揭晓，机器人以 24.06％（年化 96％）的累计收益率战胜了 98％的用户。机器人大数据量化选股偏向基本面、技术、投资者情绪行为类等挑选因子，偏向股票的短期趋势，因子方法多样，业绩归因比较困难，对 IT 技术、数据处理技术的要求较高。

2016年10月

1.《中国区块链技术和应用发展白皮书（2016）》发布

2016 年 10 月 18 日，在中国区块链技术和产业发展论坛成立大会暨首届开发者大会上，《中国区块链技术和应用发展白皮书（2016）》发布。这一白皮书主要包括国内外区块链发展概述和典型的应用场景，并提出我国区块链技术发展路线图和未来推进区块链技术统一的方向和建议。

2. 8 家国内公司上榜《2016 全球金融科技 100》

毕马威国际（KPMG International）与投资公司 H2 Ventures 联合发布了《2016 全球金融科技 100》榜单。2014 年只有一家中国公司上榜，列第 32 位；2015 年共 7 家中国公司上榜，我国众安保险位于榜首；2016 年共有 8 家中国公司上榜，而在前五名中，有 4 家来自中国。蚂蚁金服、趣店、陆金所和众安保险进入榜单前五，京东金融排名第十。此外，我来贷、融 360 和品钛（PINTEC）也同时入选了该榜单。

3. ChinaLedger 联盟发布其首版白皮书

2016 年 10 月，专注于分布式账本及其衍生技术研究的中国分布式总账基础协议联盟（ChinaLedger 联盟）发布了其首版白皮书。白皮书阐述了其设计理念、现阶段使命及未来愿景。ChinaLedger 联盟成立于 2016 年 4 月，是国内专业的区块链行业联盟，对区块链行业 R3、Hyperledger 联盟等巨头联盟构成有效补充。

2016年11月

1.《区块链应用在金融领域的法律政策研究报告》发布

2016 年 11 月，《区块链应用在金融领域的法律政策研究报告》在"2016 中国经济媒体领袖秋季峰会"上发布。这本白皮书是国内顶尖研究机构和监管、法律等多个领域专家的合作成果，主要研究了区块链技术路线和应用场景、社会效用和经济前景、产业政策和监管建议三个方面。

2. 中国外汇交易中心加入 R3 联盟

2016 年 11 月 4 日，中国外汇交易中心（China Foreign Exchange Trade System，CFETS）加入 R3 区块链联盟。中国外汇交易中心（CFETS）是中国官方的银行间市场交易平台，其加入 R3 区块链联盟是为了将分布式、共享式的账本技术应用于全球金融市场。

3. 百度"云骁"自动驾驶汽车完成自助行驶

2016 年 11 月 15 日，18 辆百度"云骁"自动驾驶汽车在 3.16 公里的开放城区道路上自主行驶，其均加装了百度的无人驾驶模块和"车载大脑"，百度称其为 NHTSA L4 级别的完全自动驾驶汽车，这也是汽车驾驶自动化、智能化程度最高的级别。如今，百度已具备支持多车型、跨平台的能力，且采用的车型多数为我国自主品牌。

4. 国内第一个人工智能创投机器人阿尔妮塔问世

2016 年 11 月 22 日，国内首个人工智能创投机器人阿尔妮塔以"智能大数据，解放投资人"为主题亮相京城。与国内出现的众多机器人概念不同，阿尔妮塔是一个具备投资逻辑和判断力的股权投资机器人，除了为用户提供基础的数据可视化服务以外，阿尔妮塔还可以给出项目股权投资评级和评级报告。

5. 阿里巴巴向 Apache 软件基金会捐赠消息中间件 RocketMQ

2016 年 11 月 28 日，阿里巴巴宣布将开源分布式消息中间件 RocketMQ 捐赠给 Apache，成为 Apache 孵化项目，孵化成功后 RocketMQ 有望成为国内首个互联网中间件在 Apache 上的顶级项目。此次捐赠，意味着以 MQ（消息队列）为代表的互联网中间件在新兴物联网、大数据领域会发挥越来越大的作用，将造福更多的开发者。

2016年12月

1. 国务院将区块链写入"十三五"规划

2016 年 12 月 27 日，中央人民政府网上发布了《国务院关于印发"十三五"国家信息化规划的通知》，该文件是"十三五"国家规划体系的重要组成部分。规划中首次提及区块链，并将其认定为重点加强的战略性前沿技术，反映出区块链在我国金融科技的发展过程中得到的肯定与重视。

2.《贵阳区块链发展和应用》白皮书发布

2016 年 12 月 31 日，贵阳市人民政府新闻办公室正式发布《贵阳区块链发展和应用》白皮书，剖析了不同领域区块链应用的社会价值和运营原理，是贵阳市大胆探索区块链技术在政务、民生、商务发展领域中的应用和总体发展设计蓝图。

2017年1月

1. 2016年中国金融科技领域融资总额占全球的77%

2017 年 1 月，零壹财经发布的《2016 年全球金融科技发展指数与投融资报告》显示，2016 年全球金融科技领域共发生投融资 504 笔，累计融资金额达 1135 亿元。其中，中国金融科技领域发生投融资 281 笔，占比 56%，总金额达到 875 亿元，占比 77%。

2.浙商银行首个区块链移动数字汇票产品正式上线

2017 年 1 月 3 日，浙商银行基于区块链技术的移动数字汇票平台正式公布并实现了首笔交易，推动了区块链与银行核心业务结合应用的落地。浙商银行后续还将积极开发在银行间建立合作关系以加强推广，并将继续深化区块链技术在保函、应收账款等金融领域的应用场景。

3.百度人工智能机器人"小度"打败最强大脑代表

2017 年 1 月 6 日，在人工智能识别领域，百度人工智能机器人"小度"运用其强大的人脸识别能力，以 3∶2 的成绩打败"最强大脑"代表王峰。"小度"的背后是万亿级参数、千亿样本和千亿特征训练，能模拟人脑的工作机制，学习训练极其复杂的模型。而"最强大脑"代表王峰有着世界记忆大师美誉，曾率领中国代表队 4∶0 完胜德国队，打破快速记忆扑克牌世界纪录。

4.趣钱完成升级改造上线运营，区块链数字资产将彻底改变电商交易模式

2017 年 1 月 9 日，国内首个区块链数字资产电商平台——趣钱正式完成升级改造上线运营，这标志着区块链技术应用在我国迈入了新的阶段。在基于互联网技术的创新应用条件下，区块链数字资产电商平台将彻底改变传统电商根深蒂固的交易形式，从而推动电商行业跨越性的质的发展。

5.中国邮储银行携手 IBM 推出基于区块链技术的资产托管系统

2017 年 1 月 10 日，中国邮储银行携手 IBM 联合推出基于区块链技术的资产托管系统。中国邮储银行在发布会上宣布，该系统于 2016 年 10 月上线，是我国银行业首次将区块链技术成功用于核心业务系统。

6.央行与京沪两地政府联合对比特币交易品平台开展现场检查

2017 年 1 月 11 日，中国人民银行营业管理部与北京市金融工作局等单位组成联合检查组进驻"火币网""币行"等比特币和莱特币交易平台，就交易平台执行外汇管理、反洗钱等相关金融法律法规、交易场所管理相关规定的情况开展现场检查。同日，央行上海总部、上海市金融办等单位组成联合检查组也对比特币中国网络开展了现场检查。

7. 中南建设联手北大荒打造全球首个"区块链大农场"

2017 年 1 月 18 日，中南建设发布公告，拟出资 3 亿元与他人合资设立中南建设区块链农业发展（深圳）企业（有限合伙）（暂定名）并占股99%，共同推动公司在农业场景中的区块链应用，构筑公司在大数据和区块链等金融科技领域的核心竞争力。

8. 复杂美联手海航集团推出2017年首个重磅项目："海票惠"

2017 年 1 月 18 日，尚融供应链、海平线与杭州复杂美公司，在海航大厦举行签约仪式，共同成立了区块链应用研究实验室，成功发布国内首个票据行业区块链应用"海票惠"。该平台较好地提升了票据流转的高效性和安全性，同时也标志着国内企业关于区块链技术的研究和应用已逐步走向国际先进水平。

9. 港交所将利用区块链打造香港初创企业生态系统

2017 年 1 月 19 日，港交所行政总裁李小加表示港交所将利用区块链技术打造一个向初创私人企业提供注册、股权转让等服务的平台，由于平台需要的投资金额很少，且不涉及与监管机构协调的问题，所以相关工作可以迅速推进。另外，港交所计划最快于 2017 年第四季度推出专为初创企业而设的私人市场，但仅提供注册服务，不包括融资及股权交易，并拟将平台作为区块链技术的试验场。

2017年2月

1. 央行区块链的数字票据交易平台测试成功

我国央行在发行数字货币方面取得了新进展。央行推动的基于区块链的数字票据交易平台已测验成功，由央行发行的法定数字货币已在该平台试运行，春节后央行旗下的数字货币研究所也将正式挂牌。这意味着在全球范围内，央行将成为首个发行数字货币并开展真实应用的中央银行。

2. 我国借鉴"监管沙盒"机制完善金融科技监管

英国首先提出了"监管沙盒"的概念和机制，这一创新监管工具也吸引了在科技金融领域飞速发展的中国的关注。在 2017 年 2 月 16 日《中国互联网金融安全发展报告 2016》发布会上，北京市金融工作局党组书记霍学文表示，北京市政府将对互联网金融进行"监管沙盒"模式的试验。

3. 泰康保险试水企业级区块链，保险积分领域实现再突破

2017 年 2 月 16 日，泰康保险集团开发的基于区块链技术的积分管理平台上线运行，这是旗下泰康在线提供的积分应用服务，可为其 50 万积分用户提供积分在线交易服务。该平台是基于超级账本 Fabric（Hyperledger Fabric）架构的企业级区块链，通过邀请制对用户开放，即将与第三方京东商城实现积分兑换。

4. 全国首个区块链测评标准方案落地

2017 年 2 月 22 日，"中国银联与同济大学—区块链测评项目发布会"在同济大学顺利召开。此次电子商务与电子支付国家工程实验室（中国银联）以及同济大学共同推出的区块链测评标准方案，包括适用于各行业领域的通用区块链测评标准和专门针对金融行业的区块链测评标准两大部分。目前，整套区块链测评标准方案已经制定完成，开始对上海区块链创新沙箱内的相关项目开展测评工作。

2017年3月

1. 中银香港率先将区块链应用于防按揭诈骗以推动香港金融创新

2017 年 3 月 6 日，中银香港尝试应用区块链技术于楼宇按揭业务，使用区块链储存并传送估价内容及报告，自 2016 年 11 月推出以来，已处理了超过 2500 个物业估价案例，预计 3 月底将覆盖 8 成同类业务，有效防范按揭文件诈骗、提高审批效率。

2. 工行区块链应用预计今年落地

2017 年 3 月 30 日，工商银行董事长易会满表示，工行对区块链技术的研发应用非常顺利，预计今年将投入实际的应用。此外，工行还完成了基于区块链技术的金融产品交易平台原型的系统建设，该系统在传统交易模式基础之上，为客户提供点对点的金融资产转移和交易服务，预计不久之后就会面世。

2017年4月

1. 腾讯发布区块链白皮书

2017年4月24日，腾讯FiT（支付基础平台与金融应用线）、腾讯研究院正式发布腾讯第一份区块链方案白皮书。白皮书首次总结了腾讯今年在区块链上的研究成果，将腾讯区块链整体架构分成底层（Trust SQL）、中层（Trust Platform）、应用服务层（Trust Application）三个层次，对其腾讯可信区块链进行了系统介绍。

2. 银联、光大多中心POS电子签购单系统完成测试

2017年4月25日，中国银联股份有限公司与中国光大银行联合使用趣链科技区块链平台构建的多中心可信POS电子签购单系统已经完成初步测试。目前，该平台上只包含基础业务，后续将在此平台展开更多业务，在未来投产阶段也会有更多的银行加入联盟链当中。

3. 华为Carbondata成为Apache Incubator(孵化器)项目

2017年4月，经过华为、英特尔、Talend、交通银行、上汽、携程等众多公司资深架构师和开发人员的努力，华为贡献给Apache社区的开源项目CarbonData经过不到一年的时间，成为Apache社区顶级项目。华为从大数据开源社区的参与者变成了社区和生态的引领者之一。

4. 2017中国(深圳)IT领袖峰会召开

在2017年4月举办的2017中国（深圳）IT领袖峰会上，BAT等巨头、专家共话人工智能时代。人工智能的争夺是未来世界主要的争夺，中国成为人工智能的"应许之地"，面临着人工智能发展的最好机会，政府、企业、个人都应该积极参与到这个巨大挑战中，推动人工智能变革。

2017年5月

1. 平安设立10亿美元基金聚焦金融科技

2017年5月5日，平安设立了10亿美元的基金，该基金主要聚焦于全球金融及医疗健康科技领域的前沿技术及创新发展，进行投资及市场化培育，发掘投资机遇。平安作为世界上市值最高和总资产第四的保险公司，在相关领域的技术投资方面一直享有盛誉，也一直走在互联网化的前列，金融科技或许是其下一波增长的助推器。

2. 中国银联与京东金融宣布区块链合作测试成功

2017年5月9日，中国银联与京东金融联合宣布，双方合作打通区块链技术底层并测试成功。作为今年初双方战略合作协议的一部分，此区块链平台的落地意味着未来双方将有条件在底层平台的基础上实现更多商业应用。后续，双方将基于该联盟链网络共同探索区块链在供应链金融、保理、电子票据等领域的应用，并将陆续接入金融机构等相关企业，在区块链场景应用方面深化合作。

3. 央行成立金融科技委员会

2017年5月15日，中国人民银行官网发布消息已于近日成立金融科技（FinTech）委员会，旨在加强金融科技工作的研究规划和统筹协调。央行指出，今后将强化监管科技（RegTech）应用实践，积极利用大数据、人工智能、云计算等技术丰富金融监管手段，提升跨行业、跨市场、交叉性金融风险的甄别、防范和化解能力。

4. 国内首个政府指导的区块链标准发布

2017年5月16日，在杭州举行的"区块链技术和应用峰会暨首届中国区块链开发大赛"上，在工信部信息化和软件服务业司指导下，中国区块链技术和产业发展论坛公布了《区块链和分布式账本技术参考架构》，这是首个政府指导下的国内区块链基础标准。

5. 2017 全球机器智能峰会（GMIS 2017）聚焦机器学习与人工智能应用

2017 年 5 月 27 日至 28 日，2017 全球机器智能峰会（GMIS 2017）在北京举行，峰会由国内首家专注于人工智能领域的前沿科技媒体机器之心 SYNCED 主办，集中探讨机器智能如何从技术转化为产品和应用，以及人工智能技术在各领域的具体应用与场景，这将是未来技术从研究走向落地的重要关注点。

2017年6月

1. 苏州同济金融科技研究院推出区块链测评服务

2017 年 6 月 8 日，2017 区块链金融高峰论坛（苏州）暨第二届金融科技－同济论坛在苏州举行。在本次论坛的成果展示环节，苏州同济金融科技研究院院长马小峰教授演示了自主开发的区块链技术测试平台的功能及一个实际区块链项目的测试结果，同时宣布苏州同济金融科技研究院正式推出区块链测评服务。

2. 借力区块链，京东成立品质溯源防伪联盟

2017 年 6 月 9 日，京东宣布成立"京东品质溯源防伪联盟"，运用区块链技术，将联手众多生鲜领域和消费品领域的品牌商搭建"京东区块链防伪追溯平台"，这在国际市场上是率先落地的供应链领域的区块链应用。京东表示，将逐步通过联盟链实现线上线下的商品追溯与防伪，旨在更有效地保护品牌和消费者权益。

3.《监管与金融》白皮书开题报告发布

由北京互联网金融安全示范产业园、北京市网贷行业协会、南湖互联网金融学院联合主办的"6·18 金融科技安全节"暨"监管科技和网络安全"研讨会在北京顺利举行。此次研讨会也是《监管与金融》白皮书开题报告的发布与"监管沙箱"模式启动仪式。产业园区汇聚了区块链、大数据、人工智能、云计算等底层技术，旨在结合北京市网贷行业协会的创新行业监管，不断提升金融风险的甄别、防范和化解能力。

4.《2017中国金融科技投融资发展研究报告》发布

2017 年 6 月 23 日，由中关村互联网金融研究院和中国互联网金融三十人论坛（CIF30）共同主办的 "2017 金融科技与金融安全峰会暨'番钛客2017'金融科技双创大赛颁奖盛典" 在北京举行。峰会主题为 "创新金融科技，夯实安全壁垒"，发表了《2017 中国金融科技投融资发展研究报告》。

后 记

科技改变了世界，也改变了金融。近年来在区块链、大数据和人工智能三大核心技术支持下，金融科技强势崛起。Ripple 公司利用区块链技术使高效快捷的跨境支付系统成为现实；Kensho 等金融科技初创公司研发的基于大数据、人工智能的智能金融分析工具能够快速抓取、整理并分析网络上的公开数据，其投资、借贷、风险管理决策水平已远远超过人类；蚂蚁金服借助大数据对用户进行信用评级，实现对用户还款意愿及还款能力的精准判断；日本富国生命保险采用人工智能协助保险理赔工作，提高了定损理赔的效率……金融科技抢占"金融高地"的消息层出不穷，金融科技正成为未来金融体系的发展核心。"今天就是明天的历史"，金融科技这股无可比拟的力量正在翻开金融历史新的篇章。

英国《2016 年金融科技风险投资图景》显示，在过去的 2016 年，我国金融科技公司融资超过 77 亿美元，首次超越美国位列全球第一。我国也是2016 年度全球金融科技融资额唯一有所增长的地区，意味着我国本土金融科技公司在世界范围内的地位和影响力正在提升。

金融科技在金融业的应用，以更快的速度、更短的结算周期、更低廉的费用、更强的安全性，以不可逆转之势冲击现有由人工介入的支付结算、供应链金融、投资顾问、资产定价等业务，全方位改造着整个金融业。作为新兴科技的拥抱者与先行者，金融业在金融科技的渗透下不断改变金融活动的载体，创新金融运作方式，使金融实质和金融功能借助科技而变得更加突出和有效，大幅提高金融资源配置效率。与互联网金融主要在营销渠道进行创新不同，金融科技的发展正在深入风险管理、资产定价等金融核心领域，推动着金融业改革发展。

本书主要从金融发展的视角，结合我国金融业发展的现实状况，探讨金融科技在金融领域应用的可能性边界，对我国金融科技的理论延伸和技术细节做积极的尝试性研究。具体来讲，本书从理论层面和技术层面研究了金融科技应用场景落地的详细方案，并前瞻性地指出金融科技应用场景的现实困境，提出有效的困境解决思路，给出了金融科技在各个场景应用"分步走"的战略步骤。

写作的过程也是相互学习的过程，团队中有从事金融科技理论研究的学者，也有金融科技相关技术人员，正是有了理论和实践的结合，我们才能设计出完整的金融科技应用场景落地解决方案，供金融机构和金融科技公司参考。

感谢社会科学文献出版社对本书的支持与指导！本书成稿离不开写作团队的通力合作，团队成员为本书付出了大量心血和精力。写作团队的核心成员及分工是：乔海曙教授和邹承慧董事长，负责全书的立意、构思与统筹；谢姗姗，负责总报告；刘佩芝，负责分报告2和金融科技大事记；赵昊，负责分报告3；吴思宇，负责分报告4；贺文骁，负责分报告5；邹可意，负责分报告6；杨彦宁，负责分报告7；雷淑洁，负责分报告8；洪悦崧，负责分报告9；杨宇珊，负责分报告10；王鹏，负责分报告11。此外，谢姗姗、王鹏进行了细致认真的中期校对和图表整理，完成了大量协调衔接工作，刘佩芝在区块链金融板块的写作中发挥了团队整合作用，赵昊负责最后的文字校对。

Abstract

With the support of blockchain, big data, artificial intelligence and other cutting-edge technology, FinTech develops rapidly, blockchain cross-border payment, big data risk management, intelligent investment advisers and other new financial formats emerge. The line between the finance and technology has become increasingly blurred, FinTech changes the existing financial sector at a faster speed, shorter settlement cycle, more high quality service, it has become the focus of attention from all walks of life.

This book reviews the application and theoretical research process of FinTech in 2017, and probes into the direction, emphases and policy Suggestions of China's FinTech development. This book includes five parts: general report, block chain report, big data report, artificial intelligence report, management and strategic report. The general report elaborates the background, current situation and trend of China's FinTech development. Block chain report explores the detailed plans how blockchain acts on financial business innovation, big data report specializes big data promotes financial business innovation measures, artificial intelligence report plans the development of the financial business strategic steps in artificial intelligence. The management and strategic report tries to put forward a new mode of intelligent supervision.

Keywords: FinTech; Value Internet; Ecosystem; Intelligent Supervision

Contents

I   General Report

Abstract: With the deep integration of blockchain, big data, artificial intelligence and finance, business innovations such as payment and settlement, securities trading, asset exchange welcome the important opportunities for development, reshaping the financial industry in China. Reviewing the application and theoretical research process of FinTech is helpful to clarify the essence of FinTech and analyze the new trend of FinTech development in China.

Keywords: Fintech; Technological Dividend; Internet Finance; Financial Intelligence

II   Block Chain

Abstract: At present, China has formed an all-round, multi-level but bloated payment and settlement system, and offshore payment and settlement system is still in the perfect. Domestic and overseas payment and settlement system, which is centralized, mainly have the following pain weakness: The credit provided by the system can only be used within a certain range, the system is insecure because of external attacks, and cross-border payment is inefficient and costly. On contrast, "Blockchain + payment" can improve the settlement efficiency, reduce transaction costs and avoid money laundering and other illegal events. In addition, the transaction information in blockchain can not be changed, the security and stability of the payment system will be improved greatly, and the application of digital money will enhance the transaction convenience. Digital currency price fluctuations risk and trading security issues, lack of "block chain + payment" supervision, and the incomplete blockchain technology are the main resistance to the realization of "block chain + payment". Therefore, government should establish a monitoring and management platform and speed up to establish the "blockchain + payment" standard, and financial institutions ought to actively participate in the innovation research on blockchain payment.

Keywords: Payment and Settlement; Block Chain; Block Chain + Payment

B. 3　The Development of Block Chain in Supply Chain Finance Field

Zhao Hao / 048

Abstract: In recent years, Supply Chain Finance (SCF), as a new financial business, has developed rapidly in China. At present, a diversified SCF services system has been formed, and the version of online busi—ness process is 2.0 for most financial institute now. At the same time, SCF in China still has many problems, such as serious asymmetr—ic information, credit targets limited, higher cost of financing and so on. Basing on consensus mechanism, distributed storage system and other technical innovations, "Blockchain + SCF" can effective solve above problems of SCF. But at the present stage, the achievement of "Blockchain + SCF" is still faced with practical dilemma, such as operational risk, infrastructure imperfect and ecological system not formed. Therefor, financial institutions should further strengthen the "Blockchain + SCF" technology research and infrastructure construction, and ultimately create a multilateral win-win "Blockchain + SCF" ecosystem.

Keywords：Supply Chain Finance；Information Asymmetry；Blockchain；
Ecosystem

B. 4　The Development of Block Chain in Credit Investigation Field

Wu Siyu / 069

Abstract：At present, China has formed a credit system mainly based on
public credit and private credit, and the credit data is large and the content is
diversified. The standard system of credit is presented with multi-level and industry
standard. China's credit collection field has the following problems：low
information coverage, serious information segmentation, credit standards to be
improved, lack of data privacy protection. "Blockchain + Credit Investigation"
will combine blockchain, large data, intelligent contracts and other technologies
together, reforming the original business structure in the three aspects of data
collection, data sharing, and credit transactions, improving the credit data
coverage, promoting the exchange of credit platform to protect the owner of the
data rights and interests and reducing the cost of credit transactions. The
"blockchain + credit" mode lacks credible institutional organization and transparent
data exchange for data transactions. Therefore, the government should organize
industry cooperation to establish a unified standard of credit standards and enhance
the applicability of the blockchain.

Keywords：Credit Investigation；Data Collection；Data Sharing；Credit
Standards

B. 5　The Development of Block Chain in Digital Asset Management Field

Qiao Haishu, He Wenxiao / 087

Abstract：The blockchain has realized the decentralized trust from technical level, and its traceability, non-tampering and other characters cooperate with the application of smart contracts will make the digital exchange of value possible. "Blockchain +Digital asset management" will exert a great influence on the field of asset management, significantly reduces the cost of multiple links in asset management and improve its process efficiency. In the future, the "Blockchain + Digital asset management" will lead the Internet from "information Internet" into the "value Internet" era, and change the value exchange patterns of hu-man society. "Blockchain +Digital asset management" in China now faces the dilemma of technological bottleneck, criminal risk such as money laundering and the the ecosystem of industry needs to be regulated. Government departments and industry associations should take measures including advancing the research and development of the underlying technologies, speeding up the construction of the supervision system, and fostering a good ecological environment.

Keywords: Blockchain; Digital Asset Management; Asset Digitization; Value Internet

Ⅲ Big Data

B. 6   The Development of Big Data in Risk Control Field

Qiao Haishu, Zou Keyi / 111

Abstract: Big data technology has begun to enter China's financial industry, and in recent years with rapid development trend into all areas of finance, it influenced a lot on financial risk control to reform and develop. In view of this, for the present situation and the insufficiency of the traditional risk control field, this paper put forward a "big data + risk control" solution, on the basis of understanding its technical business process, combined with specific landing case, it analyzed its application advantages. With exploring the implementation of big data storm control path, it found out the difficulties and took measures to solve them. Finally, it put forward the strategic steps to realize "big data + risk management". Looking at the big data technology brings innovation to the field of risk control in the long term, it found a specific application direction for the big data used in the field of risk control innovation and development.

Keywords: Big Data; Finance; Risk Control; Development

B. 7   The Development of Big Data in Asset Pricing Field

Yang Yanning / 137

Abstract: At present, China's asset pricing sector is continuing to supply energy for the financial industry, and become an indispensable part of the market economy, the importance is self-evident. But China's asset pricing system compared with other developed countries still have significant gap, such as price control flaw、low degree of autonomy、unsound mechanism and nonstandard behavior. The emergence of big data technology will through the big data asset pricing information acquisition technology, mining and analyzing technology of big data information to realize the scientific pricing, optimize all aspects of traditional financial asset pricing. Ultimately, it leads to higher efficiency and wider applicability. In the process of pushing big data assets pricing, we should recognize the real predicament, defects in big data indicators、"Information isolated island" problem and data quality guarantee problem is urgent to be solved. To this end, countries should strengthen the development of the big data pricing technology、deepen innovation applications、promote the construction of large data standard pricing system and Improve the big data pricing industry support system.

Keywords: Asset Pricing; Big Data; Information Isolated Island; Data Quality

IV   Artificial Intelligence

B. 8   The Development of Artificial Intelligence in Investment Adviser Field

Lei Shujie / 155

Abstract: With an increasing investment demand of middle class, traditional security investment advisor has become increasingly larger, but it have plenty of disadvantages, including high minimum value of investment, expensive management fee, narrow investment scope, inefficient and complicated operational flow. Fortunately, Robo-Advisor can perfectly solve these problems, which could give private investment suggestions automatically. However, in the early stages of development, there are a large number of problems, including significant correlation of investment objections, lack of useful data, low technology level and acceptance rate of passive investment. To deal with these troubles, diversified investment tools should be introduced in portfolios, offer more different kinds of data, improve technological innovation capability and give publicity to multiple investment strategies.

Keywords: Artificial Intelligence; Investment Advisor; Machine Learning; Significant Correlation

B. 9 The Development of Artificial Intelligence in Financial Transaction Field   *Hong Yuesong* / 181

Abstract: At present, China's financial transactions gradually diversified, there is still a big room for quantitative trading and high-frequency trading system to improvement. Financial transactions exist human factors interference, lack of innovative model of the model, data processing capacity is not strong and other pain points. The application of artificial intelligence to financial transactions, the use of artificial intelligence natural voice processing, mapping knowledge domain, deep learning and other technologies can effectively avoid human factors interfere with transactions, improve data extraction and processing efficiency, effective innovation algorithm model. "Artificial intelligence + financial transactions" is currently in the early stage of development, the technology is not yet mature, the infrastructure environment to be improved, the potential increase in risk and troubleshooting costs, for this, the government should introduce relevant policy support, increase capital investment and talent introduction, Financial institutions should actively participate in R & D innovation, colleges and universities should cultivate talents, and constantly promote the "artificial intelligence + financial transactions" to achieve "four steps" strategy.

Keywords: Artificial Intelligence; Financial Transactions; Quantitative Transactions; High Frequency Transactions

V   Management and Strategic

B. 10   Research on the Regulation of Fintech

Qiao Haishu, *Yang Yushan* / 206

Abstract: The development and innovation of Fintech make the market more flourishing, along with which comes the risk which should be treated cautiously. Countries such as the United States and UK, which are advanced in Fintech development, are taking inclusive regulation in order to encourage innovation and prevent risks at the same time. Nowadays, China has announced several policies and guidance concerning Fintech regulaiton. The experience of past laws includes counterpart regulation and information disclosure while favorable financial circumstance and classified regulation are still essential. Fintech can also apply on regulation as the intelligent regulation system based on Regtech and policy improvement is capable of enhancing the efficiency and capability of regulation.

Keywords: Fintech; Regulation Innovation; Regtech; Intelligent Regulation

B. 11   Suggestions on Promoting the Development of Fintech

Qiao Haishu, *Wang Peng* / 227

Abstract: FinTech is driving the financial industry towards intelligentization, blockchain cross-border payment, big data risk management, intelligent investment advisers and other new financial formats emerge. Unlike technology which drives the development of FinTech in foreign countries, the rapid development of China's FinTech relies on huge market demand and lacks internal innovation impetus. To promote the healthy and stable development of China's FinTech, we should establish the idea of "innovation-driven development", from the system level to support the development, guarantee the operation from the legislative level, promote upgrading from the application level, prevent risk from the technical level, regulate order from the regulatory level, to swallow the weaknesses in the development of FinTech in China.

Keywords: Fintech; Innovation-driven Development; Risk Prevention; Intelligent Supervision

Ⅵ   Appendix

图书在版编目（CIP）数据

中国金融科技行业研究报告. 2017 / 乔海曙，邹承慧主编. -- 北京：社会科学文献出版社，2017.11
ISBN 978 - 7 - 5201 - 1760 - 9

Ⅰ.①中… Ⅱ.①乔… ②邹… Ⅲ.①金融 - 科学技术 - 研究报告 - 中国 - 2017 Ⅳ.①F832

中国版本图书馆 CIP 数据核字（2017）第 273331 号

中国金融科技行业研究报告（2017）

主　　编／乔海曙　邹承慧

出 版 人／谢寿光
项目统筹／邓泳红　郑庆寰
责任编辑／张　媛

出　　版／社会科学文献出版社·皮书出版分社（010）59367127
　　　　　　地址：北京市北三环中路甲 29 号院华龙大厦　邮编：100029
　　　　　　网址：www. ssap. com. cn
发　　行／市场营销中心（010）59367081　59367018
印　　装／北京季蜂印刷有限公司

规　　格／开　本：787mm × 1092mm　1/16
　　　　　　印　张：17　字　数：259 千字
版　　次／2017 年 11 月第 1 版　2017 年 11 月第 1 次印刷
书　　号／ISBN 978 - 7 - 5201 - 1760 - 9
定　　价／79. 00 元

本书如有印装质量问题，请与读者服务中心（010 - 59367028）联系